论罪刑均衡的司法应对

何 群 著

中国人民公安大学出版社

·北 京·

图书在版编目（CIP）数据

论罪刑均衡的司法应对 / 何群著. —北京：中国人民
公安大学出版社，2016.8
　ISBN 978 - 7 - 5653 - 2701 - 8

Ⅰ.①论…　Ⅱ.①何…　Ⅲ.①刑罚 - 研究 - 中国
Ⅳ.①D924.134

中国版本图书馆 CIP 数据核字（2016）第 211108 号

论罪刑均衡的司法应对

何　群　著

出版发行：中国人民公安大学出版社
地　　址：北京市西城区木樨地南里
邮政编码：100038
经　　销：新华书店
印　　刷：北京兴华昌盛印刷有限公司

版　　次：2016 年 8 月第 1 版
印　　次：2016 年 8 月第 1 次
印　　张：11.75
开　　本：880 毫米 × 1230 毫米　1/32
字　　数：316 千字

书　　号：ISBN 978 - 7 - 5653 - 2701 - 8
定　　价：58.00 元

网　　址：www. cppsup. com. cn　www. porclub. com. cn
电子邮箱：zbs@ cppsup. com　　zbs@ cppsu. edu. cn

营销中心电话：010 - 83903254
读者服务部电话（门市）：010 - 83903257
警官读者俱乐部电话（网购、邮购）：010 - 83903253
公安业务分社电话：010 - 83905641

序　一

何群博士的《论罪刑均衡的司法应对》一书，即将由中国人民公安大学出版社出版发行，作为她的老师，在此表示欣喜和祝福。该书主要是针对目前刑法学理论界和实务界的重点和难点——罪刑均衡问题展开的。该书由何群博士论文经过一年的沉淀和修改而成，其最大特点在于超越纯理论的阐述，用理论与实践相结合的双重视角对罪刑均衡问题进行反复论证，考察罪刑均衡实现的理论和实践路径。在研究方法上，既采用了传统刑法解释学意义上的规范研究，用责任理论深入论述罪刑均衡的标准，又将实证调研的方法运用到论证和研究中，使得内容既有理论论述，又借鉴了实务数据，显得饱满充实。同时，又将实证调研的成果引入到规范的理论论述中，内容生动丰富，具有较强的说服力。因此，该书既有理论深度，又有实践视角，既有实体法的实质正义观，又有程序法层面的探讨，是一本难得的集理论性和实用性于一体的学术专著。

罪刑均衡是刑法正义的重要内涵，实现罪刑均衡既是刑法学者也是司法实务者努力追求的重要价值目标。该书首先指出和阐述了当下罪刑失衡的客观、复杂原因，通过冷静、客观的观察指出导致罪刑失衡的诸多理论和现实问题。尽管实现罪刑均衡存在立法和司法层面的诸多障碍，但该书还是通过大胆的探索和深入分析，努力找寻实现罪刑均衡的有效路径。司法是实现正义特别是实现刑事司法正义的重要渠道，努力实现罪刑均衡是实现刑事司法正义的必备要素。因此，该书立足于司法实践，通过大量实证调研和具体分析，对罪刑均衡的实现从刑事一体化的角度进行综合阐述，既有对刑法学理论的深入剖析，又有司法实践务实且言之有物的实效特点，实属难得。

实现罪刑均衡是立法者和司法者共同的梦想，但刑法正义，最终需要通过司法得以实现。因此，司法裁量的结果是否实现了罪刑均衡，成为考验司法者能力和立法是否科学的重要指标。该书在客观分析了实现罪刑均衡的各种困难和障碍后，通过进一步的理性分析和判断，亦发现目前中国司法有着非常独特的经验法则和基于自身文化的诸多特点。这些有着中国烙印的处理方式以中国经验的形式客观存在，深藏于司法制度和法官判案过程，在实现罪刑均衡的过程中发挥了重要作用，值得进一步探索和研究。该书立足于中国特有的国情和特殊司法制度，以独特的视角和深入实践调研的踏实作风，综合考察了罪刑均衡实现的中国方法和中国路径。

该书的尝试，既有理论的深度，又有司法实践的务实性和实效性，是一本难得的理论与实务相结合的学术专著，可读性和实用性都不可小觑。见证何群博士的一路成长，很高兴能看到她的各种进步和喜人成绩。期待在不久的将来，她能给读者带来更有学术价值的学术成果。同时，也祝福她的人生越来越精彩，越来越美好！作为她的博士后合作导师，看到她的不断努力和进步，我感到无比欣慰和自豪。

①

2016 年 8 月 1 日

---

① 储槐植：北京大学法学院教授、博士生导师，北京师范大学刑事法律科学研究院特聘教授、博士生导师，京师首席专家。

序 二

——聪慧可爱 继续前行

与何群博士认识已差不多四年时间，初识于寒冷的北京，于某次大型国际会议上，她忙碌于烦杂之会务，有条不紊地张罗各种大小事。会议当中出现某些情况，聪颖敏锐的她看出我的处境，智慧勇敢地出手协助，使我顺利圆满开完会议，完成学术交流之任务。如此机伶深具智慧之举，给我留下了非常深刻之印象，并笃定她将来在学术研究之路必有大成就。

在之后的交流过程中，一再印证了我当初的正确判断。当然，亦被她的聪慧和勤勉好学深深感动，惊叹于她内心的纯净和刚毅，更感叹于某些选择和坚持的不易。作为长者，看到如此聪慧、勤勉、上进、有灵气之后辈，自然心生帮扶和关照之心。巧合的是，何群博士毕业后，供职和服务于福州大学法学院，而福建是我的家乡，也是我经常回乡讲学的地方。世间之事，竟有如此多的巧合，让人感叹之余，甚是欣喜。

作为何群博士的长辈，四年来，我亲眼目睹了她对学术的不懈努力和执着追求。虽说学术钻研过程非常艰难不易，但以她的坚毅果断、勤勉好学，我深信她必能在学界开创美好灿烂的前程。从审阅她的第一篇发表论文开始，到她的博士论文初稿，再到现在她的博士论文正式出版，一路见证了她在学术上的不断进步和勤勉刻苦。该书的出版，亦是对她学术研究的一种肯定。

该书由何群博士论文《论罪刑均衡的司法应对》修订而成，整本书的写作特点和论证方法，皆有创新之处，这也再次展现了何群博士的聪慧和胆识。对刑罚问题的研究，刑法学界向来并不热衷，但她却能深入阐释，实属难能可贵。一则，刑罚理论研究需要大量的调研和实证数据，成本较高，亦非一般人能做到；二则，刑罚理论看似简单，实则深奥庞杂，既可以深入到哲学层面进行探索，又可以广博到文化层面进行阐述，总体不好把握。针对罪刑均衡问题进行理论和实践的整合，既要有实证数据，又要有精深的刑法理论，这对一个缺乏司法实务经验的博士生而言，俨然是一个具有挑战性的工作。

记得2014年年底，何群博士拿着基本成型的博士论文初稿找我商榷。当时，她认真而专注地跟我请教诸多论点，并明确表明她对相关理论问题的看法。在讨论过程中，她对学术的热情和执着，一览无遗，让我感受到她对个中问题具有独到而精辟之思考能力。之后，她根据我的建议作了相应修订。在讨论过程中，她提到的一些观点和看法，对我亦有一定的启发和触动，特别是她提到如何用刑罚理论统摄责任理论；如何用统一的刑罚理论在刑法教义学的范围内进行规范研究，也就是违法性理论和责任理论中归责问题的具体阐述，等等。

何群博士的聪慧可爱，既体现在她的学术研究中，更体现在生活中。生活中的她，善良、质朴、热情、开朗、积极、向上、简单、快乐，这样的后辈，有一颗纯净而明朗的心。作为她的师长，我很欣喜地看到一位灵气十足的学术新星将冉冉升起；作为她信任的长辈，亦有责任扶持和保护好如此优秀的学术幼苗继续茁壮成长。每每看到她在学术上的进步和收获，都由衷地感到欣喜，既感念于认识多年后了解渐深而生发出的像家人般的情谊，又感念于浮躁的社会依然有如此纯粹可爱之灵魂依旧执着于学术。欣喜之余，是满满的祝福，希望不久的将来，何群博士能以更可人的姿态跃居于刑法学术界优秀学者之列。作为她的师长，真诚地祝福她生活愉快、学术愉快、工作愉快、笑口常开、平安幸福。读她的书，就像读她的人一样，是一件有趣而快乐的事。

特此，我愿意将何群博士及其新作《论罪刑均衡的司法应对》广泛地推荐给各界。

是为序。

余振华①
2016 年 7 月于台北

---

① 余振华：台湾"中央"警察大学法律学系主任、研究所所长，台湾刑事法学会前理事长，台湾比较刑法学会理事长。

序　三

何群是我在中国政法大学先后指导过的硕士和博士，她天资聪慧，刻苦努力，很高兴看到她在短短数年时间迅速成长和进步。她在硕士学习期间就出版过一本个人专著，《论罪刑均衡的司法应对》是何群博士出版的第二本个人专著，此书由其同名博士论文修改而成，再次展现了她在学术道路上的强大创造力和勤奋、认真、求真、求实的个人特点。作为她的导师，我非常欣慰。

罪刑均衡问题，既是立法所要解决的问题，也是司法努力实现的目标，更是理论界一直讨论的核心和焦点。选择此主题作为研究对象，需要有相当的理论驾驭能力和强大的学术自信，能把学术难点阐述到位，并在求真创新的基础上深入浅出地进行阐述，着实不易。何群博士对刑罚理论和实务研究有着持续七年的钻研，基于长期的坚持，她对刑罚理论也有自己独到的理解和判断，显示出可贵的创新精神和创新能力。

《论罪刑均衡的司法应对》一书，主要立足于司法层面，从司法实践的视角考察罪刑均衡的实现路径。这种深入浅出、简单明了、具有创新性的阐述，也展现出何群博士简单、求真、质朴、可爱的性格特点。将深奥的刑罚理论，用浅显易懂的公式和语言表达，结合具体的司法实践和调研数据分析，使得此书的内容明快、生动、易读、易懂，有一定的理论和研读价值。

此书的研究方法，采取理论与实践相结合，实践反馈理论的方式，在实践调研中找寻具有中国特色的诸多元素和处理模式；力图通过对中国特有文化和司法制度的现实解读，找寻现代刑罚理论与中国独特司法制度相结合的中国式处理模式，以充实中国的刑罚理论。作为她的老师，我对她既有的成就表示欣慰和祝福，更希望她的理论研究在未来的日子里，结出更丰硕的成果。

是为序。

①

2016 年 6 月 3 日于北京静斋

---

① 何秉松：中国政法大学教授、博士生导师。

摘　　要

　　罪刑均衡问题，既是立法所要解决的问题，也是司法努力实现的目标。本书主要立足于司法层面，从司法实践的角度，考察罪刑均衡的实现路径。在通过大量的实证研究之后，笔者不但在理论上确认了我国已经确立的"行为＋行为"的双重考量裁量模式，同时也以实践反馈理论的方式，得出刑事政策对司法裁量的具体影响。在研究方法上，本书采用实证研究与规范研究相结合的方式，从问题入手，希望能为理论研究和司法实务贡献绵薄之力。本书共分两部分，第一部分为概论（第一章），第二部分为正文和建议（第二章至第七章）。

　　第一章概论部分主要论证了研究的背景，研究的思路和方法，以及目前相关主题研究的成果与不足。目前，我国已经进入司法中心时代，因此聚焦司法应当成为实践和理论研究的一个主要动向。从具体的研究动机看，在近三年的博士学习期间，我参与了相关课题，在调研的过程中深刻体会到了实践中罪刑失衡问题的严重性。同时，从立法的动向看，《刑法修正案（九）》的诸多内容都映射出基于罪刑失衡的原因在立法上作出的相应调整。本书的研究方法主要是从具体问题入手，从具体案例和调研中，发现在实现罪刑均衡的道路上司法所作的巨大努力以及遇到的重重障碍。具体研究方法为实证研究与规范研究相结合，在指导思想上，以实践理性为哲学基础。本书希望通过从实践到理论的贯通，用理论解释并引领实践，具体剖析实践中存在的困难和障碍，并分析我国特有的经验和司法制度上的创新。在进行规范和实践层面的研究之后，希望研究的成果能对理论和实践提供必要的参考和借鉴。

正文和建议分布在第二章至第七章。

第二章为罪刑均衡相关问题概述。本章主要讨论了罪刑均衡的相关问题，包括罪刑均衡的概念、内涵以及实现罪刑均衡所要处理的几组关系等。比如，处理好公正与效率的关系，定罪与量刑所适用的证据规则的差异性，公众对量刑的适当参与，法官的自由裁量权与规范量刑的关系，等等。

第三章为罪刑失衡原因及司法应对现状分析。本章主要探讨了罪刑失衡的主要原因，包括立法漏洞，法定刑幅度过大及司法不规范，社会转型加剧法律的有效供给不足，历史和政治原因导致对刑事政策过于依赖，法官素质问题，法的二律背反，以及法的相对确定性等。在分析主要原因的基础上，对我国社会转型期罪刑失衡司法调控现状作了重要分析，具体的调控做法有：用地方司法文件和司法解释弥补法律漏洞和法律滞后，用刑事政策统领多元化的刑罚裁量思想。当然，实践中依然存在多元刑罚观交错影响的现象，且重刑主义与价值冲突明显。而在具体的司法调控方面，司法实践都是在努力弥补理论与实践的裂缝。在分析了理论与实践的差距后，还对刑事司法改革的实践理性和实践困境进行了分析，认为在实践中需要缩小量刑法理学模式与量刑社会学模式之间的缝隙与鸿沟，重视量刑辅助机制的建构，注重法与理的平衡。

第四章为罪刑均衡的标准：责任。本章主要从不同的角度和层面探索罪刑均衡的标准——责任。第一个层面是罪刑均衡的规范标准——责任主义。刑法学作为一门规范学科，其责任的首要组成部分就是规范责任。第二个层面是从刑事政策的角度出发，其预防必要性所体现出来的责任考量，也是刑罚裁量的重要考量因素。在司法裁量的刑事政策考量方面，主要研究刑罚的应罚性与需罚性的平衡，具体到责任方面则是积极责任与消极责任的平衡，而刑事政策导向的规范化体现则具体表现为立法和司法中对酌定量刑情节的考虑。第三个层面是罪刑均衡的社会学标准，主要体现为民众对刑罚裁量的接受度。从社会学层面看，刑罚适当性具体体现为刑罚的社会效果，刑罚裁量的结果与当事人心理预期的重合度，以及公众在参与过程中对刑罚裁量的满意度，等等。此外，还考察了罪责程度到刑罚程度的具体转换，主要包括罪责程度的计算方法以及罪责程度转换为刑罚量的具体方法。

第五章为罪刑均衡的衡量与调控。本章主要讨论了罪刑均衡的衡量标准与调控方法。在以责任为衡量标准的刑罚裁量过程中，用刑罚理论统摄刑罚的应罚性与需罚性。在调控方法上，以利益衡量作为司法裁量的具体参考元素，以罪刑法定原则作为裁量的边界，并在利益衡量的基础上进行最终的价值判断。刑罚量的确定，在司法实践中最终体现为以利益为基础的价值判断。

第六章为罪刑失衡的调整路径。罪刑失衡的调整，分为立法上的调整和司法上的调整。本章首先分析了立法上的罪刑失衡对司法的影响，然后主要在司法层面，从理论和实践两个角度，分别讨论了罪刑失衡的调整路径。在理论上的具体调整体现为，摒弃绝对客观主义的幻想，重视传统文化对刑罚的巨大影响（兼顾传统理念、具体国情和现代理念），兼顾刑罚的社会防卫与保障人权功能（兼顾传统法律文化理念与现代价值理念），以及进一步规范预防必要性所体现的规范责任。在实践方面，主要论述了我国所设计的上诉、抗诉、申诉、再审、死刑复核等司法制度，对实现量刑均衡以及量刑合理在制度层面所作的努力；在司法改革的浪潮下，我国已经初步建立量刑辅助制度；在实践中，要不断提升法官的素质，通过建立高素质的法官队伍，从根本上落实罪刑均衡。

第七章为进一步推进量刑规范化改革。本章主要是为进一步推进量刑规范化改革提出建议。具体而言，量刑规范化改革需要进一步在实践中吸取营养。本章以中国的司法实践和司法现状为出发点，进行理论和制度的完善和创新。比如，进一步规范地方司法文件，通过实体法与程序法的共同努力推进罪刑均衡的实现。在此基础上，又对如何妥当理解罪刑均衡，提出了自己的看法。

目　　录

第一章　概　论

第一节　研究背景

　　法学是一门实践理性学科，既可以深入到法哲学进行哲学层面的解读，又需要将博大精深的理论思想融会贯通于每个客观存在的司法实践细节之中。对司法的关注，是我三年来修习博士课程时一直默默进行的工作。其间，好奇于法官如何作出适当的裁量，又惊叹于许多复杂疑难案件在智慧的法官手上得出简明扼要的司法裁决。缘起于 2012 年年底至 2013 年年初的那次课题参与，命运之神开启了我与实务亲密接触的大门，也使我了解到学术研究的灵魂和基础在于方法的掌握。在接下来连续两年多的调研和实务中，司法实践给我带来的震撼不亚于康德的《实践理性批判》给当年的我带来的启发。从此，对司法实践的关注和热情，推着我朝着更务实、更理性的方向迈进，也使我渐渐掌握了理论与实务紧密结合的学术研究方法。不再只沉迷于书本的我，开始更关注司法实践，关注当下中国的司法制度，关注司法实践中亟待解决的各种问题。同时，基于对学术的敏感性，也往往将司法实践中存在的问题与书本上所论述的刑法学理论进行必要的勾连，以找寻理论存在的真正意义。

　　在与实务部门各阶层人员接触的过程中，我渐渐学会了从不同的人身上找寻闪光点，从他们提出的具体问题中，挖掘背后可能存在的理论难题。本书的选题和写作，与这两年多的持续调研有直接关系。在调研过程中，最初的感觉是中国的刑事政策对量刑的影响非常大。例如，看案卷时，发现某基层法院针对起诉的强奸罪，适用缓刑率非常高，而同一个省的其他基层法院，适用缓刑率却非常低。如此明显的现实差异，让我在诧异的同时，深感好奇。最终，通过更长时间的了解，我从地方文化和刑事政策的角度找到了答案。依稀记得两年前自己像发现新大陆一样，与身边人聊起自己的大发现。其后，在研究过程中，也一直想从理论上完整地诠释此种合理限度内的差异。在罪刑法定原则的框架内，法官的自由裁量权竟然如此之大？！而具体到刑罚裁量，又该以怎样的标准判定罪刑均衡呢？在无数次的调研中，许多法官都提到经验法则，但在具体深究经验法则的内涵时，却又说法迥异。量刑规范化改革已经进行几年，在各种成果和问题并存的同时，笔者持续而执着地关注着罪刑均衡的司法应对问题。笔者希望能通过自己的研究，对当下的量刑规范化改革，贡献绵薄之力。

正如卡多佐大法官所言，在几乎每个具有一般性问题的裁判中，都隐含着有关法的起源与目的的哲学理论，无论它在其中隐藏得多么深，它都是决定裁决的最终力量。[①] 如是，从看起来简单的司法裁量中，发掘其背后的法哲学意义，是引领学术和司法实践的重要航标灯。理论研究的重要性，并非饱食之士的自我标榜，而是司法实践的内在需求，更是司法改革走向纵深的必然要求。罪与罚一直是刑法学研究的两个重要领域，近年来对犯罪论的研究如火如荼，不管是比较研究，还是深入到法哲学层面的理论研究，都是刑法学者们努力耕耘的沃土。然而，从各国的刑法教科书以及最新出版的理论专著来看，对刑罚理论的研究，相比较于犯罪理论，显得冷清得多。就我国目前的司法改革而言，量刑规范化改革的任务被

---

① ［美］本杰明·N.卡多佐著：《法律的成长》，李红勃、李璐怡译，北京大学出版社 2014 年版，第 38 页。

概括为：法院只有相对独立的审判权，且在现行刑罚制度还很粗放的情况下，如何让法院生产出越来越精细的司法产品，以适应变化中的国情，满足人民群众日益高涨的公平正义诉求。[①] 民众对于司法公正的诉求日益加剧，而我国现有的刑罚体系以及刑罚理论研究却供给不足。面对如此状况，改革在所难免，但同时也对法官提出了更为严苛的要求。罪刑均衡问题，涉及更多的是司法裁量的内容。然而，更深层次的问题，主要体现在刑法理论中犯罪论体系对价值判断的融合度，以及犯罪论体系与刑罚理论的衔接与贯通。笔者认为，这既涉及刑法理论体系，又关系到研究方法的选择，甚至可以深入到哲学层面的解读。

从调研的资料来看，某市 2014 年度审结的一审刑事案件中，妨害社会管理秩序罪占 15.71%，危害公共安全罪占 31.57%，二者相加占了总刑事案件的 47.28%。由此可以看出，维护社会治安的稳定，仍然是刑法的主要任务。不管理论上对刑法的目的作如何的争论，事实上刑罚的发动仍然是维护社会治安总体状况良好的需要。刑罚理论是设法使社会关于犯罪者的处罚臻于合理之境的理论，所以刑罚理论必须受所处时代的信仰、哲学、宗教观念，以及当时科学的影响。如果我们要明了在社会史进程中发展的刑罚哲学，就必须考察关于各时代及各民族间宗教观念、科学、哲学以及信仰究竟是怎样影响到刑罚理论的。[②] 纵观学者们的研究，我们能窥测到刑罚理论的复杂和深奥。然而，至今为止，我们对刑罚理论的研究仍然非常欠缺。因此，有学者指出，"就该更深入地探讨惩罚的社会意义。为了达成这个目的，便需建构所谓的法律惩罚社会学，并且援引社会理论家与历史学家的论述以阐明惩罚的历史基

---

① 黄应生：《中国量刑改革的思路和方法》，载胡云腾主编：《中美量刑改革国际研讨会文集》，中国法制出版社 2009 年版，第 215—216 页。

② ［美］约翰·列维斯·齐林著：《犯罪学及刑罚学》，查良鉴译，中国政法大学出版社 2003 年版，第 329 页。

础、社会角色与文化意涵"[①]。由于对刑罚理论研究的滞后和欠缺，刑罚理论似乎已失去了在司法实践中的指导性地位和功能。同时，在量刑方面，大陆法系实行的定罪与量刑一体化模式，其正当性和合理性正面临着越来越严厉的批评。[②] 在理论研究缺乏，改革又急速推进的时代，研究和探索便显得更为紧迫。对于罪刑均衡的问题，必须在对各国现有制度和刑罚理论深入研究的基础上，找寻罪刑均衡的实现路径。

周光权教授认为，要在刑法价值判断方法论的指导下，实现中国刑法学具体知识的转型，仅承认行为和结果之间的事实条件关系远远不够；谁对结果发生有错意义上的客观归责判断至关重要；应深入研究答责性概念，通过价值判断将犯罪论和刑罚论紧密联系起来；对义务犯建构不同于支配犯的解释原理，在运用价值判断方法时，要确定刑法上规范的价值判断标准，合理界定刑法价值判断的限度。[③] 由此可以看出，价值判断是连接犯罪论与刑罚论的重要纽带，亦是贯通犯罪论理论与刑罚理论的研究方法。而且，在锚定行为应当承担的刑事责任时，综合考虑行为人基于犯罪行为而承担刑事责任，成为司法裁量的核心内容。换言之，实现罪刑均衡的目标，既是法官的职业追求，亦是刑法学理论研究和司法实践的方向指引。因此，罪刑均衡的实质内涵，实为一种价值判断，而基于二元的刑罚结构考虑，在相对罪刑法定时代，价值判断发挥着非常重要的作用。很多时候，由于价值判断的标准多元性以及主体的差异性，在具体裁量过程中，必须依赖法官的智慧和个人素养，使其在

[①] ［美］戴维·葛兰著：《惩罚与现代社会》，刘宗为、黄煜文译，台湾商周出版社2005年版，第2页。

[②] 陈瑞华：《定罪与量刑的程序分离》，载胡云腾主编：《中美量刑改革国际研讨会文集》，中国法制出版社2009年版，第73页。

[③] 周光权：《价值判断与中国刑法学知识转型》，载《中国社会科学》2013年第4期。

一种动态的平衡中，寻求罪刑均衡的个案实现路径。

一、司法中心时代的到来

追根溯源，近现代中国法律体系的来源比较复杂，主要有以下四个方面：一是西方两大法系的影响；二是苏联社会主义法系的影响；三是中国传统文化和传统法律制度的影响；四是中国共产党领导人民政权建设中的法制实践经验。[①] 因此，包括刑法学在内的中国法律制度，受到了多重文化和价值观的影响，而且在不断发展的过程中呈现出独具特色的历史性变化。例如，在新中国成立初期，中国的刑法学比较倾向于学习苏联的刑法，而在改革开放之后，特别是进入 21 世纪以来，中国的刑法学逐渐受到西方两大法系的影响。中国刑事诉讼法学的很多司法制度都倾向于引进美国的司法制度，而刑法学则趋向于对欧陆刑法学的学习和效仿。正如诸多国内中青年学者的表述，21 世纪的中国已经进入了司法中心时代。这一客观判断的言下之意在于，尽管立法技术等还有待提高，但目前中国的立法基本上已经完善。在司法中心时代，法学研究的核心应当从之前的立法领域转移到司法实践中，法学研究的思维也应当从立法论思维转向司法论思维。在法学研究过程中，我们也能看到，近年来的硕士论文或博士论文，研究解决司法实践中具体问题的开始增多，已经逐渐摆脱以往从理论到理论、从各国的立法比较到中国的立法建议这种完全撇开司法实务的写作特点。可以说，这是时代的需要，也是研究方法转变的需要。这种转变，也使得刑法学在规范研究的道路上向纵深发展。规范研究是大陆法系国家刑法解释学持续几百年的传统，作为成文法国家，究竟要采用何种研究方法，在目前的中国学术界，的确存在某些选择上的差异和争议。

正如卡多佐大法官所言，司法过程在根本意义上不是发现，而

---

① 李林、莫纪宏等著：《中国法律制度》，中国社会科学出版社 2014 年版，第 79—80 页。

是创造。① 尽管罪刑均衡问题既包括立法层面的罪刑均衡，又包括司法层面的罪刑均衡，但笔者认为，基于法的安定性和成文法国家对于罪刑法定原则的恪守与尊重，从司法层面研究罪刑均衡问题，更具有实践价值和挑战性。在司法的过程中，就像有一个巨大的宝藏，需要理论界和实务界不断地探索和发现。而在现有立法下，如何实现刑法的正义，如何体现罪刑均衡的刑法价值，在实践中法官们如何进行裁量，在理论上又该如何分析和判断罪刑均衡的理论根据，等等，是本书关注且极力想要解决的问题，而其中诸多具体要素，笔者当会努力钻研，希望能详细论述。

二、从调研和具体案例考察罪刑失衡的现状

在调研过程中，总共有 20 名法官接受了关于刑罚裁量经验法则的提问，所有法官都认可目前的量刑规范化给基层法院量刑带来的便宜和规范效果。其中，16 名法官都强调经验的重要性；15 名法官认为目前我们对定量过于专注，而轻视了定性；18 名法官认为目前的刑罚裁量，定性比定量更重要；5 名法官明确指出量刑有过于机械化的倾向。

在调研过程中，笔者对 20 名法官进行了 8 次一对一提问，即多次多人次访谈。在一对一访谈中，有 8 名法官认为法官在刑罚裁量中作用很大，但还需要发挥更大的作用。

---

① ［美］本杰明·N.卡多佐著：《法律的成长》，李红勃、李璐怡译，北京大学出版社 2014 年版，第 4 页。

（单位：人）

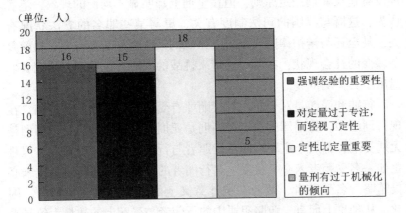

图 1－1 法官对刑罚裁量经验法则的看法

最近，广西北流市人民法院对两起行贿案所作的判决，引发了争议。一起是被告人陈某向另案被告人毛某烈行贿251万元，2012年12月14日庭审中被告人陈某认罪，被判处有期徒刑3年，缓刑4年。11天后另一起行贿案开庭，同样涉嫌向毛某烈行贿的另一被告人何某，被检方指控其"承诺"给毛某烈128万元构成行贿罪，庭审一开始何某即否认行贿，声称其遭受侦查人员的威胁和逼供。2013年5月21日，法院宣判被告人何某行贿罪名成立，判处有期徒刑10年。

问题是，同一个法庭、在几乎同一个时间段，将行贿251万元的被告人陈某判处缓刑，将行贿128万元的被告人何某判处有期徒刑10年，是否合适？

在北流市人民法院的两份判决中，假定何某真的向毛某烈"行贿"128万元，则法院判处10年有期徒刑并不违法，即使在《刑法修正案（九）》未通过的情况下，如此量刑也无可厚非。但是，对于同一个法庭、同一名受贿者，另一名被告人陈某行贿251万元，却仅被判处缓刑，显然是太轻了。两个案例的重大差别在于被告人在侦查和审判过程中与公权力部门的配合程度不同。出现此种没有违反罪刑法定原则，但在量刑上却明显不均衡的现象，笔者认为，这既与我国的司法制度有关，更与某些罪名的立法状况有关，甚至还与辩护律师或被告人家属的某些庭外交涉有关。目前复杂多变的社会现状，在给司法带来挑战的同时，也给理论研究者们提出了具体的问题。

行贿和受贿是对合犯，有行贿才有受贿，有受贿就有行贿。在现行刑法中，受贿罪的法定最高刑是死刑，行贿罪的法定最高刑是无期徒刑，都属于重罪。固然受贿者与行贿者并非一一对应，但是正如一名受贿者未必只接受一名行贿者的贿赂，一名行贿者也未必仅贿赂一名受贿者，两者在统计意义上的概率应该是相似的。因此，从理论上而言，贿赂犯罪中的行贿者与受贿者的数量大致是平衡的，但在现实中，两罪的被追诉率却大不相同。根据笔者的调研，在所有贿赂犯罪中，受贿犯罪大约占八九成，行贿犯罪仅占一两成。贿赂行为的隐蔽性和私密性，导致其查办难度通常比其他犯罪行为大。为了解决这个问题，打击贿赂犯罪，世界各国大都采用两个办法：一是降低贿赂案件定罪的证据标准；二是广泛推行"辩诉交易"和"污点证人"制度，即以行贿者的证词去指控受贿者，从而减轻或者免除行贿者的刑事责任。但是，从以上具体案例可以看出，刑法在适用过程中出现了明显的罪刑失衡现象。意即，犯罪嫌疑人的认罪态度或表现，究竟在何种程度上影响量刑的结果？或者，法官在行使自由裁量权时，应该受到何种规范？抑或，衡量或评判罪刑均衡的标准是什么？如果出现罪刑失衡现象，该如何对此进行有效监督？在司法实践中，法官的自由裁量权与罪刑失衡之间究竟要如何严格界定？在理论上，又该如何进行诠释或引导？当然，在相对确定刑时代，法官的自由裁量权是必然存在的，而在法官运用自由裁量权的过程中，又该用何种标准来达到罪刑均衡呢？

三、从《刑法修正案（九）》窥探罪刑失衡问题

事实上，法律是鲜活的生命，而非僵化的规则。[1] 法律是不断变化发展的实践理性学科。就刑法而言，其必须遵守谦抑性原则。比起其他部门法，《刑法》的修正更要谨慎和深思熟虑。从《刑法修正案（九）》来看，其修改的层面和程度，都可以从罪刑均衡的角度进行解释。这次修法的两个重点，一是从立法上减少死刑罪名，二是在立法上规范恐怖主义犯罪。本书认为，从本质上，《刑法修正案（九）》的核心在于解决罪刑均衡的问题，也即某些罪名是否需要适用死刑。而目前对于恐怖主义犯罪的处罚，罪刑严重不均衡，因此急迫地需要在立法上进行有效规制，以解决中国面临的现实问题。基于罪刑法定原则的重要性，在现有的立法状况下，司法已经作了大量努力，尽量朝着罪刑均衡的方向改革。然而，在合适的时机，某些罪名的法定刑还是要作必要的修正，如此才有《刑法修正案（九）》的讨论和出台。例如，针对目前日益严峻的反腐形势，进而对贪污贿赂罪在法定刑上所作的适当修改。随着经济的发展，受贿 10 万元以上处 10 年以上有期徒刑的量刑硬指标，在司法实践中已经饱受诟病，且带来了不少实务上的难题。因此，在罪刑严重不均衡，且通过司法手段都难以平衡的状况下，《刑法》的修正在所难免。

法律是以社会为基础的，随着社会的变化，犯罪的性质及其社会危害性程度必然会发生变化，故任何罪刑均衡关系都不是永恒不变的。[2] 目前，诸多评判者认为，中国政府在对某些犯罪行为的打击上行动失败，在惩治犯罪中亦未能发挥有效作用，在与犯罪者打

---

[1] ［美］本杰明·N. 卡多佐著：《法律的成长》，李红勃、李璐怡译，北京大学出版社 2014 年版，第 1 页。

[2] 何秉松主编：《刑法教科书（上卷）》，中国法制出版社 2000 年修订版，第 102 页。

交道的过程中更是表现不佳。而且，由于在对犯罪者定罪量刑上呈现腐败问题，中国司法在相当程度上已经失去了法律权威，待媒体抛出这些批评后，舆论立即挑出其中最不光彩的批评言论加以传播，这种做法使民众动摇了对中国司法的信任和尊重。① 笔者认为，罪刑均衡的问题，既是立法层面的问题，也是树立和保持司法权威的重要指标，而在司法上如何实现罪刑均衡会直接影响司法的权威，故本书主要从司法层面，讨论如何实现罪刑均衡等相关问题。

目前，《刑法》修正的重点主要有以下三个方面：一是罪刑极不均衡的个罪。例如，废除几个罪名的死刑规定，主要原因在于对于某些个罪，不需要用死刑来进行规制，特别是在当下废除死刑的全球浪潮中，对于某些法定犯的死刑规定，明显处罚过重，故修法势在必行。二是基于社会秩序的稳固，对于某些行为，需要以刑法进行规制。例如，近些年恐怖主义犯罪愈演愈烈，对恐怖主义行为进行刑法上的规制，既是社会发展的需要，也是罪刑均衡原则在现实中的具体体现，而在现有立法已经不能满足社会发展需要时，刑法对恐怖主义等行为的规制便需要立法上的肯定，修法也势在必行。三是某些个罪刑罚结构的调整。例如，贪污、受贿等职务犯罪，特别是受贿罪以贪污罪所规定的数额作为依托，曾以 10 万元作为量刑的一个重要衡量标杆，给司法实务带来了不少障碍。基于落后和粗糙的立法技术所带来的罪刑严重不均衡问题，促成了《刑法》的修正。

综上，罪刑均衡是刑法学研究和实务的核心问题之一，也是实现刑法正义的关键所在。因此，如何实现罪刑均衡的目标，成为理论界和实务界所必须解决的一个重大课题。

---

① 田科等编著：《法的价值与悖论》，群众出版社 2006 年版，第 365 页。

第二节 研究的思路和方法

在目前司法改革的形势下，司法审判和裁决逐渐成为业界关注的核心。以前以侦查为中心的诉讼模式，正逐渐被以审判为中心的诉讼模式所取代。应用到刑事案件中，便对量刑提出了更为具体的要求，而量刑的证据和说理性要求亦都在事实层面有所提升。审判中对量刑证据的运用和把握，以及刑罚裁量的具体计算等，在审判中心时代需要有更精准的诠释。从罪刑均衡的角度解读，之前重定罪而轻量刑的状况，需要作必要的修正。特别是在有罪判决中，对量刑的计算和说理，新的司法现状则要求得更高、更具体。从刑事法学存在的价值来看，其应当对社会起到检疫的作用，即刑事法学的研究成果应当为良善社会政策提供借鉴和智力支持。法律对于中西方社会而言，都可以解释为一种专门的社会控制手段，或者关于人的行为规范的一种特别规章。[1] 基于不同的法文化，英美法系国家和大陆法系国家犯罪学的研究和发展情况迥异。英美法系国家更加重视犯罪学的发展，将犯罪学作为社会科学的一门重要学科和基础学科。在研究方法上，将犯罪学与社会学高度结合起来，再与刑法学结合，成为一种刑事犯罪社会学；在价值取向上，以控制犯罪的发生作为刑事法学的首要任务，为社会政策的制定服务。这既体现了英美法系国家一直推崇的实用主义原则，也体现了刑事法学为社会服务的现实价值。

但总体而言，将刑法学研究的目标定位于解决现实社会问题，这是刑法学发展的推动力，也是司法实践对刑法学研究提出的诉求。从具体问题入手，将研究的重心放在解决具体问题上，并借助

---

① 杨师群著：《东周秦汉社会转型研究》，上海古籍出版社 2003 年版，第 253 页。

不同学科的研究成果，努力研究并期望解决实践中所遇到的难题，此乃现代刑法学发展的现实路径。正如有学者所言，刑法体系、刑事程序，最后还有刑罚执行的配置，至少在基本特征上是由基础性的刑罚理论来决定的。① 因此，刑法学理论的发展，都应当受到刑罚理论发展的指引和直接影响，而刑法的发展反过来又能映射出刑罚理论的变化和发展。

一、从具体问题入手

如何实现罪刑均衡是刑法学研究和司法实践努力解决的重要议题。理论界对正义有着不同的阐述，不同的学者提出了不同的理论。从根源来讲，刑法的正义问题，关键在于罪刑均衡，即行为人所承担的刑罚，在质与量上都应该与行为人之前的行为相对应。罪刑在质与量上的动态平衡，是衡量刑法正义和司法正义的重要标杆。罚当其罪，才能在现实中让民众具体感受到刑法的正义。而作为成文法国家，根据罪刑法定原则，在具体的操作过程中如何实现罪刑的均衡，又是一个复杂的司法难题。特别是当某些罪或刑的法律规定，已经不能适应变化中的社会生活情状时，刑法所追求的罪刑均衡目标又该如何实现？

有学者指出，中国的法律人同时扮演着司法者和立法者的双重角色，他们必须两只眼并用，一只眼看法律，另一只眼看社会，是双轨制。② 客观而言，当下中国的法律人必须既要遵守教义法学所要求的规范意识和规范逻辑，又要用立法者的眼光批判地看待司法实践和现状。中国的现状有着自身的特点，大概也只有学者通过对中国现状的客观研究，并在此基础上探究出一条真正适合中国国情

---

① ［德］米夏埃尔·帕夫利克著：《人格体 主体 公民：刑罚的合法性研究》，谭淦译，中国人民大学出版社 2011 年版，第 5 页。

② 柯华庆：《法律变革的逻辑——社科法学与教义法学的较量》，载中国社会科学网 2014 年 9 月 22 日。

的法学道路，才能从根本上解决中国的现实问题。目前，中国法学存在的问题，不单单是司法思维欠缺，也有立法思维的过剩，任何问题的出现，都有可以深入到制度层面的政治和历史原因，又有可以泛化到文化和民族思维层面的传统原因。因此，笔者认为，要真正解决中国法学的问题，首先应该对当下中国现状作综合而精道的研究，这需要法社会学的大力支持。在此基础上，为了严格恪守罪刑法定原则，还需要对刑法教义学进行深入的研究。这两种看起来似乎对立的研究方法和研究领域，却在事实上存在着相辅相成的关联。

二、研究基础：司法实践

为了发现司法实务中存在的具体问题，笔者作了大量的实证研究，并在实证研究的基础上，将罪刑失衡问题进行归类、分析、整理，希望能找到与之对应的理论解决途径。就中国传统思维而言，在道德推理之外，黄宗智教授认为，中国的法律思维方式是"从经验/实践到抽象再到经验/实践"，和西方那种形式主义理性的"从理论抽象到具体事实情况再到理论"的思维方式不同。中华民族经验式的思维特点更容易导致一种实践理性的结果。① 为了顺应这种从实践到实践的思维方式，笔者认为，真正适合中国国情的研究进路，应当是在透彻了解中国实践基础上的理论提升，而不是以理论为出发点，从理论到实践再到理论的演绎式研究进路。因此，对罪刑均衡问题的研究，首先要了解刑罚裁量的司法实践，在实践中出现了哪些罪刑失衡的问题，法官、检察官、律师、当事人、民众等对罪刑均衡的认同标准分别是什么，等等。在客观评判的基础上，再结合适合中国司法现状的刑法理论，研究真正适合中国国情的罪刑均衡理论。

---

① 黄宗智：《道德与法律：中国的过去和现在》，载《开放时代》2015年第 1 期。

三、研究方法：实证研究与规范分析相结合

传统的刑法学是以解释学为中心而不断发展起来的一门学科。所谓解释学，原来是作为正确分析圣经、古典文学、法典这些传承下来的规范原典的技巧而使用的，它主要用于圣经分析学、古典文献学、法解释学等个别领域。① 在以德日为代表的成文法国家，有着悠久的刑法解释学发展历程。就研究方法而言，传统的刑法学与犯罪学有着截然不同的研究方法。前者是罪刑法定原则下的刑法解释学，后者是基于对宏大的社会学视角下有关犯罪情状的考虑；前者追求刑法的安定性和绝对权威性，后者基于对犯罪的动态研究适时地提出刑事政策上的对策；前者是戴着脚镣式的舞蹈，后者是多视角多角度的体系考虑。就目前的中国刑法学而言，有学者明确指出，近几年的中国，向德日学习成了一种时髦，对刑法的法律运用技术情有独钟，甚至一些基本名词概念的使用都处处打上了德日刑法学的烙印，但对刑法的法律思维观念、法律价值取向的学习还未得到重视。② 如上所述，我们在学习德日的过程中，似乎只学到了他们对刑法解释学的重视，却很少有人能看到刑法解释学自身的局限性和瓶颈所在，以致近些年逐渐形成一种明显的学科发展特征，即刑法学的研究技术过分师从德日，而忽视刑事法学对社会的检疫作用。③

因此，本书在研究方法上，既注重吸收传统刑法解释学的各种优秀成果，又借鉴了犯罪学的研究成果，努力将二者融合成刑罚理

---

① ［日］中冈成文著：《哈贝马斯：交往行为》，王屏译，河北教育出版社 2001 年版，第 52—53 页。

② 杨兴培著：《反思与批评：中国刑法的理论与实践》，北京大学出版社 2013 年版，第 355 页。

③ 杨兴培著：《反思与批评：中国刑法的理论与实践》，北京大学出版社 2013 年版，第 354 页。

论继续发展的强大基石。在研究罪刑均衡问题上，既要严格恪守罪刑法定原则，在现有立法中运用刑法解释学的各种方法，又要及时吸收以犯罪学为代表的社会学科的优秀成果，注意犯罪和刑罚在现实中可能发生的各种变化。在错综复杂的现实世界，刑罚不是越多越好，也不是越严厉越好，而是恰当最好。恰到好处的刑罚，是社会对立法和司法的期待和要求。基于保障人权的需要，刑罚裁量过程中不能随意突破现有法条作类推解释，也不能随意扩大或缩小解释的范围。如何适当地对刑罚进行裁量，这是刑法学研究的核心问题所在。

（一）实证研究是了解刑罚适用和刑罚效果的基础

实证研究作为一种研究方法始于自然科学研究。18 世纪、19 世纪自然科学的发展不仅推动了工业革命的巨大成功，而且为社会科学研究开辟了一种研究路径。随着自然科学研究在社会科学领域的运用，对现象的观察越来越依赖于实证研究。学者们都希望通过实证研究，尽量客观、真实地反映出事物存在的本真现象，希望通过全面而真实的现象了解，为社会科学的价值判断打下坚实基础。如是，犯罪作为一种社会现象，自然需要用实证的方法进行实然的研究。作为因犯罪而生的刑罚，也是一种社会现象，刑罚的功能、效果、发展更是一种现实而客观的存在。因此，历来各国都很重视使用定量的方法描述刑罚适用的情况，包括刑罚适用的现状、变化及其背后的原因和规律。例如，英国的司法部每个季度都要公布法院判刑情况；美国的司法统计局（Bureau of Justice Statistics）每年都要公布刑罚适用情况，而统计数字不仅包括被适用刑罚的人数，而且包括其他统计信息，如平均刑期、监禁率等。同时，实证研究具有描述刑事政策适用效果的功能。[①] 因此，某项刑事政策实施的

---

① 翟中东著：《刑罚问题的社会学思考：方法及应用》，法律出版社 2010 年版，第 44 页。

效果与之前预设的目的是否符合，差距有多大，如果与设计的初衷不符合，原因又是什么，等等，这些变动中的社会发展情状和刑罚适用状况，都需要实证研究进行客观描述。当然，这与传统的刑法教义学（刑法解释学）相比，不管是在研究方法上，还是在研究目的上都有差异。

德国耶塞克教授认为，"刑罚思想或理论，即刑罚对于犯罪人本身及对于社会大众应该具有何种意义，是研究整体刑事法学的关键与基础"①。因此，"刑罚理论不但支配刑事立法的方向与内涵，而且对于整体刑事法的解释（Dogmatik②）也有密切关系"③。正如邓正来先生所指出的那样，法条主义理论模式在根本上是因为它是以一种先验的固定事实为基础的，进而对这种逻辑结构或逻辑方案的发现、分析和注释也是与现实生活世界不相关的。④ 由此我们可以看出，对于刑罚理论研究的欠缺，刑法教义学（刑法解释学）会出现难以突破的瓶颈。同时，给整个刑事立法和刑事司法都会带来一系列的问题。比如，刑罚的正当化根据到底是什么？刑法基于什么而发动刑罚权？在刑罚权的适用过程中，又该如何做到既惩罚了犯罪人，又实现了刑罚的目的？更确切地说，刑罚的目的到底是什么？

对刑罚现状的研究则需要运用以实证研究为代表的社会科学研究方法，对刑罚运用的现状及可能存在的问题进行具体研究和讨论，并结合各国实践，在总结问题的基础上，提出有效的应对策

① 转引自张丽卿著：《司法精神医学：刑事法学与精神医学之整合》（第二版），台湾元照出版有限公司 2004 年版，第 181 页。

② 在我国大陆地区，对此词的翻译和运用有差异，有的翻译成"法教义学"，有的翻译成"法解释学"，也有的翻译成"法信条学"。

③ 张丽卿著：《司法精神医学：刑事法学与精神医学之整合》（第二版），台湾元照出版有限公司 2004 年版，第 181 页。

④ 邓正来著：《中国法学向何处去——建构"中国法律理想图景"时代的论纲》，商务印书馆 2006 年版，第 250 页。

略。观察是评判的基础，刑罚的运用及刑罚效果的具体体现是测量罪刑是否均衡的基础性工作。因此，研究罪刑均衡问题，离不开实证研究。而实证研究包括调研和数据统计，既有立法层面的数据统计，也有司法层面的数据统计。因此，实证研究的方法，对课题的论证及是否能得出科学、可信的结论，都有着相当重大的意义。

（二）刑法教义学规范的研究亦需要刑罚理论的支持

何谓刑法教义学？刑法教义学与在中国有一定影响的刑法解释学到底是怎样的一种关系呢？刑法信条学与刑法教义学又是什么关系呢？带着这些疑惑，笔者比较和梳理了刑法教义学的渊源及发展历程。经过研究和深入思考，笔者认为，刑法教义学是以现行刑法规范为思考根据，在具体司法适用中，运用刑法解释学和刑法诠释学的解释方法对刑法规范进行合理解释，以求实现个案正义的学说。刑法教义学又分狭义的刑法教义学和广义的刑法教义学。只强调刑法的形式正义，根据现行刑法规范对刑法进行解释和适用的解释学为狭义的刑法教义学。为了实现实质法治，在具体刑法适用中，运用包括刑法解释学、刑法诠释学在内的所有解释方法，对刑法规范进行解释和适用，以实现实质正义的解释学为广义的刑法教义学。在本书中，笔者认同和采用广义的刑法教义学，而刑法诠释学是刑法教义学在西方诠释学兴起后，在新的历史时期的继续发展。

通过研究，笔者分析和比较了刑法诠释学与刑法解释学的关系问题。传统的刑法解释学实际上与狭义的刑法教义学为同一学科，只是表述不同。特别是在德国，因为德国人对哲学有着特殊的情感，因此喜欢用"法教义学"这一表述。正如对法的基本理论的表述，在德国用"法哲学"，而在英美则习惯用"法理学"。在笔者看来，这是法文化使然，同时也是不同的翻译者在翻译过程中，根据个人喜好而采用了不同的表述。如果是直接从德文翻译过来的，则多采用"法教义学"。比如，舒国滢老师的《法哲学：立场与方法》中认为，"在德国哲学家看来，法教义学（Rechtsdogma-

tik，一译'法律释义学'或'法律解释学'）又称'教义学法学'
（Dogmatische Rechtswissenschaft），是研究某一特定法律体系或子体
系（法律语句命题系统）的实在法理论。或者说，它是一门法律
概念和法律制度自成体系的基础学问，一门以'科学'的趣味来
构建的法律学问"①。当然，也有不同翻译者的其他表述，比如北
大的王世洲老师在翻译罗克辛的《德国刑法学总论》时选择了
"刑法信条学"这一表述。正如罗克辛教授所说的，刑法信条学是
研究刑法领域中各种法律规定和各种学术观点的解释、体系化和进
一步发展的学科。② 在笔者看来，不管是刑法教义学，还是刑法信
条学，又或是陈兴良老师在其《教义刑法学》中采用的教义刑法
学，都只是同一事物的不同表述。

在陈兴良老师的《教义刑法学》一书中，经常用"刑法解释
学"这一表述，且似乎比"刑法教义学"（"教义刑法学"）的表
述更多。似乎可以这样理解，在陈老师的笔下，他所指的教义刑法
学，事实上与他在书中所描述的刑法解释学，是同一事物的不同表
述，因而他习惯性地交替使用刑法教义学和刑法解释学。比如，
《教义刑法学》第7页里表述道，"2000年以后，我国才开始真正
进行刑法解释学的研究。由此可见，刑法解释学是法学研究的主
流。在某种意义上，刑法学就是刑法解释学。奥地利著名法学家凯
尔森创立了纯粹法学派，其所谓纯粹法学就是采用司法论思考方法
的法学，绝对排斥在法学中的形而上的思考"③。陈兴良老师也认
为，在某种意义上，刑法学就是刑法解释学。

---

① 舒国滢著：《法哲学：立场与方法》，北京大学出版社2010年版，第
4页。

② ［德］克劳斯·罗克辛著：《德国刑法学 总论（第1卷）：犯罪原理
的基础构造》，王世洲译，法律出版社2005年版，第117页。

③ 陈兴良著：《教义刑法学》，中国人民大学出版社2010年版，第7
页。

可见，德国所采用的刑法教义学，在最初的概念法学时期，便约等于刑法解释学。这个阶段的犯罪成立理论比较简单，属于古典的犯罪成立理论。包括康德、黑格尔在内的法学家，对刑法学的发展都作出了相当大的贡献。当刑法教义学进入以拉伦茨为代表的价值法学阶段，刑法解释学和犯罪成立理论都有了新的发展。当然，从概念法学到价值法学的过程中，德国的法教义学还经历了利益法学阶段，其代表人物为赫克。根据罗克辛教授在《德国刑法学总论》里边的表述，他认为刑法教义学兴起于李斯特和宾丁时代。李斯特是赫克在哈勒大学任教时的同事，只是两人一个研究刑法，一个研究私法。可见，刑法教义学在利益法学阶段也有长足的发展。特别是赫克的利益法学，将利益分析方法从立法领域拓展到司法领域，这对法教义学从传统的法解释学发展成法运用学具有重大意义。而当法教义学成为一门法运用学之后，法教义学的内容便有了相应的扩展，从之前传统的法律解释理论，扩展到包括法律解释在内的法律运用理论，即法律论证理论。因此，这时候的法教义学，包括刑法教义学的核心内容，都从之前单一的法律解释理论，扩展到了法律解释理论和法律论证理论。而法律论证理论的核心便依赖于犯罪成立理论。① 犯罪成立理论是刑法教义学特有的核心理论之一，当然同样作为刑法教义学理论核心之一的刑法解释学理论因为与其他部门法教义学有共通之处，因此在很多时候似乎并未受到刑法学者的重视和青睐。应当指出的是，刑法教义学的两个重要核心构成要素，一个是刑法解释学理论，一个是犯罪成立理论。刑法解释学理论在不同时期也有不同的价值选择和相应更流行的技巧和方法，因此刑法解释学理论不可小觑。

---

① 为了不与德日三阶层理论中的犯罪构成理论，以及中国通说的四要件犯罪构成理论中的某些表述相混淆，笔者统一用"犯罪成立理论"这一表述。

（三） 实证研究与规范分析相结合的方法运用

我国法经济学学者柯华庆教授认为，当前关于教义法学与社科法学的争论只有放在中国特定历史条件下来理解才有意义。法律的生命是经验，法律的成长靠逻辑。法律的生命是现在的经验，不是过去的经验；法律的生命是本国的经验，不是他国的经验。法律的生命应该遵循探效逻辑，法律的成长应该遵循演绎逻辑。社会稳定时期，教义法学占主导地位；社会变革时期，社科法学称雄。[①] 总体来看，在目前中国所处的社会状况下，社科法学仍然有待继续深入研究，教义法学仍然处在起步阶段，自然科学亦有待加强。具体到刑法学领域，对司法的实证研究，目前只是散见于实务部门的研究机构。对司法现状的了解和把握，是刑事法调整的必要基础。近些年来，实证研究在刑事诉讼法和证据法中日益凸显其重要价值，但在刑法学中仍然有待加强。可喜的是，诸多刑法学者已经日渐察觉到实证研究对于刑法学理论的土壤般的基础性作用。不管是学者们对典型案例的关注而出现的与实务部门合作的典型案例编撰集，还是实务中对某些量刑情节的实证调研，都体现出刑法学者对司法实践的重视。中国目前的刑法学研究，既需要教义法学的深入研究，更需要社科法学对中国社会现状有一个精准的把握。

尽管刑法学与犯罪学有着迥异的学理基础和研究方法，但从学科存在和发展的总体价值看，二者有着同一的价值追求。因此，控制犯罪的最优（理想）方案是控制社会，社会控制得好，犯罪就少；社会控制得最好，犯罪就最少。[②] 正如罗克辛教授所言，作为信条性的标准，要证明的仅仅是不同的法律领域不是孤立地对立存

---

① 柯华庆：《法律变革的逻辑——社科法学与教义法学的较量》，载中国社会科学网 2014 年 9 月 22 日。

② 储槐植著：《刑事一体化论要》，北京大学出版社 2007 年版，第 281 页。

在的，而是相互补充和相互支持的。[①] 在当下的综合刑时代，如何博取各学科的研究成果，为刑法学的发展提供助力，从而实现社会的稳定有序发展，这是刑法学和犯罪学研究的社会价值所在。本书首先采用实证研究方法，从具体的案例总结出司法裁量中存在的罪刑失衡现象，继而分析较容易出现罪刑失衡的类罪，并在实证的基础上，探讨司法裁量过程中刑罚裁量的模式。同时，对于罪刑均衡问题，在司法层面进行探讨，找寻从司法到立法的沟通途径，即罪刑失衡达到何种程度时，需要在立法层面进行规制，从而通过司法和立法的应对，努力发现解决罪刑失衡问题的具体措施。

（四）以实践理性为基础

罪刑均衡是体现司法公正的具体指标。因此，用理论与实践相结合的方法，对罪刑均衡问题进行深入的剖析，既是理论发展的需要，更是司法实践的迫切要求。本书对罪刑均衡的研究，既从理论上深入论证，也从实务中吸取营养，并力图在司法实践中证明自己的观点。故，理论与实践相结合的方法，是笔者深入剖析和应对罪刑失衡问题，并努力实现刑法的核心价值即罪刑均衡的重要途径。理论是抽象了的实践，是对问题的深入研究和高度概括，而实践是具体化了的理论，理论与实践相结合，方能推动理论和实践朝着更为成熟的方向迈进。

在传统的自然法学说看来，实然与应然是一致的，而在新康德主义、法实证主义、分析法学理论看来，实然与应然是不一致的。[②] 作为新康德主义和分析法学的支持者，笔者认同实然与应然二分的观点。基于对客观行为的不同认识，才有了通过价值判断连接犯罪论与刑罚理论的存在必要。故，对现象的观察和了解，是价

---

① ［德］克劳斯·罗克辛著：《德国刑法学 总论（第 1 卷）：犯罪原理的基础构造》，王世洲译，法律出版社 2005 年版，第 135 页。

② ［德］阿图尔·考夫曼、温弗里德·哈斯默尔主编：《当代法哲学和法律理论导论》，郑永流译，法律出版社 2002 年版，第 135 页。

值判断的前提和基础，也是刑罚裁量的重要方法论指引。在实践法哲学看来，人既是抽象意义上的人，又是在不断的社会实践中具有个性和具体特征的不同个体。而刑罚既要坚持客观主义统摄的标准，又要根据不同的个体、不同的情状作出不同的应对。就目前而言，中国刑罚受到多重思潮的影响，充斥着矛盾和混乱。但不管怎样，刑罚应当与社会实践相适应，刑罚理论与刑罚结构应当与社会实践同步。本书认为，应当用实践法哲学思想引领我们的刑罚理论，即以实践作为法哲学的发展基础，并在不断的实践中完善和充实中国的刑罚观。实践法哲学的思想资源可以从中国的儒家哲学、亚里士多德的实践哲学、美国的实用主义哲学和法哲学以及马克思的思想当中去寻找，这些思想流派都具有鲜明的实践指向。笔者认为，应当继承人类的优秀文化成果，在现有的条件下，发挥人的创造性，结合中国传统的刑罚理念和中国的司法实践，努力构建符合中国国情的刑罚理论和刑罚体系。

实践法哲学既突破了古典法哲学关于理性人假设的局限，又能让人类在理性的指引下不断实践，找寻到人作为实践人的具体体现，即人既是抽象意义上的人，又是在不断的实践中处于实务中的具体人。这样的综合体，既具有抽象人的理性特征，又具有具体人的实践特征。具体到刑罚理论，应当是抽象意义的行为人刑法考量标准与具体意义的行为人刑法考量标准的综合体。故，实践法哲学是指导刑罚理论的哲学基础。

第三节　相关主题现有研究成果与不足

目前，关于刑罚理论与刑法解释学的关系仍有争论。集中体现在：对行为入罪化或出罪化处理的时候是否需要刑罚理论的指导？亦即，刑事立法在关于行为作入罪或出罪处理时，是否需要刑罚理论的参与和指导？在司法过程中，刑法解释是否需要刑罚理论的指引？有学者认为，刑法学的问题，只是一个刑法解释学的问题，其与刑罚理论并没有关联性。① 即使是在立法过程中，对于何种行为应当受到惩罚，也仅仅是一个刑法问题，与刑罚理论并无关系。因此，刑罚理论只是解决如何惩罚犯罪人，以及刑罚方式的变化和创新等，这与刑法的基础研究是两个完全不同层面的问题。亦即，刑罚理论并不触及刑法学理论的核心问题，对刑罚权的限制似乎也没有产生关键的作用。受此种思想的影响，长期以来，刑法学者们对刑罚理论的研究着墨较少。在近年的刑法学研究中，重犯罪论而轻刑罚理论，已是客观存在的现象。

在中国，对于刑罚理论的研究，其热度仍然不及对犯罪论的研究。尽管这几年国内一直进行量刑规范化改革，通过试点，量刑的过程得到规范和深刻认识，但将理论与实务深度结合进行研究的专著还是比较欠缺。在我国量刑改革需要刑罚理论和实践的支持，毕竟中国有属于自己的司法制度和文化渊源。从罪刑均衡的实现来看，量刑改革既需要实体法的支持，又需要程序法的努力。在司法改革的浪潮中，刑事法学的目的便是实现刑法正义和量刑公正，在打击犯罪的同时，又保障人权。

就发展历程而言，刑罚理论一直处于不断发展的状态中，这与刑罚理论研究的客体和研究的目的有直接关系。社会总是处在发展中，社会现实也处在变化和革新中。为了应对各种各样的犯罪现象，刑罚手段也必须作相应的调整，而此种调整，自然会带来刑罚理论的繁荣和发展。因此，在刑法学研究中，刑罚理论是最敏感、最灵活、最可调整的理论。由于我国采用的是定罪量刑一体化模式，诸多研究都把关注点放在定罪问题上，量刑则常常被一笔带过。这样的研究进路，直接导致刑罚理论研究淹没于犯罪学体系研究之中。刑罚理论应当起到的指引和导向作用，不管是在理论上，还是在司法实践中，都很难展开。此种司法模式，把大家的注意力

---

① See H. L. A. Hart, Punishment and Responsibility : Essays in the Philosophy of Law, p. 72 (1978).

集中在罪与非罪的问题上，而具体量刑是多少、结果如何等，如果不是一些明显的量刑不公正，则很难得到理论界的重视。

在量刑技术方面，美国和英国都有较为发达的量刑程序，他们有专门的量刑指南指导量刑。基于对量刑的重视，美国已经有较为成熟的数字化量刑方法，而英国则采用论理式量刑方法。德国采用理论与实践相结合的指导原则，将量刑与刑法教义学中的责任理论对应起来进行规范解释与精细化衡量：首先确定一个量刑的幅度，该幅度为基准刑，在该幅度内考虑预防目的，最终确定宣告刑。从近些年中国的量刑规范化改革来看，既借鉴了德国的量刑技术，同时也吸收了美国的数字化量刑方法。当然，在近些年的努力下，中国的量刑规范化改革在实践中取得了各种成绩和进步。但问题依然存在，而现实的状况便是面对问题，并努力解决问题。

对于罪刑关系，白建军教授在实证研究的基础上，提出了"犯罪报价单"概念，即通过刑量与罪量之间在立法上存在的关系，对不同的罪名进行刑级、罪级、级差的量化，最终找寻罪刑之间的函数关系。就量刑问题，陈瑞华教授着重从程序法的角度对当下我国的司法状况进行了解读，提出要想真正实现罪刑均衡，更加理性的办法是从程序上下功夫。以上两种研究路径都非常具有代表性，从某种意义上也折射出我国国情和理论需求的特殊性。但是，就司法裁量而言，罪刑均衡问题依然是法官们面临的重要问题。如何既能从理论上进行深入剖析，又能融会贯通地解释和分析当下我国的司法操作和司法面临的难题，仍然是理论研究首先要面对的问题。笔者甚至希望，在研究的基础上，能总结或提出适合我国司法制度的罪刑均衡模式。这种大胆的设想，在给笔者带来研究乐趣的同时，着实也是一个不小的挑战。

个案观察和经验归纳，是使理论站在坚实的事实基础和经验根据之上的第一步。但从某种意义上而言，所谓事实其实就是研究者头脑中的知识预设、既有的认识能力以及研究方法的产物。① 白建军教授通过大量的实证研究，希望找出罪刑之间存在的某种函数关系，研究成果已经得到了诸多肯定。这种以科学态度应对刑罚裁量问题的研究成果，在当下的中国，既值得尊重，又显得可贵。基于操作的复杂性和运用上的难度，中国的量刑规范化改革并没有运用这种希望从数量值上找寻罪刑恒定关系的数学模式，而是采用了类似德国的定性与定量相结合的量刑模式。笔者认为，这既有操作上的原因，亦有理论上的根源。中国的刑罚裁量模式，需要严格按照罪刑法定原则对法条进行相应的理解。《刑法》分则中法条的规定就是对行为的定性。因此，对行为进行不同性质的划分，是《刑法》分则要做的第一件事。在对行为定性的基础上，再根据行为的客观状况以及行为人的主观特点，进行刑罚的裁量。故，刑罚裁量是定性与定量相结合的产物。这与美国所采用的量化行为的惩罚度，对罪量进行无限制相加的刑罚裁量方法，存在较大差异。美国可以有累计几百年的监禁刑，而中国的监禁刑主要采用限制加重原则。因为中国的有期徒刑实际执行的年限相对较短，修改之前的有期徒刑实际执行最高年限为 20 年，修改之后也才 25 年。因此，从这么短的刑期中，找出因变量与自变量之间的函数关系，着实令人非常为难。而在笔者看来，罪与刑之间的对应关系，如果要从立法上进行考量的话，似乎是多种因素共同作用的结果，比如历史的、人文的因素，甚至是某些偶然的因素。故，笔者在研究过程中，特别注意罪刑之间的某些特定关系。而罪刑均衡也只是一种相对的平衡关系，很难找寻到某种绝对且不变的公式进行数值化演算。

---

① 白建军著：《法律实证研究方法》（第 2 版），北京大学出版社 2014 年版，第 43 页、第 250 页。

第四节　本书的设想

目前，理论界对刑法解释学非常重视，而忽视刑罚理论的研究。基于对刑法学研究现状的了解，笔者认为，刑法学的发展必须有刑罚理论的指引，在主要运用规范研究方法的同时，努力将刑罚理论贯穿到刑法解释学中。本书的目的，旨在找寻罪刑均衡的司法应对方式。而作为罪与刑之间的一个重要因素——责任，则是本书讨论的重点之一。责任理论的发展，既是社会发展的必然要求，也是刑罚理论继续发展的必然结果。作为沟通罪与刑的桥梁性因素，责任要素在实现罪刑均衡的问题上，发挥了重要作用。在实现罪刑均衡的司法道路上探讨责任理论，必须对中国的国情和司法现状有一个详细而客观的了解。他山之石，固然有借鉴意义，但此山非彼山，中国既有自己独特的社会体制，又有着与其相对应的独特司法体制。在此基础上，还有各种理论思潮在中国这片土地上的常年交锋。如此复杂的状况，导致了研究的复杂性和困难度的提升。但是，基于对罪刑均衡问题的热切关注和孜孜以求，笔者努力找寻刑罚裁量的某些规则或规律性处理方式，以求为罪刑均衡的真正实现作出应有的贡献。

基于对罪刑法定原则的严格遵守和尊重，本书只从司法的层面研究罪刑均衡实现的方法和法理依据。作为成文法国家，法的安定性和权威性是司法必须考虑的因素。而只有在穷尽各种方法都难以实现罪刑均衡，立法确实存在明显罪刑不均衡问题的时候，才应当从立法上进行适当的修改。司法是一个测评器，既检验立法的合理性，又检验司法者的综合能力和司法智慧；既强调法的安定性，又要求司法者在动态的社会现实中巧妙地处理各种复杂问题。据此，罪刑均衡便成为衡量司法者司法能力和司法是否公正的硬指标。当然，程序正当是从程序意义上规范司法者的行为，而在实质上衡量司法是否公正的标准，必然是量刑是否均衡。作为一个崇尚实质理性的国度，很多时候，被告人及其家属更关注量刑问题，对定罪的关注则放在第二位。毕竟，刑罚关涉到当事人的切身利益，当事人的人身权利可能会受到严重剥夺和侵害。可见，罪刑均衡问题，在事实上是检验司法和立法的一个核心标准。故，对此问题的研究既有深刻的理论意义，又有急迫的实务需求。

第二章 罪刑均衡相关问题概述

罪与刑是刑法的两个核心问题，刑罚直接关系到犯罪人的切身利益，对当事人的影响最为直接。因此，在司法过程中，对刑罚的研究和分析显得极为迫切。正如有学者所言，定罪、量刑与行刑是刑法适用的三个环节。在这当中，量刑具有承前启后的功能，对于实现罪刑均衡具有重要意义。在过去相当长的一个时期内，我国刑法学界较为注重定罪问题，而对量刑与行刑则相对忽视。[①] 罪刑均衡作为刑法的一个重要基本原则，是支撑刑法学发展的一个重要指标。事实上，罪刑均衡不单单是立法者所要努力达到的目标，也是司法者在具体的司法裁量中秉持的一个重要原则。立法中，具体个罪的刑罚规定是否适当，这是刑法规范是否良善的重要衡量标准，畸重或畸轻的刑罚规定，都会给刑法功能的实现带来阻碍。目前来看，尽管各国的刑法体系有较大差异，但总体而言，重罪重罚、轻罪轻罚、无罪不罚的刑法原则，基本上得到认可和尊重。至于何为重罪，何为轻罪，在不同的国度，或不同的时期，可能会有不一样的诠释。但终归一点，追求罪刑均衡似乎成了刑法学理论和实践的一个核心议题。

笔者对罪刑均衡问题的关注，研究进度如下图：

---

① 张苏著：《量刑根据与责任主义》，中国政法大学出版社 2012 年版，序第 5 页。

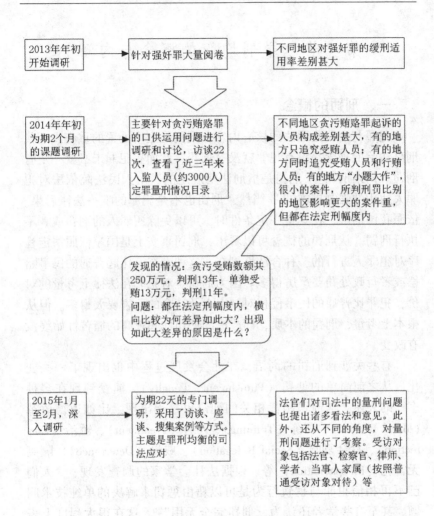

图 2 - 1　2013—2015 年罪刑均衡调研

第一节　罪刑均衡的概念与内涵

一、刑罚的概念

犯罪与刑罚是刑法的核心内容，刑罚是刑事处置的重心。现代刑事法治的理念是没有犯罪就没有刑罚，然而有犯罪未必就一定有刑罚。何谓刑罚？"刑罚是指刑法所规定的、由人民法院依法对犯罪人适用的强制措施。"[①] 当然，刑罚也不是犯罪的唯一法律后果。依照我国刑法，在具备一定条件时，可以免除犯罪人的刑罚或者不执行刑罚。从刑罚的概念可以看出，刑罚事实上是国家依照法定程序对犯罪人进行的一种合法性剥夺。这种剥夺，比起普通的民事赔偿或者行政处罚要严厉得多。因为刑罚是对犯罪在法律上考量的对价，犯罪比普通的民事侵权对被害人及社会的危害要大得多。但从根本上考量，刑罚的本质，即严厉的惩罚性和较高的痛苦性始终没有改变。

有些关涉到刑罚的词语，在社会发展过程中也出现了一些变化，从之前简单的惩罚（Punishment，Penalty），演变到现在多种多样的表述，与刑罚制裁相关的词语也接连出现，比如道德改革（Moral Reform）、训练（Training）、处遇（Treatment）、矫治（Correction）、社会复归（Social Relegation）、威慑（Deterrence）、隔离无害化（Incapacitation）等。根据法社会学家的调查发现，"人们已不再相信犯罪与越轨行为是可以藉由惩罚来解决的单纯技术问题。甚至有些学者还认为，刑罚完全无用"[②]。这在很大程度上表

---

① 何秉松主编：《刑法教科书（上卷）》，中国法制出版社 2000 年修订版，第 523 页。

② ［美］戴维·葛兰著：《惩罚与现代社会》，刘宗为、黄煜文译，台湾商周出版社 2005 年版，第 13 页。

现出人们对刑罚工具主义，以及手段—目的式思维的深刻反思。同样，笔者也认为，现代刑罚制度的发展，在朝着一个逐渐现代化和人性化的方向迈进。但这个现代化的过程，似乎又无人能掌控其发展，也无人能确切地知道刑罚在现代社会构建中到底起到了怎样的作用。

作为刑事制裁刑罚一元论国家，我国刑法学界还没有认可为了维护社会秩序而对没有惩罚意义的危险性人物进行保安处分的措施。在刑事立法上，对精神病人的强制医疗被规定在《刑事诉讼法》的特别程序中。而在刑法学理论上虽然一直有争议，但在立法上我国基本不赞同保安处分这一刑事措施。所以，关于刑事制裁一元论与二元论的争议，事实上存在于设有保安处分措施的国度，即理论上保安处分措施存在定性上的分歧。而我国虽然有类似于保安处分的措施，特别是对精神病人强制医疗程序还规定在《刑事诉讼法》中，但目前我国刑法学者坚持古典学派的客观主义立场者居多，而对近代学派的目的刑主义或主观主义则从理论上予以排斥。[①]

这也是考虑到我国目前的司法状况、法官的素质以及犯罪学发展的水平相对不高等因素，如周光权教授所指出的，"刑法客观主义认为，犯罪是对社会有害的行为。如果没有客观的可能造成法益侵害的行为，没有客观的法益侵害后果，就没有犯罪；行为没有对社会造成可以观察到的实害或者危险时，不能作为犯罪处理。刑法客观主义坚信，不以行为而以行为人的主观恶意为处罚根据，不仅会混淆法与伦理的关系，还可能造成法官的恣意判断，回到封建刑法司法擅断的老路上"[②]。从客观现实层面来讲，是否可以说只要考虑到犯罪人的个人状况，比如人身危险性，就一定会导致法官裁

---

① 张明楷著：《刑法的基本立场》，中国法制出版社 2002 年版，第100—102页。

② 周光权著：《刑法客观主义与方法论》，法律出版社 2013 年版，第162 页。

判权的滥用？这种担忧是否过于谨慎？或者说，如果按照绝对客观主义的立场，同样的结果必然导致同样的刑罚，就一定能体现法律的正义吗？对于绝对客观主义，近代学派与之进行了长久的论战。尽管人身危险性之确定，在衡量标准上仍然存在一定的技术难度，但不可否认，在考量要素上，我国的立法和司法已经接受了"犯罪人人身危险性"这一重要术语。比如，对累犯、自首、立功等情节给予不同的处罚。笔者认为，这种谨慎的考量，既没有让现代法治脱离罪刑法定的轨道，也没有让法官在自由裁量的范围内横行霸道。恰恰相反，我国有学者从法社会学的视角，提醒我们"要摒弃绝对客观主义的幻想"①。刑法是刑罚唯一的法律根据。"没有法律就没有刑罚"，这是罪刑法定原则的精神体现。② 在理论上，刑罚通常有生命刑、自由刑、资格刑、财产刑等主刑和附加刑。我国刑法所规定的主刑包括管制、拘役、有期徒刑、无期徒刑、死刑；附加刑包括罚金、剥夺政治权利、没收财产，以及仅对犯罪的外国人适用的驱逐出境。

二、罪刑均衡概述

马克思指出，"不论历史或是理性都同样证实这样一件事实：不考虑任何差别的惩罚手段，使惩罚毫无效果，因为它消灭了作为法的结果的惩罚"③。刑罚是建立在道义和罪刑相适应基础之上的刑事惩罚。德国刑法学家迈耶基于"分配主义"理论，认为刑罚

---

① 季卫东著：《大变局下的中国法治》，北京大学出版社2013年版，第163页。

② 无法律则无刑罚（Nulla poena sine lege）；无犯罪则无刑罚（Nulla poena sine crime）；无法律规定的刑罚则无犯罪（Nullum crimen sine poena legali）。这是德国著名刑法学家费尔巴哈在其1801年出版的刑法教科书中，用拉丁文以法谚的形式对罪刑法定原则所作的简洁严谨的公式化表述。

③ 中央编译局编：《马克思恩格斯全集》（第一卷），人民出版社1956年版，第139—140页。

分为三个阶段，即刑的规定、刑的量定及行刑。迈耶是继德国的宾丁提出规范违法说之后，发展规范责任的刑法学家。[①] 因此，从规范违反的角度理解犯罪，刑罚则需要从立法、司法、执法三个不同阶段来进行考量。刑罚是犯罪的后果，因此没有犯罪就没有刑罚；但还有一个必要条件，即法律规定该行为是犯罪，才能被纳入法规范评价的范围。立法上必须对犯罪行为有所评价，这是立法层面对刑罚的规定。然后是司法层面对刑罚的考量，即量刑。相同的行为导致同样的结果，是否应该得到同样的法律结果？如果按照康德的绝对报应主义，答案当然是肯定的。然而，随着近代学派对刑法学造成的影响，现代刑法越来越认可因人而异在现代社会的价值和意义。特别是从预防犯罪和矫治的层面进行考量，尽管古典学派对刑法学的影响仍然在继续，在我国刑事立法和司法依然如此，但近代学派的目的刑理论也得到了立法和司法的普遍接纳。比如，在立法上对未成年人、老人、妇女等配置相对较低的刑罚，在我国已经是一种事实。

基于行为及行为人的二元论刑罚理论，即综合的刑罚理论，刑罚的裁量变得相对复杂起来。其既不像古典绝对主义那样拥有简单而唯一的标准，又不像新派所提倡的将刑罚引入病理学或精神病学领域。如是，一种刑罚理论，要求司法官在裁量过程中综合各种因素，力求根据现有立法以及案件事实，灵活地作出最适合的刑罚裁量。这种最适合的刑罚裁量，便是本书所研究的罪刑均衡的内容。到底多大的刑罚量是最适合的？抑或，多大的刑罚量能够与行为人的犯罪行为达到质与量上的均衡？刑罚的发动源于国家对刑罚权的垄断，而刑罚权则来源于国家权力。"刑罚权的核心是国家对犯罪人适用刑罚的权力。"[②] 意大利学者贝卡里亚指出，"需要有些易感

---

① ［日］大谷实著：《刑法讲义总论》（第 3 版），日本成文堂 2010 年版，第 20—21 页。

② 张小虎著：《刑罚论的比较与建构》，群众出版社 2010 年版，第 7 页。

触的力量来阻止人类沦入古时的混乱……正是这种需要迫使人们割让自己的一部分自由……这一份份最少量自由的结晶形成惩罚权"①。基本上这种来源于社会契约理论的刑罚权比较有说服力，当然也有学者认为国家是为了维护秩序而行使刑罚权的。这种行使刑罚的权力，就是刑罚权。然而，并没有从国家权力根源的角度，挖掘刑罚权的深层次来源。② 对于刑罚权的理解，学者们从不同的角度进行了研究。笔者认为，不管刑罚权的来源如何，在现代法治社会，刑罚权仅在刑法规定的限度内发动，否则便是刑罚权的滥用。因此，系统而全面地研究刑罚理论，对我国刑事立法、司法都有着重要的价值和意义。同时，理解和解决中国现实问题，也需要对刑罚理论予以全面、真实的把握。

正如有学者所言，罪刑是否均衡是衡量刑法是否良善之法的重要标准。在追求法治的路上，我们都期待刑法也能被信仰和尊重。事实上，只有罪刑均衡的刑法，才能获得社会公众的普遍认同。如此，刑事法律才能具有权威，法律信仰方能形成。③ 在欧陆法国家，罪刑均衡被归入责任主义原则中，即刑罚比例必须依据责任的量，因为责任是量刑的基准，也是实现罪刑均衡的核心参考标准。④ 责任主义原则包括消极责任原则、积极责任原则以及刑责均衡原则。⑤ 我国理论界将《刑法》第 5 条的规定，即"刑罚的轻

---

① ［意］贝卡里亚著：《论犯罪与刑罚》，黄风译，中国大百科全书出版社 1993 年版，第 9 页。

② ［日］大谷实著：《刑法总论》，黎宏译，法律出版社 2003 年版，第 373 页。

③ 汪明亮著：《社会资本与刑事政策》，北京大学出版社 2011 年版，第 194 页。

④ 余振华著：《刑法总论》（修订第二版），台湾三民书局 2013 年版，第 51 页。

⑤ 余振华著：《刑法总论》（修订第二版），台湾三民书局 2013 年版，第 283 页。

重，应当与犯罪分子所犯罪行和承担的刑事责任相适应"，表述为罪责刑相适应原则。[①] 当然，在德日刑法学中所讨论的责任，是连接罪与罚的必要阶段，也是以三阶层为代表的德日犯罪论体系中的第三阶层，即最后一个阶层。在实现刑罚惩罚的过程中，责任尤为重要，责任的大小、责任的有无直接决定和影响着刑罚的有无和大小。因此，在德日刑法学中，罪刑均衡的问题常常在责任的范畴内进行讨论。此处的责任，与我国刑法中的责任或与刑罚后果相对应的刑事责任概念，在内涵和运用范畴上有较大的不同。本书基于讨论罪刑均衡的必要而提到的责任概念，是指三阶层体系中的责任。

责任，是指"针对一个实现构成要件该当而具有违法行为的行为人予以人格上的无价值评价"[②]。责任的内涵，是评价行为人所实行的行为是否具有处罚的必要性，如果该行为具有处罚的必要性，则可依此而归责或非难该行为人。而罪刑均衡，是指行为人受到的刑事处罚应当与行为人所承担的责任相匹配。罪刑均衡的内涵，是刑罚应当与行为人的归责可能性或非难可能性相匹配，即重责重罚、轻责轻罚、无责无罚。

当然，衡量责任的标准又基于不同的理论而有所不同。至于选择何种评判标准，学者们又持不同的态度。总体而言，目前的综合刑理论对各种理论都有所包摄，并非绝对地排斥某一理论或者是非此即彼的唯一选择。关于责任的观点，针对责任非难的本质有道义责任论与社会责任论，针对责任判断的要素有心理责任论与规范责任论。[③] 在具体刑罚裁量中，采取哪一种责任理论，在裁量的度上

---

① 刘志伟、周国良编：《刑法规范总整理》（第七版），法律出版社
2014年版，第3页。

② 余振华著：《刑法总论》（修订第二版），台湾三民书局2013年版，
第284页。

③ 余振华著：《刑法总论》（修订第二版），台湾三民书局2013年版，
第284页。

可能会有较大的差异。目前，我国的刑罚理论已经处在综合刑时代，但在责任理论上，到底采用何种理论？当然，我国长期以来借鉴苏联的犯罪论体系，在犯罪论中并不存在独立的责任理论，因此没有专门对责任理论进行分析和研究的专著，自然可以理解。但是，总体而言，我国目前所采取的基本上是一种广泛意义上的与刑罚后果相对应的刑事责任说，即与行为的社会危险性以及行为人的人身危险性相对应的概括责任。至于这种责任的基础到底是道义责任还是社会责任，甚或是二者的综合，目前不得而知，因此该问题亦值得深入研究。

（一）立法上的罪刑均衡

对于罪刑均衡这一概念，大体上可从立法层面和司法层面进行阐述。就成文法国家而言，立法上的罪刑均衡是实现实质上罪刑均衡的基础和准则。尽管在现实中很难有实质上的案例，但从立法的角度框定罪与刑的范畴，是现代法治国家基本上认可的立法方向。各国都会根据国情（刑事政策的要求）对当时出现的各种犯罪进行立法。如是，立法上的罪刑均衡，事实上是各国具体国情下的罪刑均衡，亦是一种动态的、大体上的罪刑均衡。

立法之时，可能会受到立法者所持理论观点的影响。因为不同的理论观点，对刑罚裁量的具体要素会有不同的考虑和倾向。故，同样是追求刑法正义所要求的罪刑均衡，现实中会有不同的体现。在人类社会的发展历程中，刑罚也随着社会的发展有了较大的发展。一般而言，罪刑相适应原则是罪与罚关系的最好说明。如何从立法和司法上给予罪行一个合适的刑罚呢？在不同的发展时期，学者们基于不同的理论基础，有不同的论述。古典学派认为，罚与罪应当有等害性，最常见的说法就是"以眼还眼，以牙还牙"。但是，此种观点也同样受到质疑，比如一个醉酒汉因为醉酒驾驶违反了刑法，按照绝对主义，是否应当要求交警也喝醉酒载着之前的醉汉在公路上行驶同样的路程，让醉汉也遭遇同样的危险或后果呢？这种等害报应的说法，随着社会的发展，越来越难以应对诸多违反公共秩序或公共安全之类的犯罪。因此，社会利益或社会秩序的考量，成为刑罚目的新的落脚点。

为了维护社会秩序的需要，让犯罪人在受到一定刑罚惩罚的同时，接受矫正和教育，并重新回归社会，刑法近代学派提出了刑罚个别化思想。但是，因为技术上的障碍，即犯罪学研究并未解决人身危险性的测量技术问题，因而这种刑罚个别化的设想，只能是无本之木，无从操作，也不能贸然推行。我国台湾地区著名学者林山田指出，一个理想的制度，在其施行上，若存有技术性的困难，则应顾及此一困难程度，而限制此一制度之适用范围。① 因此，在立法上，既要考虑行为人行为的恶害，又要从预防的角度考虑行为人的人身危险性，两种考量的平衡，实则给立法带来了不小的挑战。

在人类社会中，行为常常出现在理论之前。很多理论是在总结实践经验的基础上建立并发展起来的，刑罚理论亦然。众所周知，在没有完备的刑罚理论之前，人们为了维护社会生活的稳定秩序，对破坏众人愿意遵守的生活规则的行为，也有着约定俗成的制裁措施。人类在受到伤害以后会作出怎样的反应？自古以来，在正常情况下，没有人在面对外来的暴力性侵犯时不作任何反抗或还击。就连动物都知道，反抗和斗争是生存所必备的存在方式。直到后来，人类理性思辨之后，刑罚理论才逐渐形成、发展，并日趋成熟。终归，理论是实践经验的归纳和总结，某种程度上理论也常常会预示着社会发展的规律和方向。而随着刑法的出现，人类社会的实践便逐渐被法规范规制，体现出法规范维护社会秩序的功能和价值。如日本学者大谷实所言，"刑法是通过保护法益，维护社会秩序的法规范"②。那么，被规定于刑法规范中的刑罚，又是如何实现刑法

---

① 张小虎著：《刑罚论的比较与建构》，群众出版社 2010 年版，第 18 页；林山田著：《刑罚学》，台湾商务印书馆 1983 年版，第 259 页。

② ［日］大谷实著：《刑法讲义总论》（第 3 版），日本成文堂 2010 年版，第 10 页。

维护社会秩序功能的呢？为此，学者们都在努力思考，并希望得出理性而精准的答案。

立法上的罪刑均衡，事实上也是近代以来刑法理论一直在研讨的问题。尽管各国都有自己的理论和具体国情，但罪与刑的合理对应，已经是刑法正义的应有之义。罪刑均衡的问题，首先是立法上的问题，其次才是司法上的问题。司法的过程，一方面是践行立法中关于罪与刑的对应关系，另一方面是实际解决具体纠纷和矛盾，希望通过罪与刑的对应关系，达到罪刑的真正均衡，以此实现刑法追求的正义。

(二) 司法上的罪刑均衡

司法的过程是法律适用的过程，也是法的正义理想实现的现实战场。因此，具体的司法实践，既是实践现有立法正义价值的实战领域，也是不断验错和纠错的领域，还是一个不断发现、不断创新的领域。如卡多佐教授所言，审判创造性的因素远远超乎人的想象。[①] 细细品味卡多佐大法官的言辞，我们能觉察出，司法的过程并非如德国概念法学时代法学家所提倡的从概念到概念的逻辑演绎。事实上，司法的过程，既是文本法条从纸面走向现实的过程，也是法的正义价值从理想变为现实的过程。在复杂多变的司法实践中，法官需要找寻到精准的立体坐标，以锚定个案中罪刑均衡的具体刻度。如此，司法上的罪刑均衡，是刑法所追求的罪刑均衡的实现路径。

针对罪刑均衡问题，笔者对 20 名法官进行了单独访谈，访谈情况如下图：

---

① ［美］本杰明·N. 卡多佐著：《法律的成长》，李红勃、李璐怡译，北京大学出版社 2014 年版，第 2 页。

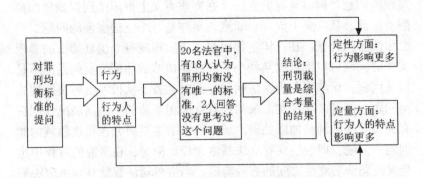

图2-2 罪刑均衡标准的访谈情况

当然，当法官穷尽各种方法，即各种弥补措施都已经用尽，罪与刑依然很难均衡时，罪刑不均衡的问题很可能便是一个立法层面的问题，需要从立法上加以调整。司法与立法的相互沟通，既是现实与理想的相互沟通，亦是实现刑法正义所要求的罪刑均衡目标即法的有效性与法的合法性之间的相互沟通。

（三）立法上的罪刑均衡与司法上的罪刑均衡关系辨析

在罪刑法定原则的限制下，立法上的罪刑均衡对实现司法上的的罪刑均衡有着极为重要的意义。作为定罪与量刑一体化的国度，司法的过程自然需要受到相应的约束和规范。但总体看，立法上的罪刑均衡是最终实现司法上的罪刑均衡的前提和基础，毕竟现有的法规范是法官裁判的依据。同时，司法的过程是实现真正意义上的罪刑均衡的途径，也是检验和实践现有立法关于罪刑分配的重要场所。故，没有立法上的罪刑均衡，就不可能有司法上的罪刑均衡。而司法的过程，也是实现刑法的立法精神，具体化刑法正义、在具体个案中实现罪刑均衡的过程。

如是，笔者认为，罪刑均衡实现的场所和核心都在于司法过程中，即在法官适用法规范，将犯罪事实与现有法规范相结合，并得出合适的判决结果的过程中。罪刑均衡的问题，事实上是一个司法实践的问题，同时现有的立法又在实质意义上框定了刑罚裁量的范围。因此，从广义上而言，罪刑均衡亦是一个立法层面的问题。当穷尽法官的智慧，在总体上都很难真正实现现有立法框架下的罪刑均衡时，便可以倒推出某些个罪或具体情节的罪刑失衡问题已不是司法问题，而应当归为立法问题。此时，若要从根本上解决罪刑失衡问题，或者改变现实需求与现有立法相矛盾的不和谐状况，则只有通过立法的调整加以处理。承上，本书主要研究在司法领域的罪刑均衡问题，即假定现有立法基本合理。但是，在研究的过程中也会保持司法与立法之间的有效沟通。当穷尽司法智慧都难以解决罪刑失衡问题时，便需要依赖于立法上的调整，以从实质上解决罪刑失衡问题。

三、重要概念辨析

在具体的研究过程中，需要对所涉及的问题及概念有一个清晰的界定，这是研究的基础。因此，在研究罪刑均衡相关问题时，需要对几组基本概念进行比较并简单阐述。

（一）量刑差异与量刑失衡：区别标准及界限划分

随着社会的发展，目前各国的刑罚理论已经发展到了综合刑阶段。在刑罚裁量中，各种理论对司法裁量的影响具体比例如何，各国只有笼统的概括性感知，没有具体量化的标准。在刑罚裁量过程中，既要考虑报应正义实现的必要，又要考虑基于行为人特点的预防刑理论。因此，在司法裁量中，最终决定刑罚量的因素颇多，并非只有单一的裁量标准。据此，即便是在罪刑法定原则的拘束下，刑罚的裁量也会出现事实上的差异。如此的量刑差异，不管是在理论上，还是在实践中，都是理性而客观的。

正如霍姆斯大法官所言，法律的生命不是逻辑，而是经验。在决定人们应当遵循的规则时，现实感知的需要、盛行的道德与政治理论，对公认和不自觉形成的公共政策的直觉，甚至法官与同僚共有的偏见，比演绎推理起着更多的作用。法律体现了一个民族诸世纪以来的发展历程，不能将它视作似乎仅仅包含公理以及一本数学书中的定理。[①] 因此，在司法实践中，不断变化的现实状况是衡量当事人情况的具体标尺。现有的法条固然具有不容轻易突破的规范价值，但各种不断变化的要素也是法官具体裁量的有力参照。甚至法官群体所形成的某些偏见，都会对裁量有一定的影响。量刑差异到底在怎样的度上是合理的？出现怎样的情况便会导致量刑失衡？概念上的界定，是理论研究的基础和前提。

（二）罪刑失衡：量与质的差异

药家鑫案与李昌奎案是当时影响中国法学界的重要案例。两案发生的时间接近，且都是媒体和民众聚焦的案例，但两案二审的裁判结果却有生死之别，引起全国范围内的大讨论。就个案而言，其判决结果都在法定刑的幅度内，并不存在明显的问题。杀或者不杀，都会受当时复杂因素的综合作用。对于药家鑫案，很多理性的声音都认为不应当判处死刑，毕竟慎杀是目前的趋势所在。然而，基于种种复杂因素，特别是裹挟着民意和媒体的大幅度渲染，药家鑫案以"迎合"民众的意愿而结案。再看李昌奎案，在当下慎用死刑的情况下，采取不杀的慎重和悲悯态度，也并未违反实体法和程序法的现有规定。亦即，个案的刑罚裁量，事实上是在法定刑的幅度之内，不存在逾越罪刑法定原则，更没有枉法裁判之嫌。

表2-1 药家鑫案与李昌奎案具体情节和审判结果对照表

案例	药家鑫案	李昌奎案
行为	故意杀人	强奸、故意杀人
行为数	一个行为	两个行为
行为结果	一人死亡	两人死亡

---

① ［美］小奥利弗·温德尔·霍姆斯著：《普通法》，冉昊、姚中秋译，中国政法大学出版社2006年版，第1页。

续表

案例	药家鑫案	李昌奎案
被害人	不熟悉的人	19 岁的女子和 3 岁的儿童（邻居）
其他量刑情节	自首（有争议），赔礼道歉，愿意主动赔偿损失	自首，赔礼道歉，愿意主动赔偿损失
一审法院	陕西省西安市中级人民法院	云南省昭通市中级人民法院
一审判决结果	死刑立即执行，剥夺政治权利终身，赔偿被害人家人经济损失	死刑立即执行，剥夺政治权利终身，赔偿被害人家人经济损失
是否上诉	上诉	上诉
上诉结果	维持原判	改判为死缓，二审法院认为量刑失重。舆论哗然，在各方压力之下，进入再审程序
结果	死刑立即执行	死刑立即执行，剥夺政治权利终身，赔偿被害人家人经济损失

把上述两个案例放在一起比较，明显"不和谐"。如果药家鑫案的刑罚裁量是合适的，那么李昌奎案的刑罚裁量则有"畸轻"的嫌疑；如果李昌奎案的判决是理性而合适的，那么药家鑫案的判决则有"畸重"的嫌疑。通过比较，罪刑失衡明显。但无论是实体上还是程序上，都不存在明显的司法错漏。那么，该认定为量刑差异还是罪刑失衡？通过以上两个案例的横向比较，该如何界定量刑差异和量刑失衡？其具体的标准是什么？

（三）量刑均衡的司法界定

从理论上讲，现实中并不存在两个完全一样的案例。首先，即便是相似的案例，个案当事人的情状和案件发生的背景以及各地区的司法水平也有可能存在较大差异。再则，刑事政策在各地区会有不同的倾向和侧重。如是，量刑差异便成为一种客观存在的司法事实。寻求毫无差异的罪刑对等，是一种不切实际的空想，也是不符合各国司法情状的理论盲干。因此，量刑均衡的司法界定主要是相对于同一地区、同一时期案情相似的案件而言的，对于不同地区、不同时期，或者同一地区、不同时期，即使案情相似的案件，判处的刑罚存在一定差异也是正常的，这也是实现刑罚目的的需要。当然，这种差异应当是合理的，不能畸轻畸重。① 从司法的角度看，量刑均衡主要是在某一确定的地区，某一确定的时间内，对同类案件应当有相对稳定的裁判。此种量刑均衡，是一种相对的量刑均衡，与后文所讨论的量刑法理学模式并非一个概念。如是，司法实践中所追求的量刑均衡，事实上是一种规范意义的动态相对平衡，并非一种绝对平衡。

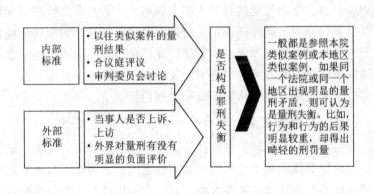

图 2 - 3　司法实践中罪刑失衡的参照标准

（四）量刑均衡与刑罚个别化的辩证关系：统一于量刑公正

量刑均衡是实现刑法正义的司法途径，因此在司法过程中需要努力实现量刑均衡。如上文所述，量刑均衡是某一地区、某一阶段的刑罚裁量的相对平衡。量刑均衡是相对于量刑畸重或者畸轻而言

---

① 南英主编：《量刑规范化实务手册》，法律出版社2014年版，第8页。

的，且参照标准是同一地区、同一时期类似案件的判决结果。不同地区之间不存在必然的可比性。因此，量刑均衡在理论上并不排斥刑罚个别化。换言之，量刑均衡与刑罚个别化并不是两个矛盾的概念，而是一组辩证统一的概念。特别是我国目前处于综合刑时代，刑罚裁量既要考虑行为本身（行为刑法），又要考虑行为人自身的各种具体因素（行为人刑法），以决定最终的量刑结果。

在司法实践中，量刑均衡与刑罚个别化统一于量刑公正。事实上，只要量刑是公正的，即在实体上没有违反罪刑法定原则，在程序上没有违反程序规定，量刑即便出现某些差异，亦可以被认为是公正的。由于刑法正义需要通过个案正义得以彰显，我国刑法根据犯罪的社会危害性大小规定了轻重有别的法定刑，还规定了累犯、再犯、自首、立功等反映犯罪人的主观恶性、人身危险性的量刑情节及其处罚原则，同时还规定了缓刑、免刑等制度，为刑罚个别化原则的实现提供了法律依据。如是，在司法实践中，要根据个案的具体情形仔细甄别各种量刑情节的实际状况，准确把握犯罪人的主观恶性、人身危险性，从而正确确定刑罚量。[①]

（五）定性与定量：综合定性和数额/情节定性

在量刑时，存在两个重要环节，即定性分析和定量分析。量刑起点是根据具体的基本犯罪构成事实确定的，量刑起点取决于基本犯罪构成事实的社会危害性大小。对行为的定性，一般是根据行为所符合的我国《刑法》分则规定的具体犯罪构成要件。很多个罪通过行为方式或者行为主体进行区分，这种区分相对比较容易。因此，根据行为以及行为的后果可以进行综合定性。但是，由于某些罪与非罪的界限是根据数额的大小进行判断的，因而在司法实践中便出现了困难。对于数额犯而言，数额的计量在现实中会面临各种

---

① 南英主编：《量刑规范化实务手册》，法律出版社2014年版，第8页。

复杂情况。而且，数额很可能只是一种偶发因素，完全依赖偶发因素，易出现定性上的差别，导致量刑失衡。笔者认为，此种量刑失衡是立法反制型量刑失衡。

对于数额型犯罪，基本犯罪构成事实的社会危害性大小主要取决于犯罪数额的大小；对于非数额型犯罪，基本犯罪构成事实的社会危害性大小主要取决于行为对象、结果及方法等构成要件要素。[①] 如上文所述，在现实中数额很可能只是一种偶发因素。比如，同样是盗窃，行为人并不清楚所盗窃的物品具体值多少钱，或者基于拿取自认为并不值钱的东西的主观故意，而事实上却构成盗取天价财物的客观事实。对于此种状况，又该如何实现主客观相统一？因为数额会直接导致罪与非罪，或者因为数额的大小会导致量刑上的较大差异，此种以数额论的个罪，最容易出现事实上的罪刑失衡。比如，根据原有立法，受贿数额在 10 万元以上或者 10 万元以下的，在量刑上会有非常大的差异。基于对现有立法的尊重，很可能对受贿 10 万元的行为人判处 10 年有期徒刑，对受贿 300 万元的行为人判处 12 年有期徒刑，而对受贿 9 万元的行为人判处 6 年有期徒刑。此种量刑失衡，根源于立法，司法理应努力填补其缺陷。但即便如此，亦不能从根本上解决此种量刑失衡的问题。如是，若要从根本上解决问题，则需要在立法上进行修改。随着《刑法修正案（九）》和 2016 年 4 月 18 日起施行的最高人民法院、最高人民检察院《关于办理贪污贿赂刑事案件适用法律若干问题的解释》的出台，这一问题已经有了实质性的改善和推进。立法上的罪刑失衡，很多时候是导致司法问题的罪魁祸首，也是直接影响司法公正、引发社会矛盾的重要原因。

（六）定罪与量刑：一体或者分开

在我国，定罪与量刑是合为一体而不可分的。特别是可能存在

[①] 南英主编：《量刑规范化实务手册》，法律出版社 2014 年版，第 19 页。

刑事和解的案件中，被害人的积极参与对于量刑起到了非常大的作用。基于量刑因素的较大影响，在很多轻微案件中，量刑的减轻导致了对犯罪的消解。如是，在这样的定罪量刑模式下，再加上我国《刑法》第13条"但书"的规定，量刑的减轻，很可能直接导致出罪。如果将定罪与量刑作为两个各自独立的阶段，则量刑必须以行为人有罪为基础，而行为人是否构成犯罪，只需要考量其行为是否符合某罪的犯罪构成要件即可；对行为人所科处刑罚的裁量，则需要综合各方因素进行考量。因此，定罪所需要的事实和信息不同于量刑。①

基于目前的综合刑理论，对行为人科处刑罚的裁量，应当综合考虑各方因素，既包括客观层面的行为以及行为的后果，也包括行为人自身的特点，进而作出合适的裁量。量刑的过程还需要考虑三种额外信息：一是被告人个人情况，如家庭背景、平时表现等；二是被害人受伤害的情况；三是关于犯罪的社会反映、社区反映以及有关被告人的风险评估等。上述信息与定罪毫无关系，但于量刑而言至关重要。② 因此，尽管在理论上我们很少去讨论二元的刑罚理论到底更偏重哪一方面，但从实证的结果可以看出，在定罪方面更偏重报应的刑罚观念。惩罚是行为的后果，对行为性质的认定主要源于行为，在我国的立法中，亦根据主体的不同，对同样的行为规定了不同的罪名和法定刑。但从个罪而言，定罪的基础主要是客观的行为以及行为所造成的法益侵害；而在量刑方面，则需要从更全面的角度对行为人进行考量，既要考量行为和行为的后果，又要从特殊预防的角度考量刑罚的效果，以作出合适的刑罚裁量。

---

① 胡云腾主编：《中美量刑改革国际研讨会文集》，中国法制出版社2009年版，第34页。

② 胡云腾主编：《中美量刑改革国际研讨会文集》，中国法制出版社2009年版，第34页。

第二节　实现罪刑均衡需要 处理好的几组关系

中国过去和现在的法律体系在道德和法律上相互关联，近年来虽然引进了大量的西方形式主义法律，但一定程度上仍然保留了原有的道德主义倾向，并未伴随"现代化"而消失。在中国文化和思想中，道德维度的重要性是非常明显的，无论是在儒学传统中还是在历史上对外来宗教和思想（如佛教、近代的社会达尔文主义、基督教等）的反应和理解过程中，甚或是对马克思主义和共产主义革命的重新理解中，都很明显。[①] 在刑事法领域，刑罚裁量亦包含着道德层面对犯罪人的理解和评判。故，罪刑均衡既是法律判断，亦是可以深入到道德层面的价值判断。罪刑均衡的标准，具体到个案，应当是法律标准、道德标准、社会标准和价值标准的综合。

从法理学的角度看，在中国目前西化主义法学和本土主义法学的二元对立之中，道德和法律两者并存与结合的基本事实也许会显得模糊不清。黄宗智教授认为，中国法律在理论和实践层面中，道德和法律的结合是创建一个未来既是现代的也是中国特色的法律体系的主要方向和道路，且这种结合目前显得模糊不清，但前景应当是清晰而明确的。在明确道德和法律两者结合的结构关系之下，构建有中国特色的法律体系，以此形成中国独特而适用的法律体系。[②] 具体到罪刑均衡问题，真正实现罪刑均衡，需要处理好几组

[①] 黄宗智：《道德与法律：中国的过去和现在》，载《开放时代》2015年第1期。

[②] 黄宗智：《道德与法律：中国的过去和现在》，载《开放时代》2015年第1期。

关系。不管是理论上，还是实务上，刑罚裁量既是法律意义上的罪刑对应关系，亦是民众接受度所包含的道德评判内容的社会价值标准。故，从缓解矛盾和解决问题的角度，以下几组关系需要巧妙地处理。

一、法的多种价值追求之间的关系：公正与效率

众所周知，刑罚是一种法律认可的国家行为，之所以必要，是因为它代表了国家的权威以及正义之指向。因此，刑罚的对象是刑法规范的违反者。对犯罪人进行惩罚，体现了国家正义，也能安抚被害人及其家属受伤的心灵。刑罚作为一种国家行为，体现的是国家意志，以及国家正义理念的导向。正如黑格尔认为的那样，国家是一种不断变化和发展的上层建筑，且作为国家控制手段的各种制度和手段都是有限的。[①]

公正，一直是社会所追求的价值目标。就刑法而言，在法律资源既定的前提下，如何以最优的方式实现最大限度的公正一直是法律工作者和法学工作者为之不懈努力的目标。很明显，这涉及制度资源的选择性配置问题。[②] 在追求公正的道路上，刑罚发挥了重要作用。然而，刑罚作为一种制度性的恶，其到底在多大程度上是合适的呢？其存在的理论和实践基础又是什么呢？"正义或者公平的标准，尽管本质上是充满价值判断的，在适用上仍然是消极的。"[③] 具体而言，法院不会主动地揭示正义的内涵，也不会通过某些裁判公开宣讲什么是不公正的行为，法院只是通过自己的某些司法行为彰显正义的内涵。这种彰显，在刑法意义上则体现为刑罚裁量的正

---

① ［德］黑格尔著：《法哲学原理》，范扬、张企泰译，商务印书馆1961年版，第280页。

② 王利宾著：《刑罚的经济分析》，法律出版社2014年版，第1页。

③ ［英］T. R. S. 艾伦著：《法律、自由与正义——英国宪政的法律基础》，成协中、江菁译，法律出版社2006年版，第282页。

当性和适当性。在司法裁量过程中，如何体现司法的公正，其本质要求便是实现罪刑均衡。

在理论上，一直存在惩罚正义和预防正义（功利）之间的比较。惩罚正义是最朴素的正义体现，但是其本身又有一些负面的价值，如惩罚正义会引发一种特定的攻击性的情感连带，① 也就是基于个体攻击而导致的功能性群体敌意形式的出现，即对违反刑法规范者的一种群体性敌意，并致力于歼灭"敌人"。从社会层面来讲，这种情感上的连带，确实能团结社会群体，但负面效应却是不可避免的。正如有学者所总结的，"敌意的态度，不论是针对违法者或是外在敌人，都会像野火燎原般轻易让团体产生连带感，烧毁个体利益间的差异；为了这种连带感所付出的代价是巨大的，有时甚至是毁灭性的"②。惩罚是基于犯罪而遭遇的负面评价，再文明的社会都不可能将惩罚演变成快乐。刑罚的存在便意味着惩罚，因此惩罚正义具有强大的生命力。惩罚正义的存在与社会文明所追求的刑罚人道主义并不矛盾，惩罚正义是刑罚自身所具有的价值和功能，与刑罚目的一样可以进行独立讨论。故，如何处理好刑罚的公正与效率的关系，是刑罚裁量需要认真思考的重要问题。

（一）法的公正价值是刑法正义的基础：以报应主义为基础

"刑罚制度的最终目的是：根据不同国家的具体情况，利用刑罚的不同特点和可能的效果，正义地维护国家的法秩序，而尽可能消除因犯罪对社会造成的损害，强化全体公民对法的尊重，尤其是对被处罚者的矫正效果，是实现刑罚最终目的的途径。"③ 经过多

---

① 转引自［美］戴维·葛兰著：《惩罚与现代社会》，刘宗为、黄煜文译，台湾商周出版社 2005 年版，第 125 页。

② 转引自［美］戴维·葛兰著：《惩罚与现代社会》，刘宗为、黄煜文译，台湾商周出版社 2005 年版，第 126 页。

③ ［德］安塞尔姆·里特尔·冯·费尔巴哈著：《德国刑法教科书》（第十四版），徐久生译，中国方正出版社 2010 年版，第 33 页。

年的发展和演变，各国的刑罚理论已经基本上定格为综合刑理论，既吸收古典报应刑思想的合理要素，即刑罚是对犯罪的惩罚，刑罚的量应当与犯罪所导致的危害结果基本保持平衡，又吸收现代教育刑的诸多思想，认为刑罚的目的不在于惩罚，而在于教育和改造。政府发动刑罚权，一则为了实现民众对正义的要求，即实现抽象意义的正义；二则为了教育和改造犯罪人，使其回归社会。因此，现代刑罚虽然包括惩罚的内容，但其目的已从之前的惩罚，变成了教育和改造。如是，基于综合刑理论，对犯罪人进行量刑时，需要考虑的因素会比古典刑罚理论下的量刑所要考虑的因素多得多。如果刑罚只考虑古典刑罚理论下的报应，量刑的问题就变得异常简单，即以眼还眼，以牙还牙，简单的对等或量上的平衡。如此操作，不用考虑对犯罪人的改造或矫正，也不用考虑刑罚的效果或效益。报应正义下的刑罚裁量，所要考虑的因素相对比较简单，只要分析行为造成的后果，给予对等的惩罚即可。

(二) 法的效率价值是现代社会的急迫要求：以功利考量为重要内容

现代社会既对公正有一定的要求，又将效率放在了很高的位置，同时也逐渐认可"迟到的正义即非正义"这样的说法。在功利主义盛行的时代，效率和效用成为民众生活的重要内容，同样也延伸到刑罚领域。合适的刑罚应当是具有最佳刑罚效果的刑罚。故，法官在司法裁量过程中，既需要根据行为的恶害对犯罪进行定性分析，又需要对行为人的诸多情况进行定量分析。这个分析的过程，又要求尽量地做到公开、公正、规范、可操作、可验证。如此量刑，事实上是对法官的重大考验，也是在新的社会背景下，实现刑法正义的艰难过程。刑罚不再是简单的惩罚，刑罚包含了更多的内容。从功利的角度看，是一种预见性的考量，如法官的判断是否精准，刑罚的效果是否如众人所愿。而以刑罚的效果反推合适刑罚的具体裁量，这种反推的演算方式就带有预估性和冒险性。

对犯罪人来说，刑罚越是延后，越意味着犯罪人获取收益的犯罪成本越低。特别是刑法还规定了诉讼时效制度，这意味着犯罪人在符合条件的情况下还可躲避法律追究。所以，如果刑罚不能及时实现，不但对犯罪人不起多大作用，对社会也是极为不利的。社会上的不稳定分子一定心存侥幸，想着只要像罪犯那样足够谨慎，自己即使犯罪也同样可逃避处罚。[①] 可见，刑罚越及时，越能对犯罪人造成现实的威慑，对一般民众也是一种警醒。故，从犯罪的成本和收效的角度看，刑罚越及时，犯罪的成本越高，这也是刑法正义的重要内容之一。刑罚是对犯罪的立即回应，如果刑罚发动延后，则很可能使犯罪人产生侥幸心理，或者直接降低刑罚的威慑效果，从而影响刑法正义的实现。

刑法是用来阻止损害的法律，但刑法并不是家长主义，即刑法规范并不是道德法令。[②] 在现代法学家看来，刑罚所代表的正义指向，与之前绝对主义所指出的绝对律令，已经有了明显的不同。人们开始从社会功能的角度看待刑罚，尽管从某种意义上说，刑罚是一种负面的道德评价。刑罚是社会存在的一部分，撇开刑罚的道德评价，仅仅从刑罚发动的成本与收益考量刑罚存在的意义，便要以刑罚预防犯罪的功能和目的为衡量标准了。从审慎的角度看，预防效果的功利考量只是量刑因素之一，或者说，预防效果的功利考量只是影响量刑的因素，并不能从根本上消解犯罪而起到出罪的作用。尽管我国刑法规定，对某些情节显著轻微的犯罪，在特定情况下可以进行出罪处理，但是从理论上看，行为人的事后弥补行为，或者行为人的个人情况，并不能在本质上抵消行为人之前的犯罪行为，即犯罪应当受到惩罚。这样的因果逻辑，作为社会正义的基本内核，不可以轻易被否定。而刑法作为维护社会正义的重要手段，扬善除恶，自然是其内涵之一。故，有罪必罚，罚当其罪，是实现

---

① 王利宾著：《刑罚的经济分析》，法律出版社 2014 年版，第 91 页。

② 转引自 Peter Alldridge, *Relocating Criminal Law*, Dartmouth Publishing Company Limited 2000, P5.

刑法正义的重要体现，也是罪刑均衡所追求的目标。

从功利的角度看，刑罚对犯罪人施加恶害，被害人从中能得到精神层面的利益，即正义得到伸张，这是刑罚所特有的功能。但是，赋予犯罪人以刑罚，常常也会导致这样的结果，即对犯罪人的惩罚会阻止或妨碍被害人要求损失赔偿的机会。① 最常见的例子便是，在对犯罪人施加死刑的案例中，被害人除了能从犯罪人得到应有惩罚的结果中感受到精神上的抚慰外，似乎很难再从犯罪人那里获取其他的赔偿。即便有，也是相对较少的物质赔偿。而在事实上，犯罪人一旦被执行死刑，即便是在判决中体现了对被害人的赔偿，现实中也往往会成为不可实现的司法"许诺"。如此的状况，说明被害人的利益事实上被忽视了，尽管国家通过将被害人与犯罪人的关系以"非私人化"的方式加以重视和处理，但这种在事实层面忽略被害人实际利益的刑罚模式，在现实中仍饱受质疑。而如此不讲求效益的刑罚，也被学者们称为极不可靠的艺术加工。② 因此，笔者认为，在刑罚裁量过程中，要适当考虑效率价值。功利主义尽管饱受质疑，但讲求实效和效益，这是现代社会的价值内涵之一。没有效率的刑罚，很难在现实中找寻到其存在的合法性和实际意义。

二、定罪与量刑应当适用有差别的证据规则

罪与非罪，直接关系到被告人的人身利益。因此，如果突破目前我国这种定罪与量刑一体化的司法模式，应当将定罪与量刑适当分开。在证据规则方面，定罪应当采用严格的证据规则，即必须有明确且充分的证据证明被告人实施了犯罪行为，方能给被告人定

---

① ［德］米夏埃尔·帕夫利克著：《人格体 主体 公民：刑罚的合法性研究》，谭淦译，中国人民大学出版社 2011 年版，第 73 页。

② 转引自［德］米夏埃尔·帕夫利克著：《人格体 主体 公民：刑罚的合法性研究》，谭淦译，中国人民大学出版社 2011 年版，第 73 页。

罪。量刑则可以适用特殊的证据规则，如在美国比较流行的辩诉交易、认罪协商制度等。如此，即可从成本收益的角度，最大限度地平衡各方利益，并在最短时间内处理各种矛盾。同时，量刑亦是一个相对动态、部分可协商的过程。因此，量刑可以适用更为宽松的证据规则，以最大限度地实现法所追求的公正与效率价值。

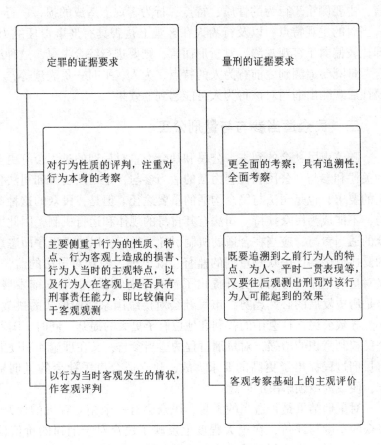

图2-4　定罪与量刑对证据的要求

随着对量刑问题的日益关注，一些理性的声音主张，在我国目前的司法制度下，应当采用定罪与量刑相对独立的诉讼程式。在现有状况下，要求定罪与量刑绝对地分开，似乎不太可能。在定罪与量刑相对独立的诉讼程式下，对证据的要求和把握应区别对待，即定罪的证据规则与量刑的证据规则应区别对待。在运用证据方面，定罪与量刑应当适用不同的证据标准和证据规则。比如，对定罪而言，主要侧重于行为的性质、特点、行为客观上造成的损害、行为人当时的主观特点，以及行为人在客观上是否具有刑事责任能力，即比较偏向于客观观测。对量刑而言，则要进行综合考量，这种综合考量既要追溯到之前行为人的特点、为人、平时一贯表现等，又要往后观测出刑罚对该行为人可能起到的效果。

三、民众适当参与与量刑公正

随着市民社会的到来，公民和社会力量对量刑的过程会有更多的关注和参与。公民和社会力量的适当参与，是司法公开和司法公正的要求，也是司法与民众沟通的重要途径。但是，民众的这种参与，不能成为民众挟持。司法有其自身的规律和运行机制，因此民众的适当参与，应当在合适的机制引导下进行，以防止无序而恣意的要挟或谩骂。民众对量刑的监督，既体现了民众对司法的监督，又对量刑程序的透明和公开提出了新的更高要求。社会向前发展，这是历史发展的必然趋势。市民社会对传统国家结构形式的挑战，必然导致公民在社会中的权利和地位有了更大的提升。同时，随着公民权利意识的增强，对量刑过程的适当参与，又在理论和制度上对量刑过程提出了更高的要求。故，建立适合市民社会的量刑机制，便成为亟须解决的问题。

对量刑结果是否适当的考量，民众会有一个相对客观的评判。民众的态度与评价，在很大程度上反映了民众对于刑罚的价值偏好。从民主立法的角度看，社会的需求是立法的根基。尽管目前必须恪守罪刑法定原则，但民众在量刑中的适当参与，也是刑罚与时俱进、展现民主的一个重要方式。当然，在具体的实践中，也不可转变成民粹主义量刑。民众和媒体不可能主导量刑，只可能成为量刑的一个影响因素。在现实中，影响量刑的因素很多，量刑的结果会因时而异。民众的适当参与，既体现了量刑的民主性，也体现了立法和司法的群众基础；从社会学的角度看，也弥合了法的合法性和有效性之间天然存在的某种紧张关系。民众的判断是连接法的实然与应然的重要桥梁，在实际裁量中，民众的总体判断可以作为一个有益的参考。比如，案件在当地的社会影响，则可能通过民众对此事的态度和反应直接体现出来。

四、法官的自由裁量权与规范量刑的关系

法的局限性以及理性人假设的现实障碍，决定了法治实现的过程必须赋予法官一定的自由裁量权。法律游离于现实，而现实远比法律丰富。[①] 因此，法官判案的过程，不是简单的逻辑推演，更不是机械的公式计算，而是饱含着法官基于公平、正义考量的审时度势和对社会纠纷的热切关注。正如恩吉施所言，"法律发现是一种不断交互的作用，是一种目光往返来回于大前提与事实之间的过程"[②]。法官"找法"，事实上是在找寻能与发生的事实相对应的合适的法律。这个过程，既是法律适用的过程，也是法官发现法律、运用法律、让纸面上的法律变得鲜活的过程，更是法官的价值判断与客观事实判断相结合，在价值指引下完成的活动。正如有学者所言，在法官自由裁量权行使的必要性上，不仅有法律抽象性、原则性的因素，还有立法不科学性的因素。[③] 故，多方因素决定了法官判案和刑法正义的实现都必须要求法官自由裁量权的存在。

[①] ［日］棚濑孝雄著：《纠纷的解决与审判制度》，王亚新译，中国政法大学出版社1994年版，第126页。

[②] 转引自［德］阿图尔·考夫曼著：《法律哲学》（第二版），刘幸义等译，法律出版社2011年版，第96页。

[③] 王利宾著：《刑罚的经济分析》，法律出版社2014年版，第141页。

既然法官的自由裁量权是一种现实的需要，那么规范法官自由裁量权的合理使用，便显得较为迫切。毕竟，"一个被授予权力的人，总是面临着滥用权力的诱惑，面临着逾越正义与道德界限的诱惑"①。如是，规范量刑的各种措施，只是在合理规范和制约法官的自由裁量权，而不是否定法官的自由裁量权。"从法的视点对权力进行监控，即基于法治国家的原则进行权力监控，被认为是目前所发现的最为有效的监控手段。"② 因此，规范量刑的意义在于监督和控制，而不是从本质上扼杀法官的自由裁量权。在笔者看来，没有自由裁量权的司法不是真正意义上的司法。而司法权的合理利用，也包含了对法官自由裁量权的规范和合理引导。故，对量刑过程进行有效的规制和管理，也是对法官司法裁量的保护和指引。在我国的司法实践中，会有相应地方司法文件出台，以解决新出现的复杂、棘手问题。在条件合适的情况下，最高司法机关也会出台指导性文件和典型案例，以规范法官的自由裁量权。

（一）刑罚自由裁量权的运用是刑罚目的实现的必要工具

在刑罚理论发展的过程中，对刑罚正当化根据的讨论，一直在延续。而不同的理论，直接导致了对刑罚目的的不同解释。比如基于惩罚正义的古典刑罚理论，其刑罚目的在于报应，报应是惩罚的目的和意义所在，而刑法是通过罪有应得式的报应实现社会正义。现代社会条件下发展起来的目的刑（预防刑）理论，则是从刑罚的社会效果角度，对刑罚的正当性作出社会学的解读。在当下的综合刑时代，兼顾二者，特别是从预防犯罪的角度对刑罚进行考量，则注定了刑罚裁量的"量"应更多地依赖法官的自由裁量。毕竟，司法过程是一个动态平衡的过程，司法者不是机器，更不是法条适

---

① ［美］E. 博登海默著：《法理学、法律哲学与法律方法》，邓正来译，中国政法大学出版社 1999 年版，第 347 页。

② 杨建顺：《宪政与法治行政的课题》，载《人大法律评论》2001 年第1 期。

用的机械操作者。司法者需要通过自己的观察和价值判断，合理考虑影响行为人的各种要素，最终作出综合裁量，并决定刑罚的量。

同时，在我国司法实践中也可以看到为了确保规范的遵守而继续采取从形式上排除法官自由裁量权的做法。如果绝对排除法官的自由裁量权，将量刑过程看成是机械的公式推演或电脑计算，那么这种绝对主义的思想会将司法裁量推向另一个僵化的极端。人的自主性和灵活性得不到发挥，司法过程会演变成对现有立法的僵硬套用。众所周知，立法具有滞后性和概括性，再加上其天生对稳定性的依赖，立法的不足和漏洞便成为所有成文法不可避免的问题。立法的不足，往往需要司法加以弥补，这也正是司法官应当发挥能动性的必要性所在。过于僵化的司法裁量，不仅无助于对立法精神的恪守，反而会将既已存在的问题推向更复杂的局面。同时，过于绝对的做法会让上诉制度失去存在的意义，就连法解释学的发展也势必受到压抑。日本学者来栖三郎认为，判决是复数的主观意志相互作用的结果，法律不存在唯一正确的解答。因此，我们的法治应当探求的是在主观的相互调整之中如何形成客观化效应的问题以及有关的机制设计。① 对我国司法问题的理性认识和深刻解读，也有赖于对刑罚理论的精准把握，以及在刑罚理论的指引下，规范和合理使用法官的自由裁量权，从而使司法过程能够很好地实现刑法所追求的正义。

随着刑法学理论的发展，刑罚裁量既要考虑行为造成的恶果，又要考虑行为人的自身特点，是综合考量的结果。特别是对行为人部分的裁量，更多地依赖法官的自由裁量。在目前量刑规范化的指引下，刑罚自由裁量的过程主要在定量分析部分。对犯罪行为的定性分析，尽管也会有法官的自由裁量和独立思考，但基本上能通过各种证据，相对完整地表现出行为人在行为当时的具体情状。因

---

① 季卫东著：《大变局下的中国法治》，北京大学出版社 2013 年版，第162—163 页。

此，从主客观相结合的角度，对行为进行定性分析，似乎差别不会太大；但是，对于定量分析，却会因为行为人自身的特点，有非常大的差别。可见，在刑罚裁量的定量分析方面，会有较大差异。

（二）刑罚自由裁量权运作的限度

就量刑情节而言，在我国现行立法中，法定情节多以"情节较轻""情节严重""情节特别严重"等形式示人。对于情节的具体理解，则见仁见智，且在不同的地区或不同的时期，对行为严重性的理解，会有较大差异。如此的立法规定，导致法官拥有较大的自由裁量权。在司法过程中，自然会对法官自由裁量权进行相应的规制和管理，但从理论上而言，笔者认为，法官自由裁量权的运作，需要恪守一定的限度。

首先，应当是程序合法。法官在刑罚裁量的过程中，要保证程序合法，不能有违反程序性规定的行为。即便裁量的结果可能接近正义，但若裁量过程中法官有程序性的违法行为，也应当制止。毕竟，从法律规定而言，程序性规定是保证实体性正义的常态而有效的方式。法官如若恣意违反法律的程序性规定，不管结果如何，都是对权力的滥用。滥用权力者，很难被期待能有恒久正义之举措，遂不被提倡。

其次，刑罚自由裁量权必须在法律授权的范围内运作。尽管我们都知道法官必然会有一定的自由裁量权，但此种权力的边界到底在哪里？笔者认为，应当从现有的法律和各种司法性文件中，找寻法官被授予的权力界限。各个地方会根据具体的情况作相应的调整，因此地方司法文件也是参考的重要文件之一。法律明确禁止的行为，法官一定不能为，即便是以正义的名义。

最后，罪刑法定原则是法官裁量的边界。在司法裁量过程中，法官需要严格恪守罪刑法定原则。尽管在现实中，法的不法和不法的法之间存在某种紧张关系，但基于刑法的谦抑性和严肃性，在现有法条没有更改的情况下，即便是现有立法存在严重问题，也只能通过正当的法律程序，在现有的法定刑幅度内进行司法裁量。较为轰动的许霆案，便是一个非常有代表性的案例。按照德国哈贝马斯的理论，只有全体公民认可的法律才是有效的。在现有的状况下，即便大部分公民都认为现有立法是不合适的，需要作相应的调整，且在实践中该法条被运用的概率较低，但是从罪刑法定原则的适用和权威性来看，也必须从形式意义上认可该法条的合法性。只是在具体运用的过程中，需要调动法官的智慧，运用现有的包括程序和制度性补救措施在内的各种方法，确保既遵守罪刑法定原则，又能实现现实中的正义。然后，在合适的情况下，对不法的法律在立法上加以调整。如此，法的发展和司法的沟通，便成为一个相互联系的循环过程。

第三章 罪刑失衡原因及司法应对现状分析

　　我国的刑罚是一个嫁接的产物，不完全根植于存续几千年的中华法系文化土壤，但重刑主义又似乎既有本土文化因素，又有从国外引进的成分。解放后我国废除了国民党六法全书，但并未接受西方的刑罚观念，而是从意识形态出发，从苏联嫁接一套社会主义的刑罚观。加之我国刑罚结构只是"刑罚"的一元结构，没有专门针对无刑事责任能力但又具有危险性人格行为人的保安处分措施，这种刑罚结构不仅造成我国刑事制裁体系不够完备，还导致刑罚与行政罚不能有效衔接，从而使整个刑罚体系功能不全甚至丧失。

　　有学者将其总结为：随着人们越来越关注案件的审理，我国量刑中存在的同案不同罚、量刑失衡等量刑不公正现象凸显出来。我国学者和实务界认为罪刑失衡的原因主要有四点：一是刑法规定的法定刑幅度宽泛。法官很难在如此宽泛的法定刑幅度内准确确定应当判处的刑罚。在立法没有作出修改的情况下，如何在现有法定刑幅度内解决因法定刑宽泛导致的量刑不公正、不平衡问题是保障公正量刑的着眼点。二是量刑情节的适用缺乏统一的量化标准。同一个量刑情节，不同法官有不同的适用标准，造成量刑结果悬殊。三是量刑方法不科学。传统估堆式量刑方法的不科学，造成相似案件量刑差别大。四是量刑程序的缺失。① 从理论上讲，立法规定得概括性的量刑情节，在事实上是赋予法官一定的自由裁量权。而在法官自由裁量权范围内，司法实践中则出现了千差万别的刑罚裁量。尽管量刑规范化改革已经从理论和实践层面对量刑进行了规范性指引，但在理论上进一步深入研究，学者们责无旁贷。以下，笔者分别从立法、司法、理论与实践的角度，对罪刑失衡的原因进行简要阐述。

第一节 罪刑失衡原因分析

从司法层面讲，罪刑失衡是一个客观存在的现实问题。不管是哪个国家，都会出现罪刑失衡的状况，从我国的具体实践出发，笔者总结出以下几种原因。

一、立法漏洞

通过分析影响我国刑罚观的价值理念和各种思潮，本书认为，在报应思想根深蒂固的国度，多元的刑罚价值冲突对我国刑罚体系影响甚深。笔者在反思的基础上，以正在我国兴起的实践法哲学理论为指导，试图对我国未来的刑罚结构进行修缮和改造，以期建造出真正符合我国国情的刑事制裁体系。本书主张建构有中国特色的二元刑事制裁体系，并在刑罚的配置上合理衔接行政罚与刑罚，以进一步推动我国刑事法治的进程。在我国司法实践中，劳动教养制度（即劳动教育和培养制度，本书以下简称劳教制度）的废止，似乎在理论上实现了宪法保障人权的需要，但是问题的根源仍然有待解决。对于有一定违法行为但又不构成犯罪，或者犯罪行为非常轻微处于可罚与不可罚之模糊地带的行为，该如何处理？是直接归

---

① 熊选国主编：《量刑规范化办案指南》，法律出版社 2011 年版，第 25 页。

入刑罚的范畴，还是听之任之？对于轻微的刑事案件，是该直接动用刑罚，还是放任之？或者采用行政处罚？笔者认为，单纯刑罚本身似乎不能承载太多教育矫治功能，而基于预防目的的特殊处罚措施，则能很好地与传统刑罚配套，共同服务于社会。因此，二元刑罚体系是比较符合我国国情的刑罚配置，在二元刑罚体系的基础上，着重解决刑罚与行政罚的衔接与平衡问题。

此外，针对几组有代表性的犯罪，笔者发现很多司法问题都源于立法上的不足。诸多犯罪以数额作为量刑的起点或罪与非罪的重要标准，导致唯数额论，使本应机动灵活的司法裁判，成为机械的公式计算。而数额规定的不合理，也给司法带来了诸多困扰和麻烦。对于罪刑失衡问题，一旦立法上出现漏洞，司法上则更难以弥补。很多司法上的混乱，都是基于刑事立法上的偏差，或者社会情状的变更，这说明立法已远远落后于社会发展的需要。据此，了解罪刑失衡的真正原因，是解决罪刑失衡问题的关键。

二、法定刑幅度过大及司法不规范

我国有一个比较特殊的情况，即立法规定的法定刑幅度较大。通过对我国《刑法》中有期徒刑的规定进行分析，可以看出，有期徒刑法定刑幅度超过 5 年（包括 5 年）的占有期徒刑总数的 50%，一定程度上说明法定刑设置的幅度过宽。最高人民法院《关于常见犯罪的量刑指导意见》（以下简称《量刑指导意见》）对 15 种常见罪的法定刑进行细化后，法定刑幅度超过 5 年的仍然居多。德国刑法典中，有期徒刑的法定刑幅度不超过 5 年的占法定刑总数的 77%，即法定刑幅度不大。考察日本有期徒刑的规定，其法定刑幅度不超过 5 年的占 72%，[①] 法定刑幅度也不大。法定刑设置的幅度越小，刑罚就越明确，法官自由裁量的空间就越小，滥

---

① 臧冬斌著：《量刑的合理性与量刑方法的科学性》，中国人民公安大学出版社 2008 年版，第 331—333 页。

用自由裁量权的情况也会越少。从司法层面看，作为成文法国家，需要严格恪守罪刑法定原则，某些案件出现罪刑失衡的情况，可以归因为司法不规范。而司法不规范，也会滋生司法腐败，或者由于司法不规范现状，民众对司法公信力存在质疑，从而导致司法困境。司法公正和罪刑均衡是实现刑法正义的重要指标。基于对罪刑均衡的追求，近几年来在最高人民法院的指导下，针对常见的 15 种普通罪名，我国各级人民法院进行了量刑规范化的实务操作。对量刑所进行的规范和引导，也是司法机关努力寻求罪刑均衡的表现之一。

在司法层面，除了规范量刑以外，是否还有其他操作程序需要进一步规范？在研究过程中，笔者通过实证调研，力图找寻罪刑失衡的司法原因，并试图在理论分析的基础上，对罪刑失衡情况的有效规制提出自己的建议；然后结合已经进行的量刑规范化研究，对罪刑均衡的司法模式进行理性阐述。正如德沃金所言，如果判决不公正，社会就可能使某个成员蒙受一种道德上的伤害，因为这种判决会让一个合法者变成一个违法者，也会让一个无辜的人变成一个罪犯。[①] 具体到我国的刑事司法现状，立法上确定较大的法定刑幅度，事实上则是赋予了法官更大的自由裁量权，如果法官在自由裁量过程中，得不到相应的约束和规制，则很可能量刑失衡，即使严格遵守了罪刑法定原则。如是，罪刑失衡问题，则可能是司法的不规范和立法的法定刑幅度较大双方共同作用的结果。而这种较大的法定刑幅度，便是上文提到的我国粗放型刑罚体系的表现形式之一。粗放型的刑罚体系，必然要求法官进行更为专业和更为智慧的裁量，以便得出合适的量刑。但是，如果司法裁量不规范，罪刑失衡问题便在所难免。

---

① ［美］德沃金・R 著：《法律帝国》，李常青译，中国大百科全书出版社 1996 年版，第 1—2 页。

三、社会转型加剧了法律的有效供给不足

法的合法性与有效性之间的辩证统一，早有法学家研究和讨论。以哈贝马斯的商谈理论为代表的一方观点认为：现实的法，并不都是有效的。当实在法出现不正义，即无效的状况时，因为法的失效会直接导致实在法的不合法。因此，法律的不法，以及非法律的法渊源，便成为法实践过程中绕不开的两个话题。在社会转型期，社会制度供给的短缺进一步加剧，在罪刑均衡的问题上，法官也一样会遇到法律有效供给不足的情况。但是，法官在正义价值的指引下，又必须作出合适的裁判。如此，罪刑失衡的问题可能是由于法的不法，又可能是由于法官需要严格恪守罪刑法定原则而在实践中受到多重掣肘。在法的二律背反现象常常出现的社会转型期，罪刑均衡是实现刑法正义的重要内容。在法的不法现象突出的情况下，法官该如何实现罪刑均衡，则成为考验法官智慧和专业能力的一道现实难题。

亚里士多德认为，人类在本性上是一种具有理性、追求美好生活的动物。如果人类仅仅为了生存而生存，那就如同野兽一般，就不会发展成文明社会。文明社会是向善的发展，作为德性产物的人类美好生活，本身就内在地包含于人类社会发展的目的之中。对个人和整体而言，人生的终极目的是同一的，个人理想的目的也就是社会理想的目的。反过来，社会的终极目的也就是个人的终极目的。① 如此看来，人类社会的发展过程，也是人类理性不断自我超越、自我发展的过程。在人类文明的进程中，刑罚制度也发生了变化。而这种变化，自然与其所在的社会及社会制度有着紧密的联系。当下的中国正处在社会转型期，社会变革和社会转型则意味着问题频出。法治要求法具有相当的稳定性和可预见性，但现实的状

---

① 任大川著：《道德困境与超越——精神、秩序及私欲》，江西人民出版社2011年版，第84—85页。

况却是法的滞后性直接加剧了法的不法与法的安定性之间的矛盾冲突。而社会转型期对制度的变革，更是加剧了制度在有效供给上的不足，而法律的有效供给则变得更加不足。在刑事司法领域，这种不足体现为刑事政策在宽严相济思想的指导下，常常出现宽严无序的运动式变化。在具体的司法裁量中，由于以有效法律为基础的制度供给不足，导致中国对刑事政策过于依赖，最终罪刑失衡现象明显。

四、历史和政治原因导致对刑事政策过于依赖

现代工业国家，在结构复杂的法律制度里，还包括了无数已得到广泛赞同但不属于基本社会规范的规定。其中，越来越重要的首先是行政法。与 19 世纪自由的法治国不同，现在的"社会——控制国"除了制止危险，还广泛地承担了生存照顾的任务，若要理性地管理国家，就必须尽可能不受阻碍地完成这一任务。而刑罚是一种特别有效的强制工具，因此一旦国家命令需要得到强调，不论具有一般性还是个别性，都会适用刑罚。所以，20 世纪出现了不容忽略的、在很大程度上是行政刑法的附属刑法。① 由此也可以看出，在近代社会，刑罚的内涵已经发生了诸多变化，不再是之前单纯的报应或是为了惩罚而惩罚，而是为了让某个法规范得到有效地贯彻和实施。为了维护社会的统一秩序及民众的正常生活利益，刑罚只是作为必要且最后的手段予以运用。为了最大限度地实现刑罚的效果，也为了将刑罚的功能发挥到最大，社会管理者还采取了与刑罚相配套的一些具有惩罚性质的配套措施。当然，对于这些具有惩罚性质的社会管理措施，是否应当放到刑罚的内容里进行讨论，争论从未停止。但是，一个不争的事实是，这些措施的确存在，且在当前的社会管理中起到了非常重要的作用。

---

① ［德］冈特·施特拉腾韦特、洛塔尔·库仑著：《刑法总论Ⅰ——犯罪论》，杨萌译，法律出版社 2006 年版，第 24 页。

我国既没有发达的附属刑法，也没有成熟的行政法体系。在社会转型期，为了及时有效地应对各种频发的社会问题，政策性文件便常常发挥定海神针的作用。在刑事法领域，便是刑事政策发挥了较大的作用。种种原因导致我国的刑事司法对刑事政策表现出一种难以解释的特别依赖，这种依赖，既体现为国家对社会的直接把控，在某种程度上又会加剧对法的稳定性的破坏。刑法理应是一门安静的法律，但从最近频繁的修法，以及不断增加的罪名来看，我国的刑法并不安静。西方发达国家拥有完善的政治制约原理，使包括刑事司法权力在内的国家权力得到较好的制约，因此他们并不在意刑事政策或刑事司法政策会侵蚀国家的法治基础和制约机制。但是，基于我国特殊的历史和政治原因，我们需要对目前存在的刑事政策侵蚀罪刑法定原则的问题进行深刻检讨。正如有学者所言，在我国，刑事政策甚至于刑事司法政策立即就能在追求社会效果的名义下越俎代庖，破坏三十多年法治建设来之不易的成就。[1] 不可否认，我国对刑事政策有一种无法解释的强烈依赖。这种依赖是一种客观的存在，既有历史的原因，更有制度和政治层面的原因。但不管怎样，从罪刑法定原则着手进行相应的检讨，并力图从规范层面对罪刑均衡的司法裁量进行把握，是笔者努力的方向。

五、法官素质问题

在决定生产力的所有要素中，最核心的要素是人。在司法实践中，导致罪刑失衡的因素是综合的，甚至也可能有法官的因素，故，提升法官的素质，对解决罪刑失衡问题，有着非常重要的现实意义。在理解和适用法条的过程中，法官需要有较高的专业素养，同时又能审时度势，对现实状况有一个精准而综合的把握。在处理问题的过程中，又要求法官具备一定的技巧，让刑法正义在罪刑均

---

[1] 卢建平著：《刑事政策与刑法变革》，中国人民公安大学出版社2011年版，第45页。

衡的实现过程中，既能彰显司法公正，又能在事实上缓解或解决矛盾。

当前，美国司法裁量的实证研究成果显示：美国学者认为法律规则，遵循先例的法律因素和法官性格、性别、经历、意识形态等法官自身因素，以及诸如社会效果、被告人性别、年龄、种族等法律外因素影响着量刑。[1] 尽管我国是成文法国家，与美国的判例法制度在司法裁量方面有着诸多差异，但是法官在适用法律的过程中对于自由裁量权的运用，不管其形式如何，各国司法裁判都存在共同之处。故，影响法官裁判的因素很多，法官自身的特点、专业素养、人生经历等，这些都对司法裁量有着直接或间接的影响。这种影响，也许很难具化到数值上进行实证研究，因为每个变量对法官个人的影响会有较大差异。但总体来看，影响是必然的。因为法官裁量的过程，事实上也是价值判断的过程。基于法官个人价值判断而得出的司法裁量，必然受到能影响法官价值判断的各要素影响，说远一点是法官的人生观、价值观、正义观，说近一点便是法官对于刑罚理论的认知和态度。持不同刑罚理论的法官，在量刑上会有不同的侧重点，比如，倾向于惩罚正义的法官，对于杀人者必死，会有比较坚定的态度；对于支持预防刑，或者倾向于宽容和宽缓刑罚的法官，在量刑上会更多从预防犯罪的必要性、从尽量轻的刑罚裁量方面进行思考。

六、法的二律背反

关于法的二律背反，许多法学大家都有论述，如拉德布鲁赫、考夫曼、博登海默、哈特、庞德、富勒等，都曾围绕正义与法律的冲突问题进行过研究。更为重要的是，正义与法律都关系到当代中国社会变革情形下面临的制度供求问题。于是，我国学者提出

---

[1]　Michael Heise, The past, present, and future of empirical legal scholarship: judicial decision making and the new empiricism.

"法的二律背反"之说，即在社会变革时期需要超法律的法，而这种超法律的法则更应该是非法律的法。因此，社会变革时期，寻求制度供给的努力集中到法律的不法和非法律的法等基本概念上。①法律的不法，是指非正义的实定法不应该具有法律效力。因此，法律的不法是一个法的正义性问题，与法的安定性形成某种紧张关系。特别在社会转型期，这种紧张关系非常明显。这种冲突，在司法过程中也有表现。当下的中国，改革仍在继续，法的二律背反在实践中的表现非常明显。以当代中国的变革情形而论，经济的发展和社会的进步，使我国的法律制度建设取得了巨大进步；当然，因为社会进步至深至广至快，也使我国的法律制度出现了种种不适应。② 非常有名的许霆案，便是一个例子。根据当时《刑法》第264 条的规定，盗窃金融机构，数额特别巨大的，必须判处无期徒刑或者死刑，并处没收财产。而对于数额巨大的理解，根据最高人民法院 1997 年 11 月 4 日通过的《关于审理盗窃案件具体应用法律若干问题的解释》第 3 条的规定，个人盗窃公私财物价值人民币 3 万元至 10 万元以上的，为 "数额特别巨大"。因此，当时的《刑法》第 264 条第 1 项在刑事司法中出现了功能性的失效。这种功能性的失效，即现有法律明显违背普通民众对于正义的理解，便构成法的不法。但是，在司法实践中，法官既要追求实质的正义，又要努力恪守罪刑法定原则。当二者出现冲突的时候，法官该如何选择？拉德布鲁赫指出，法官的品行应该是 "不顾一切代价，甚至包括牺牲生命，以正义为本"③。因为罪刑均衡是刑法正义的核心

---

① 卢建平著：《刑事政策与刑法变革》，中国人民公安大学出版社 2011 年版，第 21 页。

② 卢建平著：《刑事政策与刑法变革》，中国人民公安大学出版社 2011 年版，第 25 页。

③ G. Radbruch, Gesetzliches Unrecht und ttbergesetzliches Recht, In Suddeutsche Juristen‐Zeitungl (1946), p. 108.

内容。所以，当出现法的不法与法的安定性明显冲突的情况下，法官要如何行动，以争取实现罪刑均衡？

如哈贝马斯所言，在一个实践话语中，规范只有得到（或能够得到）所有受影响的参与者在他们能力范围内的认可，才能宣称是有效的。[①] 因此，在司法过程中并非所有的法律规范都是有效的。此处所说的有效，是包括法官在内的民众对现有规范的认可。故，在法的适用过程中，如何选择合适的法律，并进而对犯罪行为进行刑罚裁量是法官面临的首要问题。但是，司法的字面含义是法的适用，即实定法在实践中的运用，而本义却是正义。因此，法官在裁量过程中需要秉持正义原则，将正义作为司法的核心价值。同时，在我国当下的社会变革时期，制度短缺是一个现实问题，法的不法又在客观上加剧了制度在供给上的短缺。非法律的法，尽管是非正式的法律渊源，但也是法理学的常态，并不是因社会变革才产生的。[②] 但是，在社会变革时期，由于社会制度短缺的加剧，社会问题将更加明显。因此，增加法律的有效供给便显得尤为重要。在当下复杂多变的社会形势下，打击犯罪与保障人权成为刑事司法必须关注的两个重要方面。在司法裁量过程中，法官需要平衡各种因素，最终实现罪刑均衡，以实现刑法的正义价值。

七、法的相对确定性

从贝卡里亚以来，为了尽量遏制残酷和不人道的刑法，理论家们都在追求立法的明确和清晰，将法的确定性作为保障人权和实现法治的重要因素。因此，具有划时代意义的罪刑法定原则应运而生，且到现在仍然影响着刑法界。但是，法的确定性事实上是一个

---

① 转引自［美］莱斯利·A. 豪著：《哈贝马斯》，陈志刚译，中华书局2014年版，第53页。

② 卢建平著：《刑事政策与刑法变革》，中国人民公安大学出版社2011年版，第30页。

相对的概念。然而，理论家们仍然希望立法是绝对确定的，如在欧洲一度盛行的概念法学便希望立法是清晰而明确的：法官只是一部机器，只要机械地完成三段论式的逻辑演绎，便能得出合适的裁判。这是刑法发展过程中，最初经历的一个理想阶段。因此，法的绝对确定，只是理论家们的一个美好愿望，是法学家们在追求正义过程中的一个大胆设想。

事实上，现实的法时常处于变动和发展中。"刑法不是在个别的意识中，而是在交往中发生作用的。"① 在具体的交往和社会活动中，适用于不同的个体，刑法的内涵和意义随之产生差异。因此，就个体意义而言，法是相对的法，不是绝对的法。尽管司法的过程需要严格按照现有立法进行裁判，但是，正如诸多法学家所认为的，法官最应当遵守的是正义原则，即当现有立法已明显不符合实际，或者违反了正义原则，法官裁量所应当依据的法又该是怎样的法？现实的答案是，当二者出现矛盾的时候，法官更应当遵守正义原则。当然，前提必须是现有立法明显违背了正义原则，依照现有立法会得出明显不正义的裁量结果。正如卡多佐大法官总结的，法律的不确定性是不可避免的。② 一个典型的案例，便是上文提到的许霆案，在该案的司法实践中，我国采用的方式是，法官通过请示层层上报，最终由最高人民法院决定在最低法定刑幅度以下量刑。所以，同样作为成文法国家，刑法也只是相对确定的法：一方面，法律规定了法官的自由裁量空间；另一方面，在某些特殊情况下，法与理的融合，也可能在法定刑幅度外进行现实处理。

---

① ［德］格吕恩特·雅科布斯著：《行为 责任 刑法——机能性描述》，冯军译，中国政法大学出版社1997年版，第134页。

② ［美］本杰明·N.卡多佐著：《法律的成长》，李红勃、李璐怡译，北京大学出版社2014年版，第4页。

第二节　社会转型期罪刑失衡
司法调控现状分析

目前，中国正处在社会转型期。一般认为，社会转型是一个国家由农业社会向工业社会乃至信息社会，由传统社会向现代社会，以及由封闭社会向开放社会的转变过程。它具体包括社会经济体制、社会结构、社会形态和社会管理等方面的改变。作为社会管理所依靠的核心基本制度之一，刑罚是社会秩序管理的一项重要支撑。众所周知，刑罚是社会发展的产物，因此刑罚的内涵和对于社会的意义，也随着社会的发展而发生诸多变化。例如，随着国家管理模式的不断变化，国家的功能和管理理念也发生了很大的变化。

作为社会重要管理工具之一的刑罚，在社会管理中扮演的角色和承担的责任也随着社会的发展而呈现出规律性变化。现代社会管理模式还在广泛程度上承担了生存照顾的任务。一方面，国家常常强调国家命令的可执行性，强调国家命令和规范的不可违反性。如果违反国家的强制性命令，则可能适用刑罚。另一方面，刑法内与刑法外的保安处分制度、强制医疗等，它们既是现代社会管理制度中的重要革新措施，又是稳定现代社会秩序的经验与规律总结，在我国迈向现代社会管理的进程中，需要对此类管理措施予以高度重视和关注。

放眼世界，我们能看到全球范围内的各种刑罚改革运动，仔细观察中国这片神奇的土地，在法治化的进程中，也悄然发生着各种变化。笔者认为，法治的进程与中国社会的具体发展情况休戚相关。有学者就精辟地指出，中国正悄然出现"法治实践学派"①。

---

① 武建敏著：《马克思法哲学的当代阐释》，中国检察出版社2013年版，第305页。

实践，是一个绕不开的话题，也是改革和理论发展的基础。实践法哲学将实践智慧看作是不断克服法学理论的抽象性、片面性以及教条化的重要保障。在实践法哲学看来，任何理论在现实面前都有局限性。因此，当理论与实践融合的时候，一个很自然的问题就是理论的局限性能否被克服？有学者提出，实践可以克服理论的局限性，一种自觉状态的实践智慧的确立，更有利于对理论片面性的克服，一旦理论为拥有实践智慧的主体掌握，理论自身的问题马上就会得到纠正和改善，这正是实践智慧的诱人之处。①

一、用地方司法文件和司法解释弥补法律漏洞和法律滞后

成文法在确保法的安定性的同时，也存在滞后性和不足。伴随着现实社会的不断更新和发展，各种问题层出不穷。由于立法时很难穷尽各种情状，因此在理论上立法漏洞不可避免。例如，到目前为止，就吸毒者迷幻状态下的刑事责任问题，理论和实务界议论纷纷，问题颇多，但目前在立法上仍然没有作出回应。作为成文法国家，法的有限性和概括性与生活的多样性和多变性的矛盾，自然会出现法律漏洞问题。以有限的法律应对无穷而多变的社会现实，往往会出现法律的滞后和无力状况。

事实上，除了法律漏洞，法律滞后也是成文法国家必须面对的现实问题。量刑是以之前的法律应对变化了的社会情状。但基于保障人权的需要，又要严格遵守罪刑法定原则，法律不能轻易逾越，即便现有的法律已经明显不适合目前的社会现状。然而如果严格按照法律规定裁量，一定会出现刑罚裁量不合理的问题。此时，不同地区可能会有一些相应的不同措施。基于不同的措施，同一行为在不同地区的刑罚裁量结果很可能差别较大。这种在司法操作过程中

---

① 武建敏著：《马克思法哲学的当代阐释》，中国检察出版社 2013 年版，第 142 页。

的变通方式，在我国比比皆是。在立法确认之前，很多新的制度也是先以地方司法文件的形式出现。比如，刑事和解制度在纳入《刑事诉讼法》之前，许多地方就以司法文件的形式将刑事和解合法化。这样既弥补了法律的空缺，又及时化解了客观存在的各种现实问题，为问题的解决开辟了一条可行路径。

（一）地方司法文件的实证分析

以危险驾驶罪为例，该罪入刑的时候，主要考虑的是报应和惩罚。危险驾驶罪是《刑法修正案（八）》增加的，《刑法修正案（八）》由全国人大常委会2011年2月25日通过，自2011年5月1日起施行。随后最高人民法院、最高人民检察院、公安部2013年12月18日联合印发司法文件《关于办理醉酒驾驶机动车刑事案件适用法律若干问题的意见》，规定了八种从重处罚的情形。但是在实践过程中，针对该罪的司法状况不断，问题多多。在调取了F省2011年—2015年数据后，笔者发现不仅是在基层法院，在市级法院、省级法院中危险驾驶罪案件在刑事案件中所占比例都很高（图3-1）。尽管2015年数据是不完全统计，数据显示有较大差别，但总体上可以看出危险驾驶罪的刑事案件比例非常高，且逐年上升。

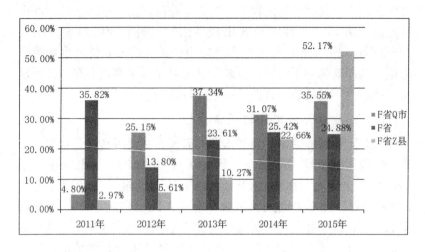

**图 3 - 1　危险驾驶罪入刑以来 F 省、F 省 Q 市、F 省
Z 县危险驾驶罪分别占各自总刑事案件比例图**

　　在司法实践中，危险驾驶罪缓刑判处率较高。但我国缓刑制度设置得既简单又缺乏内容，学界甚至对缓刑是不是一种刑罚执行方式都有颇多争议。在缓刑制度设置不够完善、理论论证和立法设置不完备的情况下，大量适用缓刑，又在事实上带来了诸多新的问题。下面笔者将通过分析 F 省 Z 县基层法院 2011 年—2015 年的危险驾驶案件及其判处缓刑情况（图 3 - 2、表 3 - 1）来予以说明。

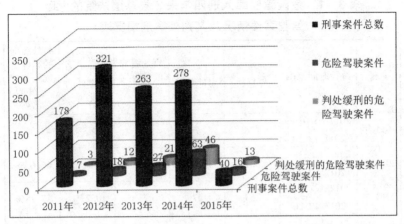

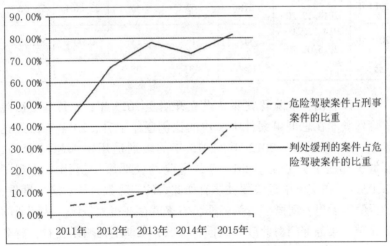

图 3 - 2　危险驾驶罪入刑四年来 Z 县基层法院
危险驾驶案件及其判处缓刑情况图

表 3－1　危险驾驶罪入刑四年来 Z 县基层法院的危险
驾驶案件情况及其判处缓刑情况表

年份	统计时间范围	刑事案件总数	危险驾驶案件数量	判处缓刑的危险驾驶案件数	危险驾驶案件占刑事案件的比重	判处缓刑的案件占危险驾驶案件的比重
2011 年	2011. 05. 01—2011. 12. 20	178	7	3	3. 93%	42. 86%
2012 年	2011. 12. 21—2012. 12. 20	321	18	12	5. 61%	66. 67%
2013 年	2012. 12. 21—2013. 12. 20	263	27	21	10. 27%	77. 78%
2014 年	2013. 12. 21—2014. 12. 20	278	63	46	22. 66%	73. 02%
2015 年	2014. 12. 21—2015. 02. 20	40	16	13	40. 00%	81. 25%
合计		1080	131	95		

可以看出，危险驾驶罪从设立开始至 2015 年，Z 县基层法院
危险驾驶罪在总刑事案件中所占的比例逐年上升，2014 年已经达
到 22. 66%。此外，2012 年—2015 年的缓刑适用率都超过 65%，
且每年都呈上升趋势。2014 年，危险驾驶罪缓刑适用率达到了
73. 02%。在实务中危险驾驶罪有如此大的绝对数，从立法角度看，
是否值得反思？对醉酒行为入罪，本来就存在很大争议。从调研的
情况看，实务部门对此颇有微词。那么，从罪刑均衡角度看，醉酒
驾驶行为是否有入刑的必要？

从理论上看，危险驾驶罪作为行为犯被规定在《刑法》中，
行为犯的特点和惩罚门槛的降低，直接导致惩罚面的宽泛。过于宽
泛的惩罚面，与刑法的谦抑性在事实上形成某种张力，这种张力导
致司法实践中大量适用缓刑。但在我国现有的刑罚制度下，适用缓
刑的惩罚力度和惩罚内容都非常有限。

表3-2　惩罚程度比较表

层次	内容
管制	行动只是受到约束——有相当的自由
缓刑	部分剥夺人的行动自由——相对比较自由
行政拘留	拘留时限内剥夺人的活动自由

从表3-2可以看出，对危险驾驶罪处以缓刑在司法实践中存在适用刑罚偏轻的情况，甚至还不及行政拘留的惩罚强度。因此，为应对这一现实问题，有些地方的司法部门出台了相关地方司法文件，直接规定危险驾驶罪不能适用缓刑，直接适用实刑。可以看出，地方司法文件在司法裁量中起到的直接作用较大，但是各个地方的司法政策不同，所以最终落实情况存在较大差异。

那么，问题来了：对醉酒驾驶行为是否都该判处实刑？具体的司法运作中，是适用高比例的缓刑，还是一律适用实刑更符合罪刑均衡原则？地方司法文件起到了刑事政策的引导作用，其主导意义重大。然而，其存在和适用的合理限度是什么，即怎样的限度符合罪刑法定原则？下面，笔者将在实证分析的基础上予以解答。

为了应对危险驾驶罪过高的缓刑适用率，F省Q市公检法三机关于2012年8月20日联合出台《关于办理醉酒驾驶机动车刑事案件有关问题的会议纪要》，规定因醉酒驾驶而判处危险驾驶罪的一律判处实刑，不能适用缓刑。这种通过地方司法文件影响量刑的行为，在实践中比比皆是。但是，基于现实的考虑，该规定执行一年后，于2013年9月1日起不再执行。主要原因是通过地方司法文件直接干涉量刑容易导致量刑机械化，实践中对此议论纷纷。重刑化处理的结果，给当地治安状况带来了一定的影响，但在司法资源的合理配置以及法官自由裁量权等方面则缺乏必要的考虑。直到现在，实践中因醉酒驾驶被判处缓刑的比例依然很高。笔者认为，从罪刑均衡的角度思考，可以看出这是司法对醉酒驾驶入刑的一种能动性回应。

当然，如果在运行过程中，地方司法文件的现实效果并不理想，则该文件很可能会在内容上得到修正或者直接被取消。这种自发的实践和理论探索模式，在我国司法实践中很常见，只是欠缺一定的理论归纳和总结。作为一门实践理性学科，法学的生命正在于不断地实践、不断地尝试、不断地改变、不断地进步。以刑事和解制度为例，在立法认可该制度之前，各省已经有多部地方司法文件出台并在实践中适用。而在新的法律出台之后，为了进一步规范司法操作，各地区亦有具体的规定。如刑事和解制度作为特别程序写入 2012 年修改的《刑事诉讼法》（自 2013 年 1 月 1 日起正式实施）之后，F 省于 2014 年 4 月由省公检法三机关联合出台《关于推进轻微刑事案件快速办理机制若干规定》，在规范刑事和解运作的同时，也从该省实际情况出发作出具体规定，以实现公正与效率的有机统一。

而学术界一直热烈讨论的危险驾驶罪能否适用《刑法》第 13 条进行出罪，实践中却由地方司法文件承担了解释的功能。如果将醉酒驾驶作为危险驾驶的一种行为，作为行为犯进行入罪处理，那么现实中的确存在诸多情节特别轻微或某些特殊情况。比如一个人喝了酒，但基于见义勇为，开车追截抢劫犯。对于此种行为，是进行入罪，还是出罪处理？客观上看，应当进行出罪处理。从调研的情况看，对于某些行为确实情节显著轻微危害不大的，实践中也作出罪处理。因为刑罚的严厉性，如果此类案件的犯罪人是公职人员，即便被判处缓刑，也必然会失去工作。而对于一个公职人员而言，失去工作就是重大的处罚。客观而言，高的缓刑适用率是司法实践对危险驾驶罪入刑的一个直接回应。而为了应对如此高的缓刑适用率，F 省 Q 市出台文件对危险驾驶行为禁止适用缓刑，这也是从当地打击醉酒驾驶的刑事政策出发所作出的应对。但随着实践的推进，该地方司法文件在现实中又遇到了很多问题，因此在实施一年后，被 F 省高院叫停。从司法实践的角度看，地方司法文件在现实中起到了很大的作用，其法律地位虽然没有司法解释的地位高，但从现实的指导意义来看，地方司法文件确实起到了直接的指导作用。这种直接指导，基于其权力性和决定性，用某些司法官的话讲，是首先要考虑的重要文件。

当然，如果地方司法文件的实践效果非常好，则可能在运行一段时间后，上升为司法解释，由地方推向全国，甚至直接被立法吸纳，许霆案便是直接修改立法的具体案例（关于盗窃金融机构的规定，基于现实需要的考虑作出修改）。

通过调研和分析发现，我国司法实践中处理罪刑均衡问题，主要通过地方司法文件解释和司法实践指导来填补法律和制度设计的漏洞，实现真正意义上的罪刑均衡。在运行一段时间后，部分运行效果好的地方司法文件直接上升为刑事司法解释，在全国范围内推广。如果刑事司法解释运行效果良好，在实践中能起到良好的化解矛盾和解决问题的作用，则可能会被刑事立法吸收和接纳，规定在立法中（图3-3）。采用此种路径被立法认可的制度有：社区矫正、精神病人强制医疗、刑事和解制度，以及目前正在研究和讨论的认罪认罚从轻从宽制度等。

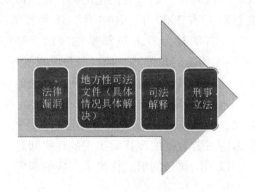

图3-3 司法应对法律漏洞基本流程图

可以看出，地方司法文件在司法实践中发挥了较大的推动和指引作用，尽管诸多地方司法文件尚需进行规范化和法治化处理，但其所体现的中国经验和智慧值得深入研究。

（二）司法解释的实证分析

2013 年 12 月 28 日，第十二届全国人大常委会第六次会议通过了《关于废止有关劳动教养法律规定的决定》。至此，劳动教养制度正式退出历史舞台，而"后劳教时代"所面临的诸多问题引发了学术界的广泛关注，其中不乏对劳动教养制度废止后刑事法应对方略的思考。

尽管理论上对于劳教制度废止之后的刑罚理论和刑罚体系有着诸多设想，但在司法实践中，以司法解释形式出现的快捷应对方式，已经悄无声息地将问题进行了及时消化。尽管有学者认为，此类司法解释有违罪刑法定原则，且在寻求解决问题的道路上，存在路径选择上的错误。[①] 但是，就中国的实际情况而言，此类司法解释的确起到了及时应对、快速处理、立竿见影的效果。为了应对劳教制度废止以后，之前的劳教对象如盗窃行为和诈骗行为的实施者因为数额或刑事责任能力等而阻却入罪产生的处罚无据情况，我国相应出台了几个司法解释，以及时消化问题，快速应对处置大量的违法行为。通过对 F 省 2009 年—2013 年二次劳教情况进行调研，笔者发现，50% 左右的被劳教人员都是二次以上被劳教（判刑）（图 3 - 4）。从特殊预防的角度看，他们都是应当被进行深刻教育、严加管教的人员。在劳教制度废止以后，我国刑法的高门槛把大部分的该类人员归入到"无罪"行列，使其最终流入社会。如果只是进行行政处罚，从现实意义看，似乎又起不到特殊预防的作用。因此，为了快速应对劳教制度废止后出现的现实问题，司法部门作出了及时回应，以司法解释的形式作出了相应的规定。

---

① 张明楷：《简评近年来的刑事司法解释》，载《清华法学》2014 年第 1 期。

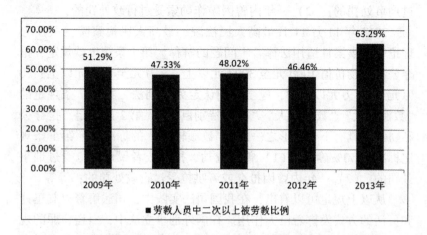

图 3 - 4　F 省 2009—2013 年前三季度，劳教人员中二次以上
被劳教（判刑）情况示意图

2013 年 4 月 2 日最高人民法院、最高人民检察院《关于办理盗窃刑事案件适用法律若干问题的解释》第 1 条第 1 款规定，盗窃公私财物价值 1000 元至 3000 元以上、3 万元至 10 万元以上、30 万元至 50 万元以上的，应当分别认定为《刑法》第 264 条规定的"数额较大""数额巨大""数额特别巨大"。第 2 条规定，盗窃公私财物，具有下列情形之一的，"数额较大"的标准可以按照前条规定标准的 50% 确定：（1）曾因盗窃受过刑事处罚的；（2）一年内曾因盗窃受过行政处罚的；等等。

2013 年 4 月 23 日最高人民法院、最高人民检察院《关于办理敲诈勒索刑事案件适用法律若干问题的解释》第 1 条第 1 款规定，敲诈勒索公私财物价值 2000 元至 5000 元以上、3 万元至 10 万元以上、30 万元至 50 万元以上的，应当分别认定为《刑法》第 274 条规定的"数额较大""数额巨大""数额特别巨大"。第 2 条规定，敲诈勒索公私财物，具有下列情形之一的，"数额较大"的标准可以按照本解释第 1 条规定标准的 50% 确定：（1）曾因敲诈勒索受过刑事处罚的；（2）一年内曾因敲诈勒索受过行政处罚的；等等。

2013 年 11 月 11 日最高人民法院、最高人民检察院《关于办理抢夺刑事案件适用法律若干问题的解释》第 1 条第 1 款规定，抢夺公私财物价值 1000 元至 3000 元以上、3 万元至 8 万元以上、20万元至 40 万元以上的，应当分别认定为《刑法》第 267 条规定的"数额较大""数额巨大""数额特别巨大"。第 2 条规定，抢夺公私财物，具有下列情形之一的，"数额较大"的标准按照第 1 条规定标准的 50% 确定：（1）曾因抢劫、抢夺或者聚众哄抢受过刑事处罚的；（2）一年内曾因抢夺或者哄抢受过行政处罚的；等等。

从以上规定可以看出，在我国司法实践中，司法解释以其迅速和灵活的方式发挥着巨大作用。在国外刑事立法中，对盗窃罪的规定比较明确，不单单规定了盗窃罪，还有强盗利得罪、事后强盗罪、昏醉强盗罪、盗窃致伤罪、盗窃伤人罪、强盗致死罪、强盗杀人罪、强盗强奸罪、强盗强奸致死罪等等。[①] 而我国立法只规定了简单的盗窃行为和盗窃罪，且盗窃罪的入罪门槛偏高。在我国传统文化中，似乎"允许"这种小偷小摸的行为，正如孔乙己所言"拿书不是偷书"，事实上，拿书和偷书的行为是一样的，只是对行为的界定在价值判断上呈现不同的状况。在此，笔者不讨论新司法解释是否有违罪刑法定原则，只是从解决具体问题的角度出发，认为该类司法解释在应对劳教制度的废止方面，有着重要而及时的现实意义。司法的目的在于解决和应对具体问题，解决问题的现实需要和时效性要求，是司法务实中应对问题的直接态度。我国现有司法制度问题频出，从问题的出现到问题的解决，需要相关部门作出最快速的反应。而真正从现实层面解决问题，则是包括理论家在内的所有研究者和实践者所努力追求的。

---

① ［日］大谷实著：《刑法讲义各论》（第三版），日本成文堂 2009 年版，第 228—243 页。

(三) 司法应对情况总体评述

根据本人参与的 F 省法学会重点课题的调研情况，在对近五年来的劳教案件进行统计分析的基础下，本书分析了劳教制度废止后类似案件的变化情况。通过对 2013 年、2014 年 F 省各市案件审结数量进行对比得出，劳教制度废止一年来，F 省各市案件审结增幅明显（图 3-5）。12 类案件的审结数量总体增幅为 10.92%。案件数增长的类罪有盗窃罪，诈骗罪，聚众斗殴罪，寻衅滋事罪，非法持有毒品罪，窝藏、转移、隐瞒毒品、毒赃罪，引诱、容留、介绍卖淫罪；案件数减少的类罪则有抢夺罪，赌博罪，走私、贩卖、运输、制造毒品罪，组织卖淫罪，强迫卖淫罪。其中，盗窃罪、诈骗罪增幅最为明显，这与之前总结的排名第一的被劳教人员是因为盗窃，以及排名第二的被劳教人员是因为诈骗有直接关系。

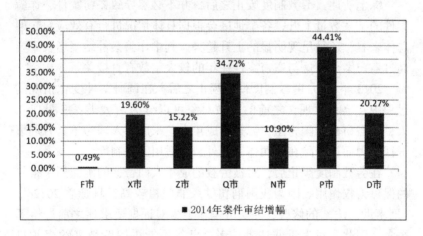

图 3-5　劳教制度废止后一年内 (2014 年) F 省各市案件审结增幅比较图

劳教制度废止以后，F 省 X 市、Z 市、Q 市、N 市、P 市、D 市盗窃案件的结案数均有所上升，其中 P 市、D 市、Q 市增幅较为明显，分别为 57.16%、40.60%、39.49%。F 省 F 市、L 市、S 市盗窃案件的结案数略微下降，但降幅不大。由此可以看出，某些市区，因为劳教制度的废止，盗窃罪的结案数增长明显，但对某些市区影响并不明显。

与盗窃罪相比，诈骗罪变化更为明显。从 F 省来看，诈骗案件结案数量总体增长 33.90%。除 F 市（省会城市）、N 市略微下降之外，其余地区的诈骗案件结案数均有所上升，且增幅较大。其中，Z 市增长了 105.71%，Q 市增长了 76.86%，X 市、D 市的增幅都达到了 40% 以上。

劳教制度废止以后，以结案总数来算，寻衅滋事罪总体呈上升趋势，但上升幅度没有盗窃罪和诈骗罪大。F 省总体上升 7.41%，F 市没有上升，X 市没有上升，Z 市上升 3.27%，Q 市上升 2.55%，P 市没有上升，L 市上升 12.5%，D 市上升 2.78%。

综上所述，劳教制度废止之后，并不必然导致盗窃案件、诈骗案件的结案数量上升，各个地区会根据具体情况进行有效应对，但总体来看，还是呈现明显的上升趋势。其中诈骗案件结案增长率要高过盗窃案件，这与盗窃案件往年的较大基数有直接关系。

2013 年 12 月劳教制度彻底废止之后，在调研案件变化情况的过程中，笔者发现，之前的劳教对象可以分为两大类：一是成年人，以盗窃和诈骗为主；二是未成年人，未成年人因为不具有刑事责任能力而被排除在刑罚体系之外，故适用劳教制度。

在劳教制度废止后，对被劳教的成年人而言，的确起到了很好的保障人权作用。因为我国刑罚的入罪门槛较高，且随着 2012 年《刑事诉讼法》的修改，在实务操作上，对证据要求比之前严格了很多。因此，对大量非法上访者，已经不能再用劳教来约束其自由，这是在保障人权方面取得的良好成绩。但是，劳教制度废止后，在实务中有将非法上访且影响非常大的成年行为人定为敲诈勒索罪或者寻衅滋事罪的具体案例，当然，该案例具有相当的独特性，并非普遍现象。理论界和实务界对因为上访行为而造成一定影响的行为是否构成敲诈勒索罪或者寻衅滋事罪，有较大争议。

对未成年人肇事的行为如何处理，则出现了混乱的现象。在劳教制度废止后，以前的未成年人劳教案件绝大部分被治安案件所吸纳，因为对于诸多案件，未成年人并不负刑事责任。而在二元刑罚体系中，对欠缺刑事责任能力者的矫治，被归入保安处分措施中。但我国并不承认有保安处分措施的存在，因此一个亟须解决的问题便是将治安处罚与刑罚合理衔接，否则在社会秩序的维护上就会出现明显的漏洞。总之，对社会管理制度而言，管理层需要下更大的功夫处理类似的治安案件。

通过实证分析可以看出，在现有立法没有改变的基础上，F省的司法应对主要通过地方司法文件和"两高"出台司法解释的实践运作。劳教制度废止之后，之前通常被劳教的盗窃犯罪和诈骗犯罪，在总体结案数量上有了大幅度提升，但也并不必然导致这两类罪的结案数绝对提升，某些市基于具体的治安状况，结案数量不是太多。可见，我国的司法应对方式，在现实操作中成效明显，并没有因为劳教制度的废止而出现无法应对或者明显的司法混乱局面。强大的执行力和各种文件的具体指导作用，使我国的司法实践有条不紊地进行。可以看出，地方司法文件和"两高"司法解释，在现实中发挥了巨大作用。特别是法律存在漏洞或者明显滞后的情况下，具有及时性和有效性的司法解释和地方司法文件，能够对问题作出快速的反应，起到重要的补救和应急作用。笔者认为，这是具有中国特色的司法现状滋生出的制度性回应，也可以说是中国经验的特殊代表。

当然，也有学者批判司法解释的出台在实质上有违反罪刑法定原则的嫌疑。但从解决现实问题的角度出发，在弥补法律的滞后性和不足时，先用司法解释处理问题，在试行一段时间找寻到良好的解决路径和方式后，再从立法上进行认可和确立，从法的稳定性角度考虑，这既符合我国的思维习惯，又很好地契合了我国实际，从而使具体问题的真正解决张弛有度。从实用主义的角度出发，笔者认为这的确有可取之处。

二、用刑事政策统领多元化的刑罚裁量思想

众所周知，新中国成立后 30 年没有刑法典，改革开放之后的 1979 年才制定了纲领性的粗线条的《刑法》。1997 年对 1979 年《刑法》进行了修订，至今又进行了九次修正。整体来说，我国刑法典还有基础不稳、法网不密、体系不整等一些问题，直接影响了刑法功能和司法效益的正常发挥。具体到刑罚理论和刑罚思想，在当代中国思想界有三种学术谱系，分别是中国思想的学术谱系、西方思想的学术谱系和马列主义的学术谱系。我国应该从这三个思想谱系中汲取合理性元素，并以当代中国实践为依托，创造属于中国当下社会实践的思想理论。而实践法哲学的探求应该属于这样的尝试。① 对于正处于全球刑罚改革的浪潮且处在社会转型期的我国来说，由于特定的社会历史环境，使目前的刑罚思想受到多重文化和思潮的影响。这些正在影响中国刑罚观念的思潮，包括传统的报应思想、马列主义的刑罚思想以及来自西方自由主义的功利刑罚思想等。在多种价值观的影响下，中国的刑罚观念正在悄然发生变化，或者说正面临作出历史性抉择的关键时刻。

（一）马列主义刑罚思想对中国刑罚理论和实践影响至深

马克思列宁主义刑罚思想（以下简称马列主义刑罚思想）对中国刑法学影响深刻。马列主义刑罚思想的基本特征为：鲜明的阶级性；深刻的批判性；彻底的革命性；特定的历史性。② 在马克思、恩格斯的刑罚思想中，刑罚权是国家的权力，刑罚是国家的产物，刑罚与国家一样，属于一定的历史范畴。刑罚作为上层建筑的一部分，是由国家的经济基础决定的。马克思指出："君主们在任

---

① 武建敏著：《马克思法哲学的当代阐释》，中国检察出版社 2013 年版，第 304 页。

② 袁江华著：《马克思主义刑罚思想中国化论纲》，知识产权出版社 2012 年版，第 80—91 页。

何时候都不得不服从经济条件，而且从来不能向经济条件发号施令。无论是政治的立法还是市民的立法，都只是表明和记载经济关系的要求而已。"① 同样，在马克思看来，刑罚起源于阶级国家，也必然随着阶级国家的消亡而消亡。当然，马列主义刑罚思想是借鉴和吸收当时刑罚理论发展成果的产物。关于刑罚的基本原则，近代启蒙思想家普遍认为，刑罚的适用应坚持"罪刑法定""罪刑均衡""刑罚人道""刑罚适用一律平等"等原则，马列主义刑罚思想同样借鉴和吸收了这些原则。而对于刑罚的目的，针对当时普遍存在并广泛争论的报应论、功利论和折中说，马列主义刑罚思想借鉴和吸收了折中说理论，主张刑罚的目的包含着惩罚与预防犯罪两个方面。② 在马列主义刑罚思想中，有用劳动改造犯罪人的说法。列宁曾阐述说，对受贿者或行贿者，罪犯本身应指派干最繁重、最令人厌恶的社会劳动。③ 由此可以看出，在列宁看来，劳动是改造犯罪人的一条重要途径。新中国成立初期，对大量的犯罪人在监狱中进行劳动改造，与马列主义刑罚思想有着密切联系。

关于刑罚的执行，毛泽东阐述的刑罚执行制度主要包括缓刑、假释、特赦等。毛泽东指出："对于判刑一年以下的犯人，在多数群众同意的条件下，可以采取缓刑或假释的办法，交群众负责管制。"④ 1959 年 9 月 14 日以毛泽东为首的中国共产党中央委员会向全国人大常委会提出了《关于特赦一批罪犯的建议》，认为党和人民政府对反革命分子和其他罪犯实行的惩办和宽大相结合、劳动改

① 中央编译局编：《马克思恩格斯全集》（第四卷），人民出版社 1958 年版，第 121—122 页。

② 袁江华著：《马克思主义刑罚思想中国化论纲》，知识产权出版社 2012 年版，第 91 页。

③ 中央编译局编：《列宁全集》（第 60 卷），人民出版社 1990 年版，第 227 页。

④ 中央文献研究室编：《建国以来毛泽东文稿》（第 2 册），中央文献出版社 1988 年版，第 298 页。

造和思想教育相结合的政策，已经获得伟大成绩。毛泽东强调对罪犯要实行劳动改造，他指出，人民民主专政有两个方法，对敌人来说是专政的方法，就是说在必要的时期内，不让他们参与政治活动，强迫他们服从人民政府的法律，强迫他们从事劳动并在劳动中改造他们，使之成为新人。①

列宁主张在非常时期要从速从严适用刑罚严厉打击相关犯罪。为维护新生的革命政权，列宁认为，在战争时期打击犯罪要从速从严适用刑罚。列宁在 1917 年 11 月 10 日举行的全俄中央执行委员会会议上所作的《关于同杜鹤宁通话的报告》中指出，如果士兵进行停战谈判时有人趁机叛变，如果在联欢时有人发动进攻，那么士兵的职责就是：就地枪毙叛徒，无须通过任何手续。② 对特定犯罪要适用刑罚予以严惩，是列宁刑罚思想的一个重要方面。辩证唯物主义认为，经济基础决定上层建筑。经济发展秩序在政权巩固、社会发展中处于极其重要的地位。因此，列宁认为，对经济犯罪要适用特别严厉的刑罚。③ 在《刑法修正案（九）》颁布之前，我国刑法中还存在诸多适用死刑的经济犯罪，究其思想渊源，可以追溯列宁刑罚思想对中国刑事立法造成的影响。同时，列宁也认为，对贪污贿赂犯罪应当适用严厉的惩罚。在 1918 年 5 月 4 日《致俄共中央》的信中，列宁请求把 1918 年 5 月 2 日审判受贿案件的党员开除出党的问题列入议程，因为对案情属实、本人供认不讳的受贿者只判了半年监禁。列宁认为，对这样的受贿者判以轻得令人发笑的刑罚，这对共产党员和革命者来说是可耻的行为。这样的同志应

---

① 中央文献研究室编：《建国以来毛泽东文稿》（第 1 册），中央文献出版社 1987 年版，第 417 页。

② 中央编译局编：《列宁全集》（第 33 卷），人民出版社 1985 年版，第 65 页。

③ 袁江华著：《马克思主义刑罚思想中国化论纲》，知识产权出版社 2012 年版，第 66—68 页。

该受到舆论的谴责,并且应该开除出党。① 在贪污受贿犯罪盛行的情况下,法律并不能得到认真贯彻实施。此时,在社会风气败坏、贪污贿赂犯罪严重时,愈是实施法律,愈是不能达到法律所追求的结果,因此只有适用刑罚严厉打击贪污受贿犯罪,遏制和消除贪污贿赂犯罪,才能确保法律得到真正贯彻实施。② 就目前我国严惩贪污贿赂犯罪的情况来看,不管是刑事立法还是刑事司法,对贪污贿赂犯罪均予以非常严厉的惩处。特别是对贪污类犯罪,犯罪情节特别严重的,还会适用死刑。由此也可以看出列宁刑罚思想在我国刑事立法和刑事司法中的影响。

列宁还坚持适用死刑。列宁曾说,一个革命者,如果不愿意做个伪善者,就不能放弃死刑。③ 在列宁看来,任何一个革命政府没有死刑都是不行的,全部问题仅在于该政府用死刑这个武器来对付哪一个阶级。④ 列宁不但赞同适用死刑,在革命和建设的实践中,更是坚持适用死刑来严惩犯罪。列宁在 1922 年 2 月 1 日《致雅·克·彼得斯》的信中指出,对受贿以及诸如此类的事情,应通过法庭"判处枪决"。⑤ 作为目前仍然适用死刑,且在诸多西方国家看来大量适用死刑的国家,我国的确深受列宁刑罚思想的影响。当然,笔者认为,死刑在中国具有如此广泛的民众基础,也与中国传统文化的报应思想有关。

----

① 《列宁专题文集(论无产阶级政党)》,人民出版社 2009 年版,第 183 页。

② 袁江华著:《马克思主义刑罚思想中国化论纲》,知识产权出版社 2012 年版,第 68—70 页。

③ 中央编译局编:《列宁全集》(第 34 卷),人民出版社 1985 年版,第 470 页。

④ 中央编译局编:《列宁全集》(第 37 卷),人民出版社 1986 年版,第 175—176 页。

⑤ 中央编译局编:《列宁全集》(第 52 卷),人民出版社 1988 年版,第 326 页。

马列主义刑罚思想给中国的刑事法制带来了深远影响。中国第一代领导人的诸多刑罚思想就直接来源于马列主义刑罚思想。从目前中国仍然沿用的刑罚体制来看，受马列主义刑罚思想的影响依然很大。笔者认为，只要中国的政治体制保持不变，马列主义对中国的影响就会一直持续。同时，马列主义刑罚思想对中国刑事法制的影响也将持续。只是，随着中国的进一步国际化，与西方的对话交流逐渐增多，为了促进交流和沟通，诸多话语体系逐渐出现趋同。比如，即便马列主义思想主导着中国的政治生活，但是西方的宪政、民主、法治理念也越来越多地体现在中国刑法中。但笔者认为这种变化只是量的变化，从根本上来看，马列主义刑罚思想对中国刑罚制度的影响，在很长时间内都会一直持续。

（二）保安处分措施在实践中有运用但理论上不认可

就刑罚理论而言，我国目前仍然存在一些模糊地带。我国刑法中没有保安处分的规定，但在实践中，却又常年运行着诸多类似于保安处分的具体措施。例如，《刑法》第 17 条规定，对实施了刑法所禁止行为但因未满 16 周岁而不负刑事责任的未成年人，采取强制收容教养措施；2012 年修改的《刑事诉讼法》关于精神病人强制医疗的特别程序；刚刚被废止的劳教制度；《禁毒法》《关于禁止卖淫嫖娼的决定》等规定的对吸毒成瘾人员的强制戒毒措施、对卖淫嫖娼人员的收容教育措施，等等。

为了应对不断变化的犯罪问题，刑事制裁体系该如何调整呢？特别是针对刚刚被废止的劳教制度，接下来我国的刑事制裁体系该如何应对呢？理论上该如何定位类似于精神病人强制医疗的特殊刑事处遇措施呢？笔者认为，存在便有其合理性。但基于特殊的国情考量，我们该如何从理论上找寻其存在的位置，以更好地服务于社会实践呢？这些都是需要认真思考的问题。

（三）刑罚的内涵随社会发展而发展

随着社会的发展，刑罚的内涵也在悄然发生着变化。在近代社会，刑罚的内涵已经发生了诸多变化，早已不再是之前单纯的报应观念或为了惩罚而惩罚。邱兴隆教授将刑法的进化划分为五个阶段，即报复时代、威慑时代、等价时代、矫正时代与折中时代。①按照这种划分，目前我国正处于刑罚的折中时代。现代意义上的刑罚，很多时候是为了让某个法规范得到有效贯彻和实施，为了维护社会的统一秩序及民众的正常生活利益。刑罚作为必要且最后的手段，承担了生存照顾的附属任务。为了最大限度地实现立法者所设想的刑罚效果，也为了将刑罚功能发挥到最大，社会管理者还创制出一套与刑罚相配套、具有惩罚性质的措施。当然，对于这些具有惩罚性质的社会管理措施，是否应当放到刑罚的内容里进行讨论，至今仍然没有定论。但是，一个不争的事实是，这些强制性措施，如保安处分、行政刑法、行政处罚等的确存在，且在当前社会管理中起着非常重要的作用。

为了实现社会管理功能而采用类似刑罚的措施，对此问题的讨论，主要体现在保安处分是否属于刑罚，行政刑法的法律定位，行政处罚的归属、定位及其应把握的度等问题上。对这些问题的思考，归根结底便是社会管理者对刑罚功能的理性认识，以及对民众生活利益最大化追求的考量。为了弥补传统刑罚的有限性，也为了更好地维护社会秩序，最大限度地保护民众的生活利益，保安处分措施以及带有惩罚性的其他管理措施便应运而生。同时，对于刑罚目的和刑罚功能的理解，也突破了之前狭隘的为了惩罚而惩罚的报应主义以及从犯罪到刑罚的刑罚功效主义观点。从社会管理的角度看，刑罚的功能的确非常有限，刑罚并非犯罪对策的全部。正如有学者所指出的，刑法进化的重要特征就是（对犯罪）从单纯惩罚到预防的发展，而且预防观念本身也有一个重要的变化，就是从刑罚威胁到刑罚矫正，从单纯依靠刑罚预防到采取多种措施进行社会

---

① 邱兴隆著：《刑罚理性评论——刑罚的正当性反思》，中国政法大学出版社1999年版，第6页。

预防。①

当然，不管在哪个社会，刑罚都有其存在的重要意义。因为国家作为一个群体认同的独立体，必须通过对暴力的垄断展现其国家命令的威严和不可违抗性。同时，国家在必要的时候采取一定的惩戒措施，对内抵抗犯罪，对外应对战乱，这也是民族国家存在的必要意义。但与此同时，我们不得不承认，就刑罚而言，在不同的社会，刑罚的内涵及表现形式会有很大的差异。这种状况的出现既可能与统治者的主观选择有关，也可能与一个国家的国情与社会环境相连。

三、多元刑罚观的交错影响

在现代社会，理性而客观地看待刑罚似乎已成为每个刑法学者心中秉持的基本理念。当然，我们既不可过分夸大刑罚的功效，也不可藐视刑罚的作用。截至目前，在人类社会发展的每一个历史阶段和进程中，刑罚始终有其存在的价值和意义。当然，由于历史传统、文化背景和国情的不同，每个国家也都必然选择并遗留下属于自己的历史和印迹。有学者认为，当代中国的刑罚观念仍然是一个徘徊在传统性与现代性、本土化与国际化之间的中间物和观念混合体。② 要考察当代中国的刑罚观念，首先要明确这是一个具有特定地域性的观念，与中国文化和传统刑罚观念有着紧密联系，具有中国的本土性特征。其次，这种刑罚观念具有当代性。当代中国已经受到西方现代文化理念的洗礼和冲击，并在不断的反思与革新中找寻新的属于自己的发展路径，两者应当是共存的，且不可偏废。

---

① ［法］米海依尔·戴尔玛斯—马蒂著：《刑事政策的重要体系》，卢建平译，法律出版社 2000 年版，第 1 页。

② 吴宗宪主编：《中国刑罚改革论》，北京师范大学出版社 2011 年版，第 37 页。

（一）基于中国社会制度和文化构成的刑罚观念受多重思潮的影响

中国的刑罚是多元文化和多元价值观念共同影响和作用的结果。1949 年之后，更是受到多种价值观、法律文化和制度模式的影响。甚至在未来很长一段时间里，这种多元文化、多种价值观念和思想理念以及制度模式的不断交锋还将持续。曾经一度，甚至直到今天，我们还在大大偏离着本民族的法律文化传统与理念。新中国成立之后，我们深受社会主义阵营和马列主义法学价值观影响，追随着苏联的社会主义法律体系。在我国，虽然主流价值理念是马列主义法学价值观，但具体到法学理论，近 30 年来，很多法律思想却直接来源于欧洲。在刑法领域，则体现为是要继续师从苏俄刑法，还是师从德日的论争。当然，在刑事诉讼法领域，不管是法学观念还是制度设计，更多都是在学习美国的制度。但是，不管是向哪国、哪种制度学习，刑法学所要解决的问题却都是中国问题。中国有自己独特的地理构造、人文历史以及文化背景，尽管近百年来一直在向外国学习，但本土的法律文化却一直固执而持续地影响着具体的司法实践。特别是民族性格和民族思维，犹如一只无形的大手，掌控着中华民族的办事风格和解决纠纷的方式。细化到刑罚问题，不管是西方启蒙思想发展后的目的刑理论，还是源起于西方的刑罚改革运动，都与西方的制度文明和法律文明一脉相承。在中国这片广袤的土地上，短短一百年间，我们走过了西方几百年才走过的法律发展历程。然而，这种迅猛前进的方式，也夹杂着矛盾、混乱、斗争，裹挟着民众的焦虑、不安、惶恐，甚至质疑。这就是中国的现状，也是我们的国情和刑罚价值观念以及制度的现实。我们不可不面对，但也不可太恐慌。

正如哈特所言，"围绕刑罚制度的困惑与日俱增，而对刑罚问题所抱的兴趣，现在已空前浓厚"①。同时，也有学者指出，"在刑罚问题上，我们的智慧似乎总是显得筋疲力尽"②。对于刑罚问题的思考，自人类社会存在以来，便已经开始。直到社会发展相对成熟的现在，如何认识和理解刑罚问题，依然是一个既可以深入到哲学层面，又可以在社会学层面广泛讨论的现实问题。"罚"的问题，的确是一个值得深入研究的刑法学命题。如有学者认为，"从刑法的基本原则来看，刑法规定的罪刑法定原则、罪责相适应原则、刑法面前人人平等原则，实质上是在强调罚的法定性、罚的对等性、罚的平等性，惩罚作为刑罚的目的，是刑法基本原则的应有之义"③。在我国，"当前的社会也正处于一个前所未有的、重要的历史转型期。社会转型是社会学上的一个概念，其基本含义是指社会从一种类型转向另一种类型，内容涉及政治、经济、社会、文化、观念、组织等多个层面"④。在当下社会转型时期，我国刑法的任务和特点都在悄然发生变化。正如前文所论述的，我国刑法的特点，也逐渐从之前的国家刑法转变为市民刑法。以权利中心为代表的西方法律，基于其悠久的法治文化和有效的法治治理经验，正越来越多地影响着世界各国的法律制度。但是，从文化角度看，中国文化是一种义务本位为主的东方文化。因此，在引入西方法律制度时，会出现诸多矛盾和冲突。以权利本位观为核心的现代法律价值理念，是西方法治文化的精髓。这与我国的法律文化有着非常大的差别，这种差别根源于不同的社会现状，体现于不同民族的不同思维方式，表现为形形色色的法律文化。细化到具体的司法实践

---

① ［英］H. C. A. 哈特著：《惩罚与责任》，王勇、张志铭译，华夏出版社 1989 年版，第 1 页。

② Peter Alldridge, *Relocating Criminal Law*, Dartmouth Publishing Company Limited 2000, P1.

③ 房清侠著：《刑罚变革探索》，法律出版社 2013 年版，第 31 页。

④ 刘祖云主编：《社会转型解读》，武汉大学出版社 2005 年版，第 3 页。

中，矛盾和混乱便在所难免，诸多时候，在某些方面也有格格不入之处。

现代法治下的矛盾与混乱，具体体现在中国民众对于诉讼的态度和选择上。中国传统社会的法律实践过程可以说就体现了自身的运行特质，中国百姓的法律生活实践具有习惯性特征。当出现纠纷的时候，他们不愿意到官府去打官司，而宁可私下和解或由他人调解。关于这一点，表面看是选择到官府打官司抑或由他人调解，完全是当事人自己说了算，但实际上这是由历史发展过程中人们所形成的实践理念决定的。在笔者看来，其背后因素便是传统中国文化以及中国人思维中的和谐观念，以及早已内化到思维和生活习惯中的义务本位思想。维护社会的和谐与稳定是每个人的义务，遵守应有的秩序，尽量不要去打破现有的稳定状态，这是民众传统思维中首要的念头。因此诉讼是在个人努力之后不得已的选择，而不是首要的选择。从现实的效果来看，在中国现有司法状况下，对于邻里纠纷、家庭纠纷、民事纠纷等诸如此类的纠纷，选择通过调解和当事人间的相互体谅最终求得问题的解决，其现实效果往往比选择诉讼要好得多。因此，我们不能直接按照西方的标准对此进行批判，而应该用实践法哲学的理论进行理性分析。这种选择，是一种实践智慧的体现。

正如有学者所说，对于实践而言，人们的生活方式是首要的。生活方式是一种自然过程，人们的各种实践态度和选择方案都合理地包含在生活方式的自在结构之中。如果人们实践的生活方式发生了变化，那么法律实践的特质就会发生变化，所以人们对待法律的各种观念都与生活方式有着密切关系。从这个意义说，法律实践的变化直接地、归根到底地决定于生活方式自身的变化。① 具体到中国刑事法实践，对于刑罚的理解和运用，从根本上受到各种思潮的

① 武建敏著：《马克思法哲学的当代阐释》，中国检察出版社 2013 年版，第 204 页。

影响。但在具体实践中，又体现出不同时候、不同国度里的不同特性。因此，在实践法哲学看来，不断地实践，不断地改进，通过创造性的实践活动，吸收优秀经验成果，积极努力改进自身的过程，也是文明形成和自我突破的过程。

因此，中国刑法的发展在实践中呈现了自身的一些特征。比如，我国 1979 年《刑法》规定了类推制度，这是典型的国权主义刑法表现。1997 年《刑法》修订时基于对人权保障功能的强调，废止了类推制度，确立了罪刑法定原则，这是在刑法领域贯彻法治原则、建设市民刑法的结果。2009 年 2 月 28 日通过的《刑法修正案（七)》对公民个人隐私权给予了重视，规定国家机关或者金融、电信、交通、教育、医疗等单位的工作人员，违反国家规定，将本单位在履行职责或者提供服务过程中获得的公民个人信息，出售或者非法提供给他人，情节严重的，要负刑事责任。这种采用刑罚手段保护公民个人权益，尤其是在我国尚未制定公民个人信息保护法的情况下，不得不说是我国刑罚观念的重大改变。这种改变，明显体现出刑法对个人权益的关注，体现出国家家长主义的色彩渐淡。当然，市民社会本来只是西方的观念和经验，进入 20 世纪以后，马克思主义论者的市民社会理论又有了新的发展，有学者特别强调市民社会的文化意义。① 因此，从文化融合以及本国传统文化的角度来看，对市民社会进行深入研究和把握，具有重要意义。继而，有学者从文化比较的角度，得出判断：西方市民社会对于组织规范的创设具有直接的决定作用；而在我国，国家是规范的缔造者，国家用法律要达到的核心目标是保障国家对社会的控制和社会的安全，因而法律是国家控制社会的工具。② 我国国家主义的刑罚

---

① 俞可平：《马克思的市民社会理论及其历史地位》，载《中国社会科学》1993 年第 4 期。

② 李瑞生著：《中国刑罚改革的权力与人文基础研究》，中国人民公安大学出版社 2011 年版，第 359 页。

观虽然有所改进，但是刑罚"工具论"张力仍未从根本上消除。

可以看出，即便是朝着市民社会中市民刑法的方向努力，我国的刑罚也是在国家主导下基于国家管理需要的市民刑罚。因此，市民的力量依旧弱小，而在刑罚中体现出来的国家意志则显得尤其强烈。这与长期以来马克思主义关于阶级斗争以及刑罚是统治阶级的工具的具体影响有直接关系。刑罚到底是民众心声的体现，还是统治阶级的工具？刑罚是应当朝着更轻缓的方向发展，还是在工具理性的阴霾下亦步亦趋？笔者认为，这是刑法学者必须反思的问题。在目前国际形势下，刑罚的轻缓化是一个不可逆转的趋势。目前我国受到诸多刑罚思潮的影响，各种思潮此消彼长，相互影响，而一旦这些思潮具体体现在我国刑事立法和司法实践中，各种矛盾和混乱便在所难免。

(二) 刑罚日趋文明化与自身严苛性的矛盾

尽管社会防卫论的思想在发展过程中也遭到诸多批判和责难，但该理论在发展之初便朝着刑罚更加人性化的方向努力。"马克·安赛尔就一再强调社会防卫首先是一场人道主义的刑事政策运动。"[①] 现代刑罚理念虽然在尽量摆脱刑罚报应的思想，以保障人权作为论证的立足点和出发点，但是到目前为止，其依然难以摆脱自身内部的各种矛盾。

随着社会的发展，刑罚日趋文明化的发展趋势与刑罚自身包含的残酷性和严厉性之间的矛盾，成为刑罚本身难以摆脱和回避的内在矛盾。不管社会怎么发展，刑罚都难以摆脱其自身特质所决定的严厉的剥夺性和痛苦性。在这个世界上，根本不存在真正意义上以给予快乐为内容的刑罚，否则就不叫惩罚，而是奖励。随着社会的发展，社会文明要求刑罚在制度设置和量的把握上趋向文明和轻

---

① 刘远著：《刑事政策哲学解读》，中国人民公安大学出版社 2005 年版，第 259—260 页。

缓。但是，即便如此，刑罚的本质依然没有改变。社会越发展，刑罚自身的紧张关系就越强烈。如此的紧张关系，是刑罚改革的内在推动力，也是刑罚在制度设置上不可回避的一个现实问题。故，在刑罚裁量的过程中，既要考虑刑罚的目的具体为何，亦要考虑社会现实的状况，比如社会的文明程度、社会现实的情状等，以找寻最合适的刑罚量。

不可否认，刑罚是一种严厉的剥夺，其本身便意味着对肉体或精神的压迫和折磨。在任何时代，刑罚都不可能是一种享受，更不是一种消遣，它是一种严厉的负面评价，且这种负面评价带有实质的利益损害。目前刑罚正朝着现代化方向不断努力，正以日益文明的形式出现在世人面前，但是刑罚本身存在着内部冲突，即刑罚日趋文明化的发展趋势与其本身的残酷性和严厉性形成紧张关系。社会越发展，这种紧张关系就会越凸显。那么文明社会对严厉刑罚的承受度到底是多少？何种严厉程度的刑罚对现代文明社会最合适？社会不断发展，刑罚也不断调整。但由于刑罚本身包含着不那么文明的因子，事实上它是一种国家认可的恶，与文明既相容又相斥。这种既包容又排斥的状态，直接决定了刑罚自身的内部矛盾。

四、重刑主义与刑法价值冲突明显

改革开放后，我国刑法随着社会的发展有了长足进步。由于意识形态、价值观念、法律文化发展迅速、变迁急剧等诸多因素的存在，我国刑法在发展过程中，仍有不少亟待解决的问题。因此，面对日益复杂的社会现实，理性反思我国刑法体系便显得尤为重要。反思的基础在于客观而全面地了解社会现实，并结合整个人类社会刑法理论的发展线索及其脉络，同时参考其他国家在社会管理和刑罚规制方面所走过的路程及其成功经验。从当前我国的刑事立法、刑事司法、刑法理论、刑罚体系及其经验以及社会评价和社会实际收效看，大体表现在以下几个方面：

（一）重刑主义为主，刑罚的轻缓化和严密性处于次要地位

有学者明确指出，我国刑罚结构总体上仍然是重刑结构，刑法中依然存在着50多个死刑罪名。[①] 重刑观念的一个重要体现是民众对死刑的过分推崇。有学者运用实证方法进行了调查研究，其中较有代表性的是2003年3月贾宇教授在西北政法学院对法学、非法学专业的1873名本科生进行的问卷调查，以及2003年1月新浪网的调查。这些调查显示，当前我国绝大多数民众对死刑持支持态度。[②] 储槐植教授从文化的角度曾深刻指出，我国法文化缺乏西方国家那样的自然法精神和权利意识，在社会结构上从未形成独立于政治国家之外的市民社会（公民社会），因而最能体现国家权力的刑法得到了过分的发展。在我国法文化中，法即刑的观念影响深远。刑罚权膨胀是我国刑法传统的基本特征。[③] 由此可见，无论从国家层面还是从社会层面，重刑主义传统在我国当代刑法中根深蒂固。虽然《刑法修正案（八）》取消了13个死刑罪名，甚至党的十八届三中全会也明确指出最大程度地减少死刑罪名的适用，但由于我国长期以来的重刑主义倾向，以及惯性司法（拘必捕、捕必诉、诉必判、判必执）情势的推动，加之司法人员观念的相对滞后或迫于当地舆论和当事人家属的种种压力，在地方法院的审判实践中，还是较多地适用了本不应该判处死刑的罪名。其中缘由，既有"杀人者偿命"的民间传统法律文化推动，也与长期以来我国司法理念没能及时更新有关，法官不能独立办案审判、甚至作为法官"自私心理"或"自身安全第一"的想法也在作祟。针对重刑主义的问题，我国《刑法修正案（九）》作出了努力，刑罚的轻缓

---

① 屈学武主编：《刑法改革的进路》，中国政法大学出版社2012年版，第25页。

② 吴宗宪主编：《中国刑罚改革论（上册）》，北京师范大学出版社2011年版，第39—40页。

③ 储槐植：《议论刑法现代化》，载《中外法学》2000年第5期。

化和犯罪门槛的降低，使我国刑罚结构继续朝着"严而不厉"的方向发展。刑罚的文明和轻缓，已然成为国际社会认可的刑罚价值和理念。然而，尽管有以上努力和认识，重刑主义思想在立法和司法实践中进行调整和转变，仍需要一个长期的过程。

纵观近些年的刑罚改革，出现了这样的发展路径：问题——社会热点问题——刑罚规制——加重刑罚。只要一个问题成为社会关注的焦点问题，在应对的刑罚配置上往往是修法或加重刑罚，具体体现在增加新的罪名，或者加重刑事处罚力度。这表明了我国对恶行的态度，但由此体现的重刑观念，则为社会矛盾的化解埋下了隐患。长期以来，饱受诟病的嫖宿幼女罪便是其中一例。再比如，我国刑法针对矿难等责任事故作出了回应，有些人主张将其法定最高刑提高至有期徒刑 15 年，但重大责任事故罪是一种过失犯罪，如果将法定刑提高至 15 年有期徒刑，明显与过失犯罪的性质不相协调。我国刑法规定的绝大部分过失犯罪，其法定最高刑为 7 年有期徒刑。[①] 这种试图通过重刑达到减少或抑制过失犯罪的思想，事实上是过于依赖刑罚、把刑罚作为社会管理核心手段的体现。这种思想，延续了我国传统文化中法即刑的观念，也无意中暴露了支撑其立法的重刑主义思想。

（二）兜底条款甚多，刑罚的科学性和权威性大打折扣

我国早有学者指出，从社会学角度看，把愈来愈多的、模糊的、极为弹性的、过于宽泛和不准确的规定引入法律制度（特别是政治性的刑法领域）之中，无异于是对法律的否定和对某种形式专制统治的肯定。这种状况必定会增加人们的危险感和不安全感。[②] 语言的模糊性和概括性，在给成文法国家带来法条解释的灵

---

① 屈学武主编：《刑法改革的进路》，中国政法大学出版社 2012 年版，第 24 页。

② 苏力：《关于市场经济和法律文化的一点思考——兼评"市场经济就是法律经济"》，载《北京大学学报（哲学社会科学版）》1993 年第 4 期。

活性和应变性的同时，也给法解释带来了困难，为立法和司法运用刑罚恣意扩大刑罚权创造了可能。

在我国现有立法中，兜底条款繁多，刑罚依赖度高。我国1997年《刑法》在第225条规定了非法经营罪，其中第3项是兜底条款，规定了"其他严重扰乱市场秩序的非法经营行为"；1999年《刑法修正案》将非法经营罪的规范范围扩大到了"未经国家有关主管部门批准，非法经营证券、期货或者保险业务"；1998年的单行刑法将非法买卖外汇的行为纳入了非法经营罪，还通过司法解释等方式将非法出版物、国际电信业务、传销、食盐等多种对象纳入了非法经营罪的范围；2009年《刑法修正案（七）》增加规定了"非法从事资金支付结算业务的"行为也构成非法经营罪，从而使非法经营罪成为我国刑法中一个新的"口袋罪"。类似的口袋罪，还有寻衅滋事罪、渎职罪等。这些兜底条款，给刑法的稳定性带来了一定冲击。何种行为构成该类罪？何种行为不构成该类罪？在如此模糊的立法背景下，司法现状更显得混乱不堪。司法的选择变成一种选择性司法，在给司法带来困扰的同时，也给权力寻租带来便利。

（三）工具论长期盛行，刑罚理性和人性观普遍得不到重视

刑罚是一种惩罚的手段和方式，那么刑罚到底应该是一种工具，还是应该对其有一种理性的追求？似乎前者更理直气壮一些。但是，刑法到底应否只是一种工具？答案则未为可知。众所周知，刑罚是一种法律认可的国家行为。刑罚之所以必要，是因为它代表了国家的权威和正义指向。因此，刑罚所针对的对象是刑法规范的违反者。对犯罪人进行惩罚，体现了国家正义，同时还能安抚被害人及其家属受伤的心灵。刑罚作为一种国家行为，体现的是国家意志，以及国家正义理念的导向。正如黑格尔认为的那样，"国家是发展了的精神，并在意识的光照下展示它的各个环节。包含在理念

中的东西进入客观世界，使得国家表现为有限的东西"①。

从理性刑罚观的角度看，应当对刑罚保持必要的警惕。这种理性主要体现为对刑罚滥用的警惕，对刑罚负效应的重视和关注，对刑罚功能的理性认知，等等。刑罚的功能有限，通过刑罚，社会可以实现稳定秩序的功效，但同样也会因为刑罚的破坏性而付出一定的代价。当下，刑罚工具论思想对我国刑事法律影响深远。比如，为了打击职务犯罪，对贪污贿赂行为规定了非常重的刑罚。但是，由于我国刑事立法技术的问题，立法的落后也给司法实践带来了一系列难以解决的难题。这样的刑事立法，明显缺乏理性和人性观。

（四）过于依赖报应功能，刑罚收不到应有的预防效果

自 20 世纪 50 年代开始，西方国家的犯罪率尤其是累犯率日趋上升，这宣告了单纯惩罚和矫正刑的失败，世界性的刑法改革运动随之将刑罚推向折中时代。② 目前，我国刑罚采取的也是一种折中观念，报应和预防皆为刑罚考虑的内容。尽管不同的表述都同时提到报应和预防，但很难准确区分报应和预防在刑罚目的中各占多大比例。多数学者将预防放在刑罚目的中阐述，认为刑罚目的在于预防，包括特殊预防与一般预防。但是，笔者认为，从当代中国的刑事立法、司法和社会公众的立场看，还是报应观念为主，预防观念为次。长期以来，我国过于依赖报应刑和报应功能，因为在我国传统思维中，因果报应是民众最终信赖的宗教哲学，扬善避恶的正义思想，往往通过因果报应在民众中得到传播，因此具体到我国刑法中，报应思想早已根深蒂固。这种固化的文化传承，在维护社会稳定的过程中，的确起到了相当大的作用。但是，随着社会的发展和文明的进步，刑罚报应功能的局限性开始逐渐显露。报应并非解决问题的最终良方，国家作为社会的管理者，需要在维护正义的基础

---

① ［德］黑格尔著：《法哲学原理》，范扬、张企泰译，商务印书馆1961 年版，第 280 页。

② 邱兴隆：《折衷刑的理性反思》，载《法学评论》1999 年第 3 期。

上，保证社会的良好发展。报应在维护正义的同时，也给社会带来了暴力和邪恶的信息。报应主义所传达的一个思想是，以恶治恶是社会治理的正当手段，暴力是解决问题的良方。然而，对于犯罪问题的解决，事后的惩罚并非良方，也并非上上之策。引导、教育、矫治等理念，应当是新时期刑罚的应有内涵。报应不再是刑罚的所有内涵，尽管罪与罚之间仍然有着无法摆脱的因果关联。刑罚手段的现代化以及文明程度，在某种意义上也是考量一个社会文明程度的重要标尺。

　　刑罚的报应功能是前期古典学派的主要主张，也是客观主义一直的立场，即刑罚的目的就是报应，除了报应，再无其他的目的。而刑罚的根据在于犯罪人的行为，不考虑犯罪人的个人情况，只根据行为以及行为所造成的后果，对犯罪进行否定评价，当然，从客观主义的立场来看，有其合理性，毕竟，对行为人人身危害性的评测，依然没有从技术上得到解决。为了实现刑法的客观性与公正性，实现司法标准的相对稳定性和统一性，从行为的角度进行犯罪考量，的确有其合理性。因此，也有学者认为，刑罚报应所蕴含的正义思想是现代刑法以及许多制度的基石。[①] 问题是，一味地依赖报应刑是不可取的。如上所说，报应只是单方面的惩处或追求抽象正义，没有考虑到社会矛盾的最终解决和处理，解决问题是最终目标，问题的解决应力求社会的和谐与稳定。要从根本上解决犯罪问题，是一个复杂的社会命题，随着现代国家理念的深化，社会治理也是对人的治理。包括行政手段、社会管理措施在内的各种矫治措施，作为刑罚的重要补充在现代管理制度中发挥了重要作用。由于社会关系的纷繁复杂，民事纠纷刑事化发展趋势明显，而刑事责任民事化处理也常有发生。刑罚只是社会治理手段的方法之一，但作为最后的惩罚手段，基于其严厉性和痛苦性，对其程序性要求便更

---

①　吴宗宪主编：《中国刑罚改革论（上册）》，北京师范大学出版社2011年版，第47页。

为严格。

因此，报应只是为求得一种抽象意义上的朴素正义，要想真正解决犯罪所带来的侵害，则需要对犯罪所造成的伤害进行必要修复。这种修复，既包括物质上的弥补，也包括精神上的抚慰。当然，就未来的情状而言，为了防止罪犯的再次伤害，或者危险的再次发生，将这种控制和矫治适当地提前也是社会管理者的理性决策。比如，对于行为犯，只要有行为发生便进行处罚；对于抽象危险犯，刑法上把某种行为抽象为一种具有紧迫危害性的危险形态，只要有该行为存在，便推定为危险存在，从而进行处罚。

从某种意义上讲，国家的报应比起个人的报复在处罚上有了很大进步。但是，报应仍然是关注过去的行为，是对已然损害的一种回顾。虽然报应也具有威慑效果，但威慑只是刑罚的副产品，它真正关心的还是刑罚与已然之罪的对应和均衡，目的是实现正义。[①]但是，随着社会文明程度的递增，我们到底应当在多大程度上倚赖刑罚的报应功能以实现社会正义呢？一个没有惩罚的社会，往往会被人斥责为善恶不分。然而，一个过于依赖惩罚而求得稳定的社会，则又与现代文明相去甚远。对刑罚的报应功能，除了从功利主义角度进行必要的反思外，还应当作何理性思考呢？笔者认为，对刑罚的报应功能，必须有审慎而理性的认识。刑罚不当然是犯罪行为在刑法上的直接后果，但刑罚的效果却要综合考量各种具体因素。报应只是刑罚的内涵之一，在这个讲求效率、追求和谐的社会，刑罚的社会效果被摆在了相当重要的位置。

（五）刑罚价值多元化，使其立法技术与司法功能紊乱

我们深知，刑罚随着社会的发展而发展，刑罚理论也是社会发展的产物。但刑罚在我国的情况较为特殊，价值的多元化和自身哲

---

① 沈海平著：《寻求有效率的惩罚——对犯罪刑罚问题的经济分析》，中国人民公安大学出版社 2009 年版，第 83 页。

学体系的不够完备，导致我国刑罚价值在内涵认定上因人而异。尽管学界普遍认同刑罚报应与预防价值的综合，但是在具体选择上，到底是更注重报应价值，还是更注重预防价值，学者们意见不一。把该问题放在刑罚论中进行论争的学者并不多，但散见于各种司法问题的解释和犯罪论体系中刑罚判定模式选择上的差异，又凸显了学者们的不同价值观。

因此，笔者认为，这种刑罚价值的多元化，是刑罚在理论和实践中出现矛盾和混乱局面的罪魁祸首。尽管从社会学的视角看，多元是繁荣和发展的必然结果，但对于追求稳定和尽量客观的刑事立法和刑事司法，不得不说是一大隐患。在这种多元价值观并存的情况下，传统的刑罚观、马列主义的刑罚观、西方的刑罚观，在法哲学层面到底哪一种才应当是我们的首选？或者说，综合了世界上所有的优秀成果，我们应当提出何种适合我国国情的刑罚理论？目前，最适合我国国情的刑罚指导思想，应该是综合了各国优秀成果，并立足于我国实践的实践法哲学。在实践法哲学看来，人不单单是客观主义所认为的抽象人，更是具体实践中具有创造力和独特价值的个体人。因此，不管是出于社会管理的目的，将人理解为抽象意义上的理性人，还是基于具体问题的解决，有针对性地对具体的个人进行矫治，都体现了人在社会实践中抽象与具体的辩证统一。与此同时，也尽量避免了客观主义与主观主义两种理论各自的弊端，最大限度地给本土化实践留下了应有空间。

基于刑罚价值的多元化，以及尚未确立的法哲学指导思想，目前我国的立法与司法出现各种乱象也就在所难免。刑法需要相当的稳定性，因此罪刑法定是最好的标尺，这也是客观主义的重要贡献之一。但是，社会现实是变化多端、丰富多彩的，固定的条文很难涵盖所有的实践现状。因此，这对刑法的立法技术提出了更高的要求。对于成文法国家，怎样的刑事立法才能最大限度地满足社会生活的需要呢？如果立法缺陷重重，司法困境将接踵而至。基于罪刑法定的要求，按照现有的立法，在进行社会管理的过程中，刑事司法在多大程度上可以避免制造问题？就目前的司法实践而言，司法制造问题、引发问题的现象比比皆是。笔者认为，实践法哲学理念下的刑法应当在不断的实践中进行更新和调整，刑罚理念和刑罚制度也应当在不断变化的社会实践中进行优化选择。当然，尽管其前提是在吸取和借鉴各国优秀经验的基础之上，但重点还是要立足我国的社会现状和文化背景，努力找寻最适合我国国情的刑事惩罚机制。

第三节　司法调控：弥补理论与实践裂缝

罪刑均衡问题，在理论上表现得比较理想，且各国的学者和实践者都在力图追求罪刑均衡，因为罪刑均衡是实现刑法正义的核心要素。但是，我国却出现了理论与实践断裂的情况。例如刑事和解制度，经过多年刑事司法改革的实践和理论探索，我国终于在《刑事诉讼法》中认可了刑事和解制度。但是，刑法中依然没有相关规定，只是在理论上作相关讨论，且大多是从恢复性司法角度对该制度进行探讨。正如萨维尼所言，"大陆法系的刑事法律及其理论缺乏同司法实践的足够联系"①。在大陆法系国家，法官被认为只是在运用法律，法官的判决并不是法律。因此，作为同样是成文法国家的中国，其法律的适用过程，是否也存在理论与实践的严重脱节？或者说，理论与实践的研究路径，是否出现了难以逾越的鸿沟？同样的问题，在两种研究路径下，演变成两个面目全非的问题，而且难以出现交集，更无助于问题的解决。通过观察，笔者认为，从目前中国的司法现状来看，如此问题已经比较严重。再以刑事和解为例，在当下的中国，刑事和解既是实践经验不断探索的方

---

① 转引自［斯洛文尼亚］卜思天·M.儒攀基奇著：《刑法——刑罚理念批判》，何慧新等译，中国政法大学出版社 2002 年版，第 208 页。

向，也是罪刑均衡问题应当探讨的领域。在当事人和解的情况下，到底犯罪人应当承担多大的责任才算合适？或者说，在行为人认罪态度非常好而给予出罪考虑的案件中，行为人需要具备哪些具体要素方能对其进行出罪考虑？故，如何在司法中实现罪刑均衡问题，既有制度层面的建构，也有理论层面的解析。如是，认识和处理罪刑均衡问题中理论与实践的裂痕，对理论和实践都有着非常重要的现实意义。

尽管近几年的量刑规范化改革对常见的 15 种罪名作了相对具体的数量化规定，但在具体的案例中，仍然存在从宽处理案件的刑期与从严处理案件的刑期相差不大甚至刑期更长的状况。从理论上讲，按照罪刑法定原则，在具体的案例中完全可能存在具有从宽情节的量刑结果，其刑期长于同等情况下具有从严情节的量刑结果。这种不违背罪刑法定原则下的实质不公平，属于罪刑均衡所要研讨和解决的问题。

一、理论与实践的差距

罪刑均衡问题，既是一个理论问题，又是一个实践问题。具体到刑法学体系中，罪刑均衡问题，既是一个总则问题，又是一个分则问题。总则中对刑法的原则和理论有一定的交代，通过各种规定，如故意、过失、意外事故、紧急避险、未遂、中止、预备等等，力图实现罪刑均衡；分则中又详细规定了具体个罪的罪状和法定刑。因此，根据成文法国家所要求的罪刑法定原则，法无明文规定不为罪，一个行为是否构成犯罪，主要参照《刑法》分则的规定。如此，总则的原则性规定，便成为理论和实践中所要实现的目标，比如罪刑法定原则、罪刑均衡原则、法律面前人人平等原则。而在实务中具体参照的定罪法条，实为分则规定。如是，一个行为即便可恶，或者是在中止的状况下，按照罪刑均衡原则应当予以谴责，但是由于分则中没有相关的规定，根据罪刑法定原则，也会将此种恶的行为排除在谴责的范围之外。

例如，某无业人员深夜游荡，临时起意拦住一名下夜班的女工，但没有肢体暴力和语言威吓。女工问他想干什么，他说把你手表给我。女工说别要表了，我跟你好一次吧。事后女工报案，查明她的手表才十几元钱。此案中，抢劫中止了，没有造成损害，应当免除处罚；而性交又是女方主动提议的，定强奸罪有些勉强，不定罪又觉得"便宜了坏人"。此案中，被害人受损害的后果，很难在分则中找到法条支撑。但总体来看，行为人的行为又应当受到一定的谴责，按照罪刑均衡原则，似乎是应当惩罚行为人方为正义。据此，笔者认为，罪刑均衡的实现，存在理论与实践的裂痕。而这种裂痕的存在，一则是由于理论与现实之间存在差距；二则是由于总则的原则性目标与分则的具体罪名罗列之间存在不对应关系，也就是说，成文法的概括性必然导致列举不足的问题。

（一）刑罚目的的纷争从理论上延续到实践中

正如有学者所说，量刑基准的内容，其实是刑罚目的的展现。而量刑基准，是法官认定被告人有罪之后，裁处宣告刑时所依据的标准。[①] 理论上对刑罚目的有不同程度的研究和讨论，实践中也对刑罚赋予了不同的意义和功能。而事实上，要将刑罚目的理论贯彻到具体的量刑中，并不容易。原因有二：一是刑罚目的理论在理论上仍然有争论，新派和旧派在争论中有融合，但融合的具体情况又依赖于个人对各种理论的理解和价值观的不同。因此，在刑罚裁量时，是更多地偏向惩罚正义，还是偏向预防正义，其界限模糊不清。二是从刑罚目的理论到具体的刑罚裁量该如何衔接，即不同的刑罚目的理论，具体对应多少的刑罚量，在理论上和实践中都没有具体的标准。理论上只有一个大概的方向指引，但是不同的刑罚目的理论会有不同的刑罚裁量标准，具体的刑罚量应该是多少，目前仍然没有明确的数据显示。

---

① 吴景芳：《刑罚与量刑》，载《法律适用》2004 年第 2 期。

理论上的争论，给实践带来指引的同时也带来了困扰。司法实践需要一个具体、准确的结果，而不是可左可右的宏观理论描述。故，司法实践对于刑罚裁量结果的公正性和高效性要求，与理论上争论不休、含混不清的局面，形成了矛盾和反差。笔者认为，这也是在诸多司法改革中，总是实践先行、理论滞后，甚至理论与实践各行其是的结果。当二者难以出现真正意义上的交集，研究的进路和方向又差异较大，偏见和不解便应运而生。理论既然指导不了实践，那么于实践而言，理论的意义何在？实践既然是探索式的改革，那么探索的意义便在于不断试错。于是，司法改革被放在了改革的前端，但改革者却忽视了一个基本前提，即司法需要中立，刑罚需要谦抑，刑法需要稳定。如是，笔者认为，理论研究需要继续努力，要将问题作为研究的核心，并通过研究，为我国的司法实践带来真正意义上的理论指引和方向导航。

（二）刑罚的效果在理论上假设的人人平等与事实上的不平等之间的矛盾

博登海默认为，平等是人内心的欲望，是渴望得到同等待遇的欲望，是反对他人统治的欲望。平等感的心理根源之一乃是人希望得到尊重的欲望。当那些认为自己同他人平等的人在法律上得到了不平等的待遇时，他们就会产生一种挫折感，亦即产生一种他们的人格和共同的人性遭到了侵损的感觉。[①] 在理论上追求绝对的平等，是理论设计的前提和基础，也是理论家们孜孜以求的宏大理想。人与人生而平等，但事实上并不平等，在刑罚适用上亦然。刑罚的适用在理论上追求人人平等，但在事实的操作层面，又遇到了人与人事实上的差异。

同样的刑罚对不同的行为人会产生完全不同的效果，惩罚观念

---

① ［美］E. 博登海默著：《法理学：法律哲学与法律方法》，邓正来译，中国政法大学出版社 1999 年版，第 288 页。

不同也会产生不同的效果。有的人从来就不怕惩罚，觉得刑罚对其影响并不大。比如，富人可能并不怕罚金刑，可能会更怕监禁刑；对于穷人而言，罚金刑则显得非常可怕，因为其支付能力实在有限。同样是盗窃行为，惯犯和为了填饱肚子而实施盗窃的人，惩罚的意义自然会有所差异。如果从刑罚的效果反推刑罚裁量的多少，用刑罚的效果决定刑罚的量，那么基于个体的不同，刑罚的量应当有不同的基准。而这种基于不同人的不同效果，又直接体现出在刑罚面前人与人之间的差异。

在规范的裁量中，我们假设人人平等，每个被抽象出来的个体在人格和刑罚适用上，都应当平等而同一。但在具体实践中，却是完全不一样的情状。同样的刑罚适用在不同的人身上，效果迥异。为了弥合这种理论假设与事实层面的差异，我国也运用了差异化处理手段。如基于各地经济、文化等多方面发展的不平衡，刑法在适用过程中考虑各地的实际差异，以实现刑法在适用中的实际平等（这也是刑法平等原则中差别原则的实际运用），也即刑法适用过程中存在一个以形式上不平等保证实质上平等的问题。① 比如，关于盗窃罪的起点刑，不同的地区可以根据自身的经济发展情况，在一定的幅度内自行确定。

在调研的过程中，笔者曾向法官提出这样的问题：对量刑而言，是行为影响量刑的结果多，还是行为人特点影响更多？根据法官的回答可以看出，量刑一般都是在行为的基础上，再结合行为人的特点进行综合判断。至于何种因素影响得更多，在定罪方面行为影响得更多，在量刑方面行为人的预防必要性等影响得更多。

调研显示，在量刑方面，对行为人特殊预防效果的考虑比一般预防更多一些；在定罪方面，则更多地考虑行为人个体的特殊性，考虑基于矫正的必要特殊预防，注重报应和宏观的一般预防。

在具体的裁量过程中，理论上我们都希望有一种抽象意义的平

---

① 赖早兴著：《刑法平等论》，法律出版社 2006 年版，第 195 页。

等。如有学者指出，没有量刑的平等，平等定罪就失去了意义，这就好像为建设一幢高楼打下良好的地基后，建筑师和施工人员什么也没有建或胡乱地在上面建了几间平房一样。[1] 但是，在司法实践中，多少的刑罚量才是最合适的呢？在量刑模式的选择上，是选择法理学量刑模式，还是选择社会学量刑模式，或者二者结合在一起考虑？结合考虑时，具体裁量选择的参数又分别是多少呢？

二、刑事司法改革的实践理性：刑事和解

刑事和解是指在刑事诉讼程序运行中，被害人和加害人以认罪、赔偿、道歉等方式达成谅解后，国家专门机关不再追究加害人刑事责任或对其从轻处罚的一种案件处理方式。[2] 就目前我国的刑事司法制度而言，刑事和解已经在刑事诉讼法中得到了认可。这种状况的出现，既可以说有赖于理论研究和外国先进制度的推动，也可以说是我国司法实践自我努力的结果。有学者就曾指出，当前刑事和解的实践既有受到西方恢复性正义理论影响的因素，也有刑事司法现实的迫切需求。[3] 从罪刑均衡的角度来看，在立法和司法层面得到认可的刑事和解制度，主要是对积极承担赔偿和认错的责任者，给予刑事责任上的减免，并将被告人刑事责任的减免权，一部分下放给被害人。这样的理论和实践突破，在追求效率的当下社会，受到了好评。毕竟，问题最终得以解决是所有人的愿望。刑罚在现实中所体现的局限性和负面效应，越来越被理性地认知。对被害人权益以及对刑事司法效率的关注，在理论和实践中掀起了一场革命，刑事和解日渐成为这个时代不可阻挡的潮流。就连注重刑法

---

① 赖早兴著：《刑法平等论》，法律出版社 2006 年版，第 210 页。

② 翟中东著：《刑罚问题的社会学思考：方法及运用》，法律出版社 2010 年版，第 172 页。

③ 陈京春著：《刑事和解制度研究：以刑事实体法为视角》，法律出版社 2014 年版，第 9 页。

解释学、严格恪守罪刑法定原则的德国，也在量刑的范围内认可了当事人与检察官可协商范围的存在。可以看出，如何实现罪刑均衡，不单单是一个立法问题，更是一个司法问题，或者说是一个司法制度问题。

（一）刑事和解的理论解读

在法定刑范围内，应尽量实现罪刑的均衡。而罪刑均衡的具体标准，又会因案而异。特别是针对侵犯个人法益的案件适用刑事和解，事实上既是对被害人权益的保障，也是在实现矫正正义的过程中及时给予犯罪人第二次改过机会。即只要犯罪人认真悔罪，积极赔偿，赔礼道歉，并得到被害人的谅解，从理论上讲，犯罪人的人身危险性已通过教育和规劝大大降低，相应地，其所应承担的刑事责任也应当有所降低，甚至免除。从理论上来看，刑事和解既可以归入恢复性司法的理论问题，又可以解释为刑罚个别化问题。毕竟，对不同的行为人进行不同的刑罚裁量，是刑罚个别化所要考虑和应对的。从罪刑均衡的角度来看，刑罚个别化是基于报应与预防的需要，既考虑犯罪的社会危害程度，也考虑犯罪人人身危险性的刑罚原则。[①] 刑事和解是将被害人的谅解以及被害人的体会作为衡量犯罪人人身危险性的重要指标。这种将被害人的利益上升到某种制度层面的做法，既弥补了传统刑事司法的僵硬性和滞后性，也在一定程度上回应了刑罚无力或刑罚负面效果的问题。因此，就具体案件而言，特别是某些侵犯个人法益的案件，被害人的态度和谅解，对量刑有着非常大的影响。如此，刑事司法的过程，既是对犯罪人教育和规劝的过程，也是被害人得到物质补偿和精神抚慰的过程。从罪刑均衡的角度看，这是在现代司法与现代文明指引下，追求在效率与公正之间实现动态平衡的制度创新。

---

① 翟中东著：《刑罚个别化研究》，中国人民公安大学出版社 2001 年版，第 57 页。

（二）司法实践中刑事和解与积极赔偿损失并取得谅解的竞合

《量刑指导意见》对刑事和解情节规定了两个从宽幅度：一般情况下，可以减少基准刑的50%以下；犯罪较轻的，可以减少基准刑的50%以上或者免除处罚。[①] 可见，在刑事和解案例中，法官有很大的自由裁量权，行为人的悔罪和赔偿以及被害人的谅解在量刑过程中起到了很大作用。刑事和解作为法定情节，具有从轻、减轻及免除处罚三种功能。当出现刑事和解情节与积极赔偿损失并取得谅解或退赔退赃情节同时存在时，积极赔偿损失并取得谅解或退赔退赃情节的内容被刑事和解情节包含。[②] 下面笔者将通过两个案例进行简要说明：

案例1：因民间矛盾激化引发的故意轻伤害案件中，如当事人之间通过积极赔偿损失并取得被害人谅解的方式达成刑事和解，则出现积极赔偿损失并取得谅解情节与刑事和解的竞合。

案例2：甲与乙因琐事发生争执，甲为泄愤，将乙家中耕牛盗走，此案也可适用刑事和解。如甲积极将耕牛返还给乙，并取得乙的谅解，则会出现退赔退赃情节与刑事和解的竞合。

可以看出，刑事和解在很大程度上涉及量刑减让的问题。根据当事人的事后表现并结合具体案情，对行为人在量刑方面进行综合考量，这是司法努力实现罪刑均衡的理性实践。特别是在民刑交叉案件中，结合案发缘由进行综合分析，对行为人给予合适的量刑，也是实现刑法正义的具体举措。

随着社会活动的不断发展，国家需要不断根据经验重新制定各种规则和管理方式。但是，法治是靠一系列全面、逻辑一致的实证

---

① 南英主编：《量刑规范化实务手册》，法律出版社2014年版，第89页。

② 南英主编：《量刑规范化实务手册》，法律出版社2014年版，第90—91页。

主义方法确定的法定规则所构成的权威来管理社会的。而这些法律规范通常以一般的、抽象的术语来表达，所以既可能在许多情形下难以为当事人的行为提供明确的规范，有时也难以成为法官公正处理复杂且不断变化的社会和人际冲突的依据。① 作为一种实践探索，刑事和解不仅在司法制度层面进行了突破，而且在罪刑衡量问题上，也采用了更为灵活和更具实践性的裁量方式。协商是和解的基础，是必要的沟通，也是解决纠纷的重要途径。然而，也有学者质疑刑事和解制度消解了国家刑罚权的权威性和唯一性，过度提升了被害人的地位。如于志刚教授就认为，"通过刑事和解恢复被害人与加害人的关系，既是对具体社会关系的恢复，也是对被害人所要求的个体正义的实现。但加害人是否还会实施犯罪的人身危险性问题则无法得到充分的考量。换言之，被害人与加害人之间的具体关系并不等于整体性的社会关系，个体正义也不可能替代社会正义"②。但是，笔者认为，从效率的角度来看，只要程序合法、过程正当，刑事和解制度实则是一种能解决具体问题的可行方法。只是在理论上该如何进行有说服力的诠释，值得学者们继续探讨。

（三）共同犯罪案件中只有部分被告人达成刑事和解的处理

在共同犯罪案件中，需要平衡主犯与从犯之间的量刑。如果主犯与被害人达成刑事和解，从犯与被害人没有达成刑事和解，且被害人只是对主犯进行了谅解，在这种情况下平衡主犯与从犯之间的量刑，即实现刑事和解背景下主犯的量刑在总体上必须高于从犯的量刑。笔者认为，这是在罪刑均衡原则下对责任主义原则的恪守和坚持。刑事和解背景下的民事赔偿和犯罪人认错、悔罪等，都是一

---

① 吕清著：《审判外刑事案件处理方式研究》，中国检察出版社 2007 年版，第 141 页。

② 于志刚：《刑事和解的适用范围》，载于樊崇义教授 70 华诞庆贺文集编辑组编：《刑事诉讼法学前沿问题与司法改革研究》，中国人民公安大学出版社 2010 年版，第 441 页。

种事后的弥补行为，责任的削减幅度不能过大。因此，基于对罪刑均衡原则的孜孜追求，在同一案件中，主犯的责任应当重于从犯的责任，这是责任主义原则下行为刑法所要求的正义标准。因此，即便是在综合刑时代，罪刑均衡的客观标准仍然不能逾越。

三、实践困境：量刑法理学模式与量刑社会学模式之间的协调与沟通

在理论上，有学者提出量刑的两大模式，即量刑法理学模式和量刑社会学模式。① 笔者比较赞同这样的分类，同时认为此种分类与上文讨论的两种不同的理论基础有关。量刑法理学模式更接近于古典学派的绝对报应主义，即同罪同罚，衡量刑罚的具体标准是行为所侵害的法益。因此，按照量刑法理学模式，应当尽量排除个案之间的差异，把具体的案情抽象为一个个可以量化的元素，进而实现罪刑的恒定。而量刑社会学模式的理论基础更接近于近代学派的社会责任论，即刑罚是为了实现教育和矫正的目的，基于犯罪原因的多样性以及行为人特征的千差万别，自然应当针对不同的个体进行不同的裁量。因此，在量刑社会学模式看来，刑罚个别化是最大化实现社会正义和维护社会稳定的重要手段。两种量刑模式，都有有力的理论依据和社会基础，也都是司法实践努力追求公平正义而进行的司法选择。

具体而言，量刑法理学模式建立在"法律本质即规则"的基本假设之上，量刑必须以刑法的规定以及量刑规则为标准。② 量刑法理学模式追求同罪同罚，绝对排斥同罪异罚情况的出现。从理论上看，此种量刑模式是对古典绝对报应主义思想的传承，在追求公平正义的道路上，自然有着不可替代的优势，更能以朴素正义的方

---

① 汪明亮著：《审判中的智慧：多维视野中的定罪量刑问题》，法律出版社 2006 年版，第 91 页。

② H. L. A. Hart, *The Concept of law*, Clarendon Press, 1961.

式实现刑法面前人人平等。量刑法理学模式视量刑规则为逻辑过程，将个案抽象为一个个具体的、可量化的变量集合体，并通过逻辑推演的方式，推导出具体的刑罚。在量刑法理学模式看来，同案异罚是不能容忍的不公现象，而现实中千差万别的案件都可以通过简单归类，以法益侵害为标准将案件划分为性质相同、相近或相异的不同类罪。此种量刑模式，追求刑罚结果与犯罪之间的某种恒定量化关系，排斥个案中的不确定因素，以此实现刑法正义。

量刑社会学模式则是从社会学视角看待犯罪与刑罚，将刑罚看成是不同社会情状下对具体个案的具体考虑。量刑社会学模式认为量刑过程是人们的行动，而不是法律的逻辑运用。① 是将犯罪与刑罚问题导入一条规范研究的道路，还是将其引入社会学研究方向，这是十年来中国刑法学争论中分歧较大的一个问题。尽管作为大陆法系的优秀代表德国和日本，其主流的刑法学研究方法都是规范的刑法解释学研究，但从社会学视角研究犯罪及其生成机制，进而从刑事政策视角对刑罚理论进行调整和运用，也是社会发展的现实需要。正如李斯特指出的，以社会政策的方法从根本上解决犯罪问题，是德国学者在摆脱刑法解释学自身局限性时所作的努力。因此，量刑社会学模式迎合了社会现实的需要，在刑罚裁量中具有一定的灵活性和适应性，能够从解决问题的角度出发，找寻最合适的刑罚。

有学者认为，要从根本上解决罪刑均衡的问题，有两种方法可供选择。一是取消法官量刑自由裁量权（相对确定法定刑），推行绝对确定法定刑；二是取消法官本身，引入电脑量刑制度。② 笔者认为，就现实而言，这两种方法都不可能实现。法官的自由裁量权

① 汪明亮著：《审判中的智慧：多维视野中的定罪量刑问题》，法律出版社 2006 年版，第 95 页。
② 汪明亮著：《审判中的智慧：多维视野中的定罪量刑问题》，法律出版社 2006 年版，第 109 页。

尽管在实践中需要规范限制，但如果为了规避某些实践中的问题，就将其取消，有因噎废食之嫌，毕竟，法官的自由裁量权在弥补刑法解释学天生的劣势和不足方面，有着强大的力量。如果没有法官的自由裁量权，司法的过程便会沦为概念法学时代从概念到概念的逻辑演绎，成为一种机械式的操作。而第二种方法直接取消法官这一职业，更显得不切实际。因此，合理认识罪刑均衡问题，需要从系统的角度进行综合裁量。笔者认为，罪刑均衡是一种动态的基本平衡，在司法实践中，事实上并不存在两个完全一样的案例。即便可以归入同类或同质的两个案件，也会因为案情和案件当事人以及案发当时情状的不同，或者当事人基于个体差异出现的不同诉求，而使最终的判决出现差异。如此差异，不管在理论上还是实践中，都应当是理性而可以接受的。

基于以上分析，笔者认为，刑法学的规范研究方法自然不可小觑，但从社会学视角审视犯罪与刑罚则是贯通刑罚与犯罪论体系的核心纽带。刑罚裁量不是简单的逻辑推演，更不是机械的计算机输入和输出的公式计算。刑罚是国家刑法在处理复杂的犯罪问题时，所体现的国家态度。刑罚的内涵随着人类文明程度的不断进步而体现出时代新特征，刑罚裁量的过程既是刑法理论得到反复验证的过程，也是国家公权力在应对犯罪这一社会难题时，作出的理性回应。因此，笔者认为，适合我国国情的量刑模式，应当是量刑法理学模式与量刑社会学模式的融合。我国正处在综合刑时代，刑罚理论既借鉴了古典的刑法学思想，又吸收了近代学派的诸多社会学研究方法和研究成果。因此，过于机械的量刑，会因为其机械和难以适应多变的社会情状而与司法实践脱节。刑罚裁量结果在某种意义上也取决于它的社会意义，指望法官对案件的社会结构事实视而不见，而仅仅按量刑规则去量刑是不现实的，因此刑法应通过可预测的模式反映社会环境。① 然而，刑法学毕竟又是一门以规范研究为主的学问，过于社会化导向的量刑，又给司法裁量的稳定性和可预测性带来挑战。故，二者的有机结合方是量刑合理化的最佳模式。

四、量刑机制的建构：民事赔偿与量刑的关系

司法过程是一个不断实践的法适用过程，也是一个富有挑战性和创造性的过程。在理论上，民事责任和刑事责任是两个不同的体系，有着截然不同的理论基础和衡量标准。但事实上，民事赔偿问题在刑事案件中占据了相当大的比例。甚至在诸多刑事案件中，当事双方矛盾的焦点往往是民事赔偿，至于犯罪人的刑事责任及应当承担多少刑罚，被害人并不那么关注。

当然，从量刑的重要依据——犯罪人的人身危险性来看，犯罪人事后的态度的确可以表现出其人身危险性程度。犯罪人积极赔偿、道歉并希望得到被害人的谅解，从这些事后行为可以反映出其人身恶性的降低。故对其进行较轻的刑罚，在理论和实践上都是理性而可行的。只是，基于这种民事赔偿责任的承担而减轻刑事责任的幅度到底有多大，笔者认为，在理论和实践上都应当深入探讨。通过一定的量刑机制促使犯罪人有效赔偿不仅是中国的经验，也是美国的实践。刑事和解、先民后刑等都是有益的探索，关键是整个过程应当透明。② 因此，研究一种适合各国司法制度的量刑机制，对刑罚理论的发展和具体现实问题的解决，有着非常积极的重要意义。

从法理学上看，物质损害赔偿是民法的调整对象，而如果从根本上讨论同样的人或事，则精神损害补偿的部分，或者不能通过物

---

① 汪明亮著：《审判中的智慧：多维视野中的定罪量刑问题》，法律出版社 2006 年版，第 102 页。

② 胡云腾主编：《中美量刑改革国际研讨会文集（上编）》，中国法制出版社 2009 年版，第 35 页。

质赔偿消除的部分，即是刑法的调整对象。[①] 可以看出，民法和刑法尽管在调整对象和适用原则上有较大差异，但是就被害人而言，可以分别从民法和刑法两个层面得到相应的补偿性利益。这给我们的刑事司法带来了某种启示，即如果被害人愿意通过得到更多的民事赔偿而谅解犯罪人，而司法者也希望通过犯罪人的积极赔偿和主动认罪使被激化的矛盾在短时间内有所缓解，那么在司法实践中，犯罪人对民事责任的主动承担，在量刑上可以有相应的从轻甚至减轻的考虑。这种状况，正符合了预防刑理论所倡导和追求的维护社会秩序稳定、预防犯罪的目的。因为犯罪人的悔过和忏悔，是在积极的层面表示将来不愿再犯罪，无论在理论上还是实践中，这都是理性而值得期待的有效改革路径。

五、量刑合法与量刑合理的平衡：法与理的结合

白建军教授认为，从理论的角度看，影响公正量刑的因素有被害关系、行为类型、加害地位、犯罪案数、法定结果、个人风险、利益类型、伦理内容、犯罪构成要件数量、结果趋势、罪过形式、犯罪态度等。[②] 可以看出，在事实上影响量刑的因素比立法上规定的法定刑情节要多得多。笔者将影响量刑的因素分为法定的因素和酌定的因素，法定的因素是法律明确确定的，而酌定的因素则是合理性的范畴，可以通过法官的自由裁量合理调控。

因此，司法上的罪刑均衡是法的合法适用与理性量刑结合起来的过程。罪与罚的关系属于关系范畴，且这种关系一直处在变化和发展之中。罪刑均衡问题，事实上也是一个动态的平衡过程，到目前为止，没有哪个研究成果可以告诉世人罪刑均衡的具体或唯一标

---

① ［德］米夏埃尔·帕夫利克著：《人格体 主体 公民：刑罚的合法性研究》，谭淦译，中国人民大学出版社 2011 年版，第 46 页。

② 白建军著：《罪刑均衡实证研究》，法律出版社 2004 年版，第 162—198 页。

准是什么。但是，刑罚作为国家正义的代表，其分配的方式和方法以及分配量的多少，代表了国家正义的方向，合理的分配是实现实体正义的内在要求。具体而言，实现司法层面的罪刑均衡，需要平衡两个方面，一个是量刑合法，一个是量刑合理。

在实践中，我们常常会听到这样的评论：某些裁判结果合法但不合理。在中国这样一个讲求人情的国度，法在民众心目中的地位，有时并不在人情之上。故，合情合理是民众思考问题的最朴素价值观。一个民众不能接受的司法裁判，即便在原则上并无大的瑕疵，但在事实上，已经因为其不被民众接受，而失去了群众基础和有效性。同时，一个不被接受的判决，当其有效性大打折扣的时候，用哈贝马斯的观点，一个无效的规范，事实上便失去了其合法性。故，在中国语境下，情理因素直接影响着司法的效果和司法裁判的合法性。因此，量刑合法与量刑合理的结合，是实现罪刑均衡的有效途径。

在具体考量影响量刑的因素时，有学者指出，影响量刑的因素包括犯罪人的社会危险性、人身危险性、法官的素质、法官的能力以及量刑决策过程中的诸多案外因素（如法院体制、外界对法院审判工作的影响等）。[①] 具体到影响量刑的实际因素，如某些案外因素，法律并无实际规定，但在现实中又影响着量刑。如果是在合理、适当范围内的影响，笔者认为，应当归入合理量刑的范畴。如果是基于权力的滥用，或不合理的制度干扰，则属于应当改进的范畴。实然与应然之间的差距告诉我们，存在并不等于就是合理。故，在考量影响量刑的诸多因素时，需要仔细甄别何种因素为合理因素，何种因素为不当因素，何种因素为应当被剔除的因素，并在此研究结果的基础上，合理建构符合我国国情的量刑机制。

在司法实践中，形式上合法但实质上不合理的裁判比比皆是。有学者指出，基于审判思维的局限性，对案件采取断章取义的处理

---

① 张天虹：《量刑公正及判断标准》，载《法学杂志》2011 年第 2 期。

方式，将导致法官难以发现全部的事实真相，更不能真正解决案件所涉及的纷争。于是，不少案件的最终裁决出现了法律事实与客观事实的冲突，以及合法但不合理的矛盾。① 量刑合法，是法治国家司法的基本要求。罪刑法定原则，是成文法国家必须坚守的法治底线。但基于法的合法性与有效性的二律背反规律，现有的法律并非就一定是有效可行的，即可能存在法的不法现象。在现实中，诸多不法的法可能大量存在。故，在量刑的过程中，需要根据具体的情状做合理分析，尽量做到合理量刑。而合法量刑与合理量刑的有效结合，则是司法实践中具体实现司法层面罪刑均衡的有效方法。法与理的有效结合，是实现量刑均衡的实践路径。司法过程中，如何将法的有效性与合理性巧妙地结合起来，既考验立法的合理性，又考验法官的智慧。

---

① 吕清著：《审判外刑事案件处理方式研究》，中国检察出版社 2007 年版，第 138 页。

第四章 罪刑均衡的标准：责任

"适用于每一个刑罚法规的前提条件是存在违法意图（gesetz-widriger Willen），作为犯罪的（智力的、心理的）原因，与（客观的）应受处罚的行为的联系，作为对行为人的违反刑罚法规的意思决定的影响，作为违法意图的原因，被称为责任（Zurechnung，Imputation）。如果一个人具备对犯罪行为进行归责的外在的和内在的状况，则其就是责任能力（Zurechnungsfahigkeit，Imputabilitat）。可罚性的一般的主观根据就是责任（Schuld，Verschulden）。"[①] 日本著名刑法学者藤木英雄曾经指出："刑罚就像既能治病，又有相当剧烈副作用的药物一样，使用方法错误，岂止不能治病，反而能使病人丧命。把法律看成工具，从而可能使人们失去对法律的敬仰和信赖。"[②] 因此，罪刑均衡方能使刑罚的运用在量上达到合适的程度，从总体上而言，使得刑罚的运用恰到好处。

根据目前普遍认同的责任主义原则，刑罚裁量的重要依据是责任，即根据行为人的非难可能性进行刑罚的裁量。"刑法中的责任，是指某人是否以及在多大程度上对自己实施的外观上违反刑罚法规的行为承担责任，并进而受到刑罚处罚。责任是某人实施的行

---

① ［德］安塞尔姆·里特尔·冯·费尔巴哈著：《德国刑法教科书》（第十四版），徐久生译，中国方正出版社2010年版，第87页。

② ［日］藤木英雄：《刑法上的学派对立：旧派和新派、客观主义和主观主义》，载《法学译丛》1980年第1期。

为的特征，根据该特征，责任被视为行为人实施违法行为的原因，因此能够对此行为承担责任。刑法中的责任能力，是指实施违法行为的人可以承担责任，因此可以依法对其科处刑罚的一种状态。"①对责任大的行为人判处较重的刑罚，对责任小的行为人判处较轻的刑罚，对无责任的行为人则无需追责。然而，责任理论在刑法学的发展过程中却呈现出非常大的分歧，比如古典学派主张道义责任论，其理论基础是行为人的自由意志，即在古典学派看来，行为人基于自由意志的状态，对自己的行为有完全的决定权力和决定能力，因而自然应当为恶的行为承担刑法的负面评价，此处的责任被称为道义责任。当然，在经历了很长时期的理论发展后，特别是经历了与新派理论的长时间对立之后，这种古典学派的自由意志论断也得到了改良，绝对自由意志改良为相对自由意志，并以相对自由意志为基础，认为如果道义上的非难超越了个人伦理，就属于社会伦理的非难。② 因此，目前的责任理论也是在古典学派的自由意志理论基础上，吸收和借鉴了新派理论的一些观点。

而近代学派的社会责任论认为，人的意志并不是自由的，人的行为是否合法，受环境和遗传因素的支配。对于违法的行为人，惩罚并不是目的，而是要以社会力量对其进行矫正、治疗或者为了让社会免受其危害而对其进行隔离。因此，新派理论中的责任是指社会的处置，而责任的根据在于行为人的反社会性。③ 对责任的不同理解，导致了社会政策层面的不同应对。纵观近百年的刑事司法改革，将犯罪作为社会问题进行系统研究和应对的观点，似乎更具有

① ［德］安塞尔姆·里特尔·冯·费尔巴哈著：《德国刑法教科书》(第十四版)，徐久生译，中国方正出版社 2010 年版，第 87 页右下方出版者注 2。

② ［日］川端博著：《刑法总论讲义》（第二版），日本成文堂 2006 年版，第 388 页。

③ 余振华著：《刑法总论》（第二版），台湾三民书局 2013 年版，第 285 页。

实践的可操作性和现实推动力。刑法研究不管是在规范层面还是在实践层面，都已经超越了古典学派的刑法理论。据此，笔者认为，对责任的认识也应当突破古典学派绝对自由意志的观点，对行为人非难可能性的评判，应当是综合考量行为人的行为以及行为人自身特点后的结果。

责任作为刑罚裁量的基本标准，需要与刑罚裁量的根据进行区分。在刑法研究中，常常有学者将责任作为刑罚裁量的根据，事实上这种理解存在某种偏差。刑罚裁量的根据在于侵犯法益的行为以及行为人的特点（二元论的观点），即行为及行为人是刑罚裁量的具体依据。作为刑罚裁量重要参照标准的责任，则是裁量意义上的重要参考，而不是作为根据意义上的参照。换言之，责任是刑罚裁量的重要参照，但不是刑罚裁量的根据。刑罚裁量的根据是行为或行为人（一元论的观点），或者行为和行为人（二元论的观点）。但是，不管哪种观点，刑罚裁量的基本标准都是责任。在刑法意义上，重大的责任行为应当承担更重的刑罚，即重罪重罚，轻罪轻罚。

第一节　罪刑均衡的规范标准：责任主义

刑罚是对不法行为的回应，故刑罚是对实施不法行为的犯罪人进行非难谴责。"为了将客观事实与刑法教义学（刑法解释学）上熟悉的术语相称，刑罚与行为原则和责任原则连在了一起。"① 在责任主义原则下，刑罚裁量的一般标准为行为人应当承担的责任。对于责任理论，学者们可能会持有不同的观点，但总体而言，在以三阶层为代表的犯罪论体系中，责任是适用实现罪刑法定原则的一

----

① ［德］米夏埃尔·帕夫利克著：《人格体 主体 公民：刑罚的合法性研究》，谭淦译，中国人民大学出版社 2011 年版，第 22 页。

道壁垒，也是实现罪刑均衡原则的重要衡量标准。依据责任主义原则，无责任即无刑罚，责任是适用刑罚的必要条件。一般而言，责任的大小决定了刑罚的大小。在刑罚裁量中，不存在无责任的刑罚。但是，基于不同的理论基础，判断责任的要素差别甚大。比如道义责任论者会认为，判断责任的要素为心理责任论，即行为人在行为当时的心理状态，基于或故意或过失而在心理上的责任应当承担的刑法非难。然而，在 20 世纪初，德国刑法学者提出了规范责任论的主张，将刑法规范分为评价规范和决定规范。[①] 当然，对于刑法规范的理解和划分目前仍然有争论，而且在规范责任的范畴内，对规范和责任的理解在具体要素上争议较大。我国学者陈兴良教授将规范分为行为规范与裁判规范，他认为决定规范大体上相当于行为规范，而评价规范大体上相当于裁判规范。[②]

承上，在欧陆法研究中，不管是持何种责任理论的学者，对责任主义原则都有一种毋庸置疑的恪守和坚持。因此，责任要素作为衡量刑罚大小的重要标准，此点不用质疑。只是，如何衡量责任的大小，在责任要素的分析和把握上会有较大差异。对责任的内涵进行更深入的研究，这是理论界需要继续努力的方向，而责任作为连接犯罪与刑罚的重要桥梁，其重要作用和地位也在不断的研究中日益得到巩固。在目前的综合刑时代，责任理论也基本上走向了规范责任理论，即规范的责任要素应当包括责任能力、责任形态、违法性认识与期待可能性。[③] 我国学者张明楷教授认为，责任要素应当包括违法性认识的可能性与期待可能性，[④] 因此其所主张的责任理论应当是规范责任论。笔者亦认为，在目前的综合刑时代，责任理

---

① 余振华著：《刑法总论》（第二版），台湾三民书局 2013 年版，第 286 页。

② ［日］高桥则夫著：《规范论和刑法解释论》，戴波、李世阳译，中国人民大学出版社 2011 年版，陈兴良序，第 4—5 页。

③ 余振华著：《刑法总论》（第二版），台湾三民书局 2013 年版，第 286 页。

④ 张明楷著：《刑法学》（第四版），法律出版社 2011 年版，第 72 页。

论应当是借鉴了古典学派的心理责任论和新派的社会责任论的综合理论。至于学者们是持相对心理责任论，还是持相对心理责任论与社会责任论的综合，或是持规范责任论，并不妨碍我们对责任理论和责任要素的讨论，更不妨碍在实现罪刑均衡原则时对责任主义原则的坚持。

就罪刑均衡问题，我国学者何秉松教授有较为详细的论述。[①]在讨论关于是否要将责任作为罪刑均衡的媒介时，指出责任的内涵既包括行为本身应当承担的责任，又包括行为人自身特点在犯罪预防方面的具体考虑。如此，一个具体的刑罚裁量，在责任方面的考量，应当既包括行为本身映射到刑罚方面的责任考量，又包括行为人自身特点的刑罚考量。从以上论述可以看出，罪刑均衡问题主要解决的是罪与罚的对应关系，主要框定刑事立法的定罪标准。基于刑法结果主义原则，应当是根据行为人的行为及行为所造成的结果框定定罪标准。而对责任的考量，则主要是为了框定行为人应当承担的责任大小，具体体现为司法裁量中的量刑过程。当然，立法与司法是一脉相承的先后承续关系，二者之间并没有无法逾越的鸿沟。根据哈贝马斯的沟通理论，法的合法性与有效性之间存在一种相互支撑和相互消解的关系，故在罪刑均衡问题上，对责任的考量是否只是司法量刑的问题，依然值得商榷。

笔者认为，目前我国的刑事立法中既有对行为因素的考虑，也有对行为人因素的考虑，故责任要素是刑事立法和刑事司法刑罚裁量的重要标准。责任作为关系范畴，有独立价值，其功能是使罪和刑两个异质的客观事物发生对接。[②] 因此，责任作为连接罪与刑的重要桥梁，自然是衡量刑罚量的参考标准。在我国的刑事司法中，

---

① 何秉松主编：《刑法教科书（上卷）》，中国法制出版社 2000 年修订版，第 79 页。

② 储槐植：《死刑司法控制：完整解读刑法第四十八条》，载《中外法学》2012 年第 5 期。

无论是理论界还是实务界，对于定罪量刑的模糊把握其主要根源在于我国一体化的定罪量刑模式，而量刑改革之前的量刑方法又是一种法官估推式的量刑。故，定罪与量刑在一体化过程中被一笔带出，罪与刑的对应关系成为犯罪事实与惩罚后果的直接对应，至于量刑的过程则很难被理清。于是，当事人在对量刑结果不满的时候，抱怨重重，质疑司法的公信力。基于司法实践中遇到的难题，对责任的阐述和运用以及量刑过程的公开化和透明化，便显得尤为重要。

一、从道义责任到规范责任：惩罚责任 + 预防责任 = 综合责任

刑罚的裁量结果直接关系到犯罪人的切身利益，因此罪刑均衡原则是刑法学的一个重要基本原则。刑罚量的多少直接指向判决的公正与否，畸轻或畸重的刑罚都会被认为是刑罚裁量的失衡。从立法层面上看，罪刑是否均衡，是考察一部刑法典是否良法的重要指标；从司法层面上看，罪刑是否均衡，是考察法官判决是否公正的重要指标。当然，影响刑罚裁量的因素很多，但总体而言，罪与刑的基本平衡是刑法正义的重要内涵。

随着刑罚理论的发展，现代国家在刑罚之外又发展出一套基于不同根据和目的的保安处分措施。究其原因，笔者认为应当是国家刑罚功能的局限性以及刑罚权发动的谨慎性使然。对于无刑罚适应性或刑罚适应能力不足的人，刑罚显得无能为力。但确定的是，基于社会管理的需要，对此类人员进行一定的管束是国家管理和社会安定秩序之所需。在理论界，关于这种类似于刑罚的处分措施，其性质如何，目前仍然有争议。从规范的意义研究刑法，责任自然是绕不开的话题。但是，责任的内涵却随着近代学派的加入，而变得丰富起来。在制度层面，随着近代学派与古典学派的论争，便有了保安处分措施在现实中的运用。管理和矫治那些具有社会危害性，或者事实上已经有了危害社会行为，但又不具有刑法意义上的责任

能力的人，属于谁的责任？属于家庭责任，还是社会责任？当然，此处的责任更多地属于广义上的责任。基于近代学派侧重于社会管理和维护社会秩序的理论，在动用刑罚时，应更多地用统筹和预测的方式，将行为人是否再犯罪作为考量的重要因素。这种理论对行为人的责任注入了新的内涵，即行为人受到的刑罚量应当与其需要矫正的时间在量上达到某种平衡。在综合考量行为以及行为人自身特点、行为人应当承担的刑事责任的基础上，此处管理和矫治的责任，笔者将其定义为综合责任。这种综合责任，既包括以行为为基础的惩罚责任，又包括以矫正和预防犯罪为目的的预防责任，二者的结合，构成行为人实际上应当承担的刑罚责任。

由于立论的出发点不同，刑事实证学派与刑事古典学派在保安处分的性质、特点及其与刑罚的关系上各抒己见，从而形成了保安处分与刑罚的一元论和二元论之争。对保安处分性质认识的不同，最终形成了一元论和二元论的差别。一元论者认为，保安处分的性质与刑罚的性质一致，二者都是为了实现社会管理的需要而对犯罪行为进行的公权力应对。二元论者则认为，保安处分与刑罚在理论基础和存在价值上有着根本的区别，故应当将二者从本质上加以区分。在我国，理论上似乎并不承认一元论或二元论的争论，但在实践运用中存在着类似于保安处分的具体做法，如我国 2012 年修改的《刑事诉讼法》中将精神病人强制医疗程序作为一个特别程序专章规定。

如上文所述，基于对责任的不同解读，导致了不同的责任理论，其根源可以追溯到古典学派与新派的不同理论根基。后来发展起来的规范责任论，也是综合了各种理论的长处，并基于现实的需要，在实践中摸索出来的一种新理论。司法审判的两个基本目的，即解决争执和查明真相，[1] 在法官审判的过程中，对于行为的评判，既要从规范的角度为行为找寻对应的刑罚量，又要从社会影响

---

① 田科等编著：《法的价值与悖论》，群众出版社 2006 年版，第 45 页。

的角度对行为所带来的后果进行综合评估。基于对行为的不同解读，行为人的责任在量的衡量上会有所差异。从规范的角度看，人们制定规范，并将规范系统地通过实践的形式定格为一种相对稳定的制度，这本身就是不同利益群体、不同权力机构之间博弈的结果。规范体系本身就存在着某些暂时无法解决的矛盾和冲突。作为实现某些目的的规范，包含着主体对规范选择的某些价值追求。因此，对各种价值冲突之间的调和或平衡则成为人们对司法审判的理性期望。

在成文法国家，基于对现有法规范的尊重，司法官们需要严格恪守罪刑法定原则。现有法规范不能被任意突破，也不能随意进行扩大或限缩解释。现实的状况是，由于在对犯罪者的定罪量刑问题上呈现腐败，中国司法在相当程度上已经失去了法律权威，待媒体抛出这些批评并立即挑出其中最不光彩的批评言论加以传播后，这种做法使人们对中国司法的信任和尊重产生了动摇。[①] 据此可以看出，司法裁量上的不均衡会直接导致民众对司法公信力产生动摇，再加上刑罚在应对犯罪问题上的有限性以及有限理性局限下的无力感，最终可能导致民众将刑罚在某些功能上的无能直接归因于司法裁量的不公。民众这种似是而非的感性评判，给目前的司法裁量带来了不小压力。司法裁量即便是严格恪守罪刑法定原则，在刑法规范的范围内行事，仍然会受到诸多质疑。

我国《刑法》第5条规定，刑罚的轻重，应当与犯罪分子所犯罪行和承担的刑事责任相适应。从条文可以看出，"罪刑均衡的总原则仍然是保持了古典学派罪刑相当的传统涵义，即重罪重刑，轻罪轻刑，罚当其罪，不能轻罪重刑，重罪轻刑"[②]。这种以古典的行为刑法为基础的责任论，也适当考虑了行为人的个性特征并从

---

① 田科等编著：《法的价值与悖论》，群众出版社2006年版，第365页。
② 何秉松主编：《刑法教科书（上卷）》，中国法制出版社2000年修订版，第101页。

预防的角度进行了考量。故笔者认为，以惩罚正义为判断基础的犯罪行为所遭至的责任，加上在行为人自身特点基础上所带来的预防责任，即构成行为人应当承担的刑事责任。然后根据这种综合责任，换算出行为人最终应当承担的刑罚量。当然，由于行为刑法（惩罚正义）依然在成文法国家占据着主要地位，所以惩罚责任仍是最基本的责任，也是最主要的责任。而预防责任则是基于某些特殊的考量要素进行的衡量，比如行为人的年龄、特殊身份，以及由于行为人自身独特性而在立法上规定的刑事责任能力，等等。刑罚量的最终考量是一种综合判断，既有对犯罪行为及其侵害法益的具体考虑，也有以此为基础，对行为人自身特点的考虑。二者的综合考虑，是司法裁量的最终依据。"刑法的目的是保护社会的同一性，行为如果被证明和社会所认同的价值不一致，就是破坏刑法规范。违法性的设问方式是：行为是不是错了？是不是逾越了规范所设定的行为界限？"[①] 一个行为违法，首先体现为对现有法规范的破坏，因此责任的基础是一种基于规范维护的规范责任。规范责任作为责任的最基本组成要素，体现了刑法用法规范维护社会秩序的基本方式。

二、目的行为论：综合责任

法教义学（法解释学）理论认为，对法律的运用和理解应当在现有法律存在的范围之内，并且不会轻易去怀疑现行法的合理性。如是，如何合理解释和运用好现有法律，成为法教义学的重要任务。而对现有法律的理解和运用又主要体现在司法领域，基于对罪刑法定原则的严格恪守，发达而精细的刑法教义学将责任解读为一种综合性的责任，用规范的研究方法阐释刑罚裁量的重要基础——责任。在具体的刑罚裁量中，刑罚的量主要取决于对行为及

---

① 周光权著：《刑法学的向度——行为无价值论的深层追问》（第二版），法律出版社 2014 年版，第 197 页。

行为人综合考量后的综合责任。从规范的意义讲，落实到具体刑罚裁量中的规范责任，事实上是一种综合责任。在目前二元论的综合刑时代，刑罚裁量既要考量行为的性质及行为造成的侵害结果，又要从预防必要性出发，考量刑罚对行为人可能起到的具体作用。

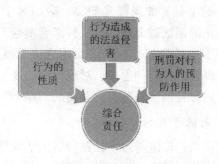

图 4 – 1　综合责任所要考虑的方面

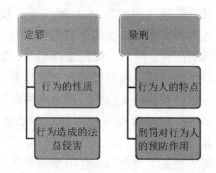

图 4 – 2　定罪与量刑所应当考虑的因素

（一）综合责任是对规范责任的具体解读

刑法教义学的教义皆来源于刑法的具体规范。刑法教义学是通过研究刑法解释学及犯罪成立理论，对刑法规范在具体刑事司法实践中的运用，作出应有的贡献。而在德国，近百年来刑法教义学也是刑法学教学及刑法学研究的中心。对法规范的遵守，甚至是神学意义上不问出处的无条件遵守，是早期刑法教义学之宗旨。当然，对于制定法来说，成文法有着至高无上的地位和尊严。虽然后来出现了从社会学视角研究法学的法社会学，但是在古老而有生命力的法教义学看来，用法社会学对刑法进行研究，只是一种研究"刑法应该是什么"的学科，如果硬是归类，应当属于刑事政策的范畴，而不属于真正的刑法教义学。刑法教义学则毫不动摇地认可现行刑法规范，基本上不会从立法的层面用立法思维去考量刑法规范，而是依靠解释学的技巧和手段，对现行刑法规范进行合理而符合正义的解读，以弥补刑法规范可能存在的"漏洞"。

(二) 规范来源于生活

有学者明确指出，传统与习惯，在特定生活世界中对人们应有的行动模式的实践加以指引。不用说，这是规范的作用，即人类生于其中的社会系统，在导致其产生的特定生活世界中，与保障的社会系统和一定的社会规范"同在"。在此意义上，规范不是由契约产生的，而是与人类拥有相同长度的历史的给予物。[①] 从某种意义上说，规范是生活的产物。所以，规范也体现了一定的生活利益和生活关系。刑法教义学的研究和发展以刑法规范为依据，通过解释和运用刑法，在不断的解释和实践中，把原本抽象的刑法规范变得具体而符合现实需要，把可能存在"漏洞"的刑法规范尽量解释成符合刑法精神和实践需要的规范。这是一门需要智慧和理性的学问，也是百年来刑法教义学孜孜以求且不懈努力之方向。语言具有模糊性，而制定法不可避免地会运用天生带有缺陷的语言表达立法者想要表达的各种意愿，因而法规范必然地需要被解释。就像众人所说的，一千个人心中，便会有一千个哈姆雷特。每个人对法规范的理解，可能会受个人主观因素和解释者当时所处客观环境的影

---

① ［日］宗冈嗣郎著：《犯罪论与法哲学》，陈劲阳、吴丽君译，华中科技大学出版社 2012 年版，第 99 页。

响，而出现不同。因此，刑法教义学的存在和发展便有了不可忽略的价值和历史意义。

在一对一进行的 8 次访谈中，有 6 名法官提到了刑罚裁量中经验法则的运用，而问到如何理解经验法则时，则回答其主要表现为一种办案经验。具体到司法裁量的内部程序，则既包括法官自身经验的直觉判断，也有与本院之前类似案例的纵向比较。一些疑难案件会通过审委会讨论决定，以听取众人意见，通过集体讨论的形式，最终选择最合适的刑罚裁量。

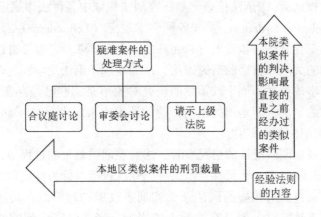

图 4 – 3　司法实践中量刑及疑难案件的处理情况

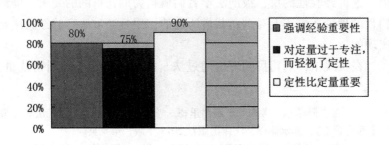

图 4 – 4　法官对刑罚裁量经验法则的认识

　　就规范责任而言，行为人一定是在法规范的范围内承担相应的责任，超越法规范所列举的行为方式，行为人一概不负法律责任。用考夫曼的话说，教义学者不问法究竟是什么，不问法律认识在何种情况下、在何种范围中、以何种方式存在。① 因此，刑法教义学也是这样，不问现行刑法如何，而是直接假定现行刑法是基本合理的。当然，在经过几十年的努力之后，理论界也基本判定，中国现行刑法在立法层面已经基本完善。而真正要做的，便是刑法教义学者所努力追寻的，即在刑法学内部用批判的精神实现个案正义。罗克辛教授认为，"刑法信条学是研究刑法领域中各种法律规定（die gesetzlichen Anordnungen）和各种学术观点（Lehrmeinungen）的解释、体系化和进一步发展（Fortbildung）的学科。它通过自己与现行法律的关系和自己的研究方法，从而区别于刑法史学、比较刑法学和刑事政策学。刑事政策学的研究对象不是那些已经存在（ist）的法律的形成，而是那些根据目的的要求本来应当存在（sein sollten）的法律的形成"②。

　　从以上调研统计的情况来看，法官在刑罚裁量的过程中，会形成一些既定的司法裁量感觉，这种感觉既包括对行为特点和性质的认定，又包括对相应的刑法条文和刑事政策的理解。在司法过程中，刑事政策对量刑具有非常大的影响，诸多法官谈到的经验法则，事实上也是刑法条文和刑事政策对法官形成的一种经验性约束。这种经验性约束，被刑法学者们概括为刑罚目的的要求，即刑罚目的理论在事实上对刑罚裁量所起的作用是通过法官的经验法则实现的。

　　在实践中，刑罚目的理论通过法官的经验法则影响刑罚裁量，

---

　　① ［德］阿图尔·考夫曼、温弗里德·哈斯默尔主编：《当代法哲学和法律理论导论》，郑永流译，法律出版社 2013 年版，第 4 页。

　　② ［德］克劳斯·罗克辛著：《德国刑法学 总论（第 1 卷）：犯罪原理的基础构造》，王世洲译，法律出版社 2005 年版，第 117 页。

而量刑是各种因素考量的结果。

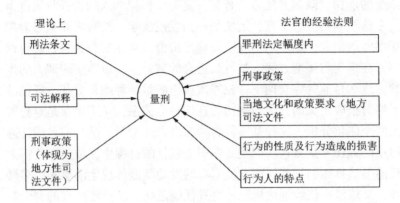

理论上 　　　　　　　　　　　　法官的经验法则

刑法条文 → 量刑 ← 罪刑法定幅度内

司法解释 → 量刑 ← 刑事政策

刑事政策（体现为地方性司法文件）→ 量刑 ← 当地文化和政策要求（地方司法文件

← 行为的性质及行为造成的损害

← 行为人的特点

图 4 – 5　量刑的考量因素

我国刑罚分为主刑和附加刑。主刑包括死刑、无期徒刑、有期徒刑、拘役、管制，附加刑包括罚金、没收财产和剥夺政治权利。由于有期徒刑适用范围广，在此以有期徒刑为例分析我国的法定刑设定问题。我国 1997 年《刑法》分则对有期徒刑的设置如下：（1）仅规定法定刑上限：1 年以下有期徒刑的 2 个；2 年以下有期徒刑的 19 个；3 年以下有期徒刑的 204 个；5 年以下有期徒刑的 115 个。（2）仅规定法定刑下限：7 年以上有期徒刑的 4 个；10 年以上有期徒刑的 59 个；15 年有期徒刑的 2 个。（3）既规定法定刑上限也规定法定刑下限：2 年以上 5 年以下有期徒刑的 1 个；2 年以上 7 年以下有期徒刑的 7 个；3 年以上 7 年以下有期徒刑的 74 个；3 年以上 10 年以下有期徒刑的 79 个；5 年以上 10 年以下有期徒刑的 43 个；5 年以上 15 年以下有期徒刑的 37 个；7 年以上 10 年以下有期徒刑的 1 个；7 年以上 15 年以下有期徒刑的 9 个；10 年以上 15 年以下有期徒刑的 19 个。法定刑幅度超过 5 年（包括 5 年）的多达 355 个，约占有期徒刑法定刑总数 675 个的 50%。可见，从法定刑的设定来看，幅度过大。

　　具体到个罪的刑罚裁量，如何将规范的刑罚具体到犯罪人应当承受的刑罚，既需要法官的智慧，更需要将犯罪人的责任从案件事实中落实到规范。毕竟，刑法是一门规范法学，法官需要通过对犯罪事实的研究，结合刑法规范及刑法价值，对犯罪行为进行综合评判，在事实与规范之间，找寻最适合的契合点，以落实犯罪人的刑罚。故在目前的综合刑下，犯罪人承担的是一种综合责任，既超越了绝对报应主义的行为与刑罚的直接对应关系，又不单单是对犯罪人的个体化分析。这种基于行为的综合责任考量，是目前各国普遍运用的责任考量方式。但是，在司法裁量的过程中，依然需要将责任的考量具体到规范层面，使刑罚的发动既能体现生活事实的多样性，又能紧密依赖刑法规范，将责任规范化，从而使法官的自由裁量权在有限度的范围内行使。此时，规范便成为法官权力的界限，同时规范的存在亦是对法官行为的保护。

第二节　罪刑均衡的刑事政策标准：预防必要性

　　古典学派的刑法理论认为，罪与刑是一种绝对的对应关系。杀人者必死，有罪必罚，且同罪同罚，无需考虑其他因素。刑罚作为犯罪的必然结果，是实现社会正义的必由之路，任何对刑罚的开脱或减损，都是对刑法的亵渎和不尊重。古典学派的绝对主义观点认为，刑罚基于犯罪的危害而产生，与行为人本身关系不大。同样的损害结果，应当受到同样的刑罚惩罚。从康德的绝对理性批判可以看出，人都是具有自身掌控能力的抽象理性人，作为理性的个体，自然应当为行为的后果承担责任。然而，实践中理性人的假设却一再受到质疑。人在行为当时是否具有自由意志，或者说，人在行为当时是否具有绝对的自由意志，这一点饱受质疑。因此，近代学派的理论，逐渐在实践中得到认可和追捧。

刑事政策学是随着社会的不断进步应运而生的一门应用型学科，其出现和发展适应了现代社会发展的需要。特别是在资本主义兴起和发展阶段，社会的稳定和发展对一个国家和地区的意义非常重大。因此，社会管理需要制定对策以应对犯罪行为，而这种应对既要从效率的角度进行考虑，又要符合刑法规范的正义要求。从责任原则而言，积极责任原则认为，有责任就应当有刑罚。但在现实中，并不是有责任存在的领域，就必然有刑罚。在近代学派看来，刑罚的目的应当是预防犯罪，且应当从刑罚效果的角度考虑刑罚的分配，而不是单从责任的角度裁量刑罚。故从效率及预防犯罪的角度出发，刑罚惩罚应当具有一定的社会效果。比如，一个行为如果受到行政处罚能够起到更好的作用，或者通过刑事和解，被告人认罪态度良好，对被害人积极赔偿以及认错等等，致使一般人认为行为人的主观恶性极小，尽管基于责任主义原则，该行为人的确具有惩罚的必要，但从预防的角度而言，不管是一般预防还是特殊预防，都不应再进行刑事处罚。因此，从预防必要性进行考量，笔者称其为裁量的刑事政策标准。

虽然刑罚与受刑人过去的行为直接关联，但如此的罪刑因果关系，并不能直接说明刑罚为何是正当且合法的，更不能说明多少的刑罚量才是合适的。在现代社会的发展历程中，刑罚作为一种社会现象，事实上是因为它在恢复犯罪行为破坏的法秩序方面的贡献而证明了自己的合法性。[①] 刑罚在维护法秩序的稳定、预防犯罪方面的效果，直接从社会学意义上为自己找到了存在的价值和合理性。因此，在刑罚裁量过程中，需要从刑事政策的视角，考察合适的刑罚量。

---

① ［德］米夏埃尔·帕夫利克著：《人格体 主体 公民：刑罚的合法性研究》，谭淦译，中国人民大学出版社2011年版，第8—11页。

一、司法裁量的刑事政策考虑：应罚性与需罚性的平衡

我国《刑法》第 5 条规定："刑罚的轻重，应当与犯罪分子所犯罪行和承担的刑事责任相适应。"第 61 条规定："对于犯罪分子决定刑罚的时候，应当根据犯罪的事实、犯罪的性质、情节和对于社会的危害程度，依照本法的有关规定判处。"如上文所述，我国立法中对于违法性的阐述是一种综合考虑，既有具体违法性的衡量标准，也有社会危害性的社会评判标准。这种传统的规范刑法学标准与社会学标准的统一，既是对传统刑法解释学的传承，也是努力实现刑法功能、理性分配司法资源的立法决策。

北京大学白建军教授对罪刑均衡进行了大量的实证研究，对后来有中国特色的量刑规范的出台起到了重要参考意义。① 具体到罪刑均衡的规范研究，应罚性与需罚性这两个概念值得深入讨论。在罪刑均衡的关系中，尽管存在"无责任即无刑罚"（ohne Schuld keine Strafe）的消极责任原则，但是"有责任"并不必然伴随着"有刑罚"。因此，在确定刑罚时，需要着眼于行为人行为"应罚性"的考虑，② 同时又要从刑事政策等社会学的视角对行为的"需罚性"进行考察。应罚性，是指从规范的角度理解，广义上说，构成要件该当的，作为有责的主体则应当受到刑罚的惩罚。此种应罚性，体现为刑法对正义的追求，只要违反刑法禁止性命令的，即应受到刑法的负面评价。但是在实践中，并不是所有造成法益侵害且行为人具有责任能力的行为，必然会受到刑罚的惩罚。在考量责任的时候，还需要考察行为的需罚性。有学者认为，"罚从表面上看是人类设计制造的结果，是人类主观所追求的社会存在，但实质

---

① 白建军著：《罪刑均衡实证研究》，法律出版社 2004 年版，第 68 页。
② 余振华著：《刑法总论》（第二版），台湾三民书局 2013 年版，第 283 页。

上，刑罚是社会进化的必然产物。因此，社会进化的需要才是刑罚存在的正当理由"①。当然，从规范的意义上讨论需罚性问题，则主要是从刑事政策的角度细化到责任层面的具体解读。

在德国学者罗克辛提出的以刑事政策为基础的犯罪论体系中，"预防必要性与罪责（包括责任年龄、期待可能性、违法性认识可能性等）一并被放入答责性中予以考虑"。他特别强调，"处罚不仅仅取决于罪责，还取决于预防的需要。行为人的预防必要性大小决定了其答责性的高低。预防必要性可分为一般预防必要性和特殊预防必要性两种"。② 因此，应罚性更多是基于古典学派对于犯罪行为的法益侵害与刑罚之间因果关系的逻辑考虑，是罪刑关系中对犯罪与刑罚逻辑关系在法理论和法规范上的直接体现。"构成要件和违法性的作用不只是在表现不法，而是更有刑事政策上的功能，构成要件对事实的不法评价决定行为的应罚性，它藉由对各种犯罪类型的描述，在罪刑法定原则之下列出禁止规范目录，藉着影响行为人的不法意识或发挥威吓的效果，而能发挥一般预防的功能。"③需罚性则是从预防必要性出发，将刑事政策的目的和方向在犯罪论体系中进行精确贯彻。这种贯彻，体现在犯罪论体系中，在刑罚量的具体裁量中亦应当有精确体现。笔者认为，应罚性与需罚性的结合，最终推导出具体案件的刑罚量。而刑罚量在理论上又落实到被告人责任的大小，这种责任的大小，既体现为刑事责任的有无差别，又体现为刑事责任承担多少的问题。

在司法实践中，有的案例引起了关注，作为责任重要组成部分的期待可能性能否在司法实践中直接作为出罪的理由，在理论界和

---

① 龙腾云著：《刑罚进化研究》，法律出版社 2014 年版，第 268 页。

② 杨雅丽：《期待可能性为刑法注入温情》，载《检察日报》2015 年 1 月 11 日。

③ 转引自周光权著：《刑法学的向度——行为无价值论的深层追问》（第二版），法律出版社 2014 年版，第 197 页。

实务界已有广泛讨论。① 同样的行为导致了某种法益的损害，但是如果事出有因，比如基于对近亲属正在实施的非法暴力行为的正当防卫，且按照一般人的伦理道德情感都无法容忍违法侵害行为的发生，此种情况下，是否可以从法理上为该行为找寻到出罪的理由？事实上，如果入罪判刑，会对民众的法感情造成很深的伤害，尽管按照绝对客观主义，杀人者必死，似乎有一定道理，但从社会管理和现代刑法观念的角度出发，对于此种似乎不具有期待可能性的案例，需要从刑法理论的深度进行出罪考虑，即从特殊预防而言，对行为人来讲，似乎不再可能遇到类似的案例。而从一般预防来看，惩罚行为人就是在损害民众的一般伦理道德感情，甚至伤害到民众对于法的合法性的认同。故对行为需罚性的考虑，是司法实践中量刑时需要前后认真考量的因素。

该案是否可以从需罚性的角度进行详细讨论，直接对被告人进行不起诉处理，从而实现出罪的目的？从预防的角度考虑，幼女父亲的行为事实上造成了对法益的侵害，且主观上有损害的故意。因此，应当对其进行惩罚，这是刑法正义的直接要求。正义的内涵是惩罚不当的行为，以此鼓励和褒扬守法者，让民众不要效仿此不法行为。但是，就特殊预防而言，应考虑行为人是否有再次实施同样

① 具体案情如下：某日，一男子（20 余岁）与一 13 岁幼女在幼女家中发生性关系，事毕恰逢幼女父亲回家，见眼前情形，瞬间怒不可遏，随手拿起家中菜刀，但又害怕发生重大后果，遂将菜刀扭转，使用刀背向男子击打，男子因头皮裂伤达致轻伤，幼女父亲报警自首。案件移送检察机关后，关于该案应否起诉存在两种不同意见。一种意见认为，应该起诉。一般而言，对于轻伤害案件，如果行为人案发后没有积极赔偿被害人损失，且未能与被害人达成和解取得被害人谅解，就缺乏作出相对不起诉决定的前提条件，不能作相对不起诉处理。另一种意见认为，幼女父亲当时的行为情有可原，应作相对不起诉处理。有学者认为，该案提起公诉的事实清楚，证据确实、充分，但是否直接"一诉了之"，尚有讨论余地。参见杨雅丽：《期待可能性为刑法注入温情》，载《检察日报》2015 年 1 月 11 日。

或类似行为的可能。从该案的具体情况看，对行为人而言，似乎很难有再次犯类似违法行为的特定情境出现。如此的偶然性和特殊性，使得特殊预防的必要性变得非常之低。故在该案中，需罚性非常之低。结合应罚性与需罚性，笔者认为，就刑事责任而言，基于行为人特别低的需罚性，以及我国《刑法》第13条出罪的规定，该案可以作不起诉处理。

实证调研如下：

对某省同一时期内不同地区的强奸案件（不完全统计）进行考察，发现刑事政策对量刑的影响非常大。

考察案件数共58件，案件来源于1个偏远地区的基层法院，2个经济（特别）发达地区的基层法院，以及1个中院。

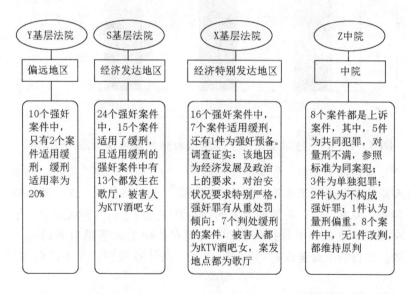

图4-6 同一时期某省四个法院强奸案件量刑基本情况比较

刑事政策倾向于严厉打击强奸罪的偏远地区基层法院，强奸罪判处缓刑的比例比经济（特别）发达地区基层法院要低50%；上诉率较高的案例，出现在共同犯罪中，上诉理由为与共犯的量刑进行比较，认为自己的量刑偏高。

从以上事实可以看出，对量刑的理解，当事人往往会找寻最接近的参照物，比如同案犯，或者用近期本地区发生的对自己量刑有利的典型案例进行说明。

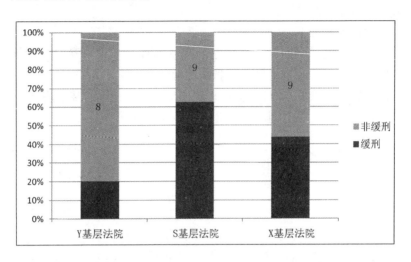

图 4 - 7　同一时期某省三个基层法院强奸案件缓刑适用率比较

从理论上分析，如果说应罚性是一种逻辑上的应然关系，那么需罚性则是从刑事政策的角度对刑罚裁量的具体指引。在一般预防和罪责原则方面存在的抽象的刑罚必要性，对于行为构成来说，是一种刑事政策的引导性标准。[①] 刑罚在法律上的逻辑与刑罚的施加，在目的上是连在一起的。[②] 因此，在计算刑罚量大小的时候，

---

① ［德］克劳斯·罗克辛著：《德国刑法学 总论（第 1 卷）：犯罪原理基础构造》，王世洲译，法律出版社 2005 年版，第 134 页。

② ［德］米夏埃尔·帕夫利克著：《人格体 主体 公民：刑罚的合法性研究》，谭淦译，中国人民大学出版社 2011 年版，第 20 页。

有责任能力的行为主体，在为一定的犯罪行为后，并不必然受到刑罚的惩罚。按照我国的立法例，情节显著轻微危害不大的，可以直接排除刑罚的惩罚。所以，刑罚的应罚性与需罚性是两个不同层面的问题。需罚性主要是基于社会管理和刑罚目的层面的考虑，典型的如新派提出的刑罚目的主义观点。在刑罚目的主义看来，即便是一个行为符合构成要件，行为主体也具有刑事责任能力，但从惩罚目的和教育刑的角度看，刑罚量会因刑事政策和具体情状而出现较大差异。比如，基于同样的行为结果，由于未成年人具有更大的可塑性和教育意义，因此刑罚的程度会相对低一些。这种需罚性的考虑，与古典学派的绝对报应主义思想源于两种不同的思维。目前，刑罚理论走到了综合刑时代，古典学派的报应刑罚理论和新派的目的刑理论在经过漫长的相互影响、相互融合后，体现为综合刑理论。在传统的刑法解释学研究中，新派理论通过刑事政策贯彻到犯罪论体系中，最终影响到刑罚裁量的结果。因此，实现刑罚应罚性与需罚性的平衡，是刑罚裁量过程中一个非常关键的因素。

二、积极责任与消极责任的平衡

本书所讲的责任，是德日三阶层理论中的责任（Schuld），与我国学者经常提到的刑事责任，或者罪责刑相适应原则中的"责"，既有内涵上的重叠，又有概念和适用范围上的差别。责任，是指对行为人的"归责可能性"或"非难可能性"。责任是连接行为与行为人之间的一种概念，也是行为人的行为是否成立犯罪的一个要素。[1] 如张明楷教授所言，如果认为刑事责任是犯罪的法律后果，那么它就不只是犯罪与刑罚之间的一个中介，而是具有实质内容的概念，刑罚只是刑事责任的一种实现方式。[2] 因此，我国的刑

---

[1]　余振华著：《刑法总论》（第二版），台湾三民书局 2013 年版，第 284 页。

[2]　张明楷著：《刑法学》（第四版），法律出版社 2011 年版，第 13 页。

法学研究，是在更宽泛的意义上使用刑事责任这一概念。本书严格按照规范责任的解释，所讲的责任是指犯罪论体系中的责任，是决定犯罪是否成立的责任，与我国刑法中常出现的基本上与刑罚后果相对应的刑事责任的概念差别甚大。

责任原则，是指在法政策上，针对一个构成要件该当且具有违法性行为的行为人所科处的刑罚，判断其是否具有妥当性。因此，责任原则包括三方面的内涵：一是消极责任原则，即无责任即无刑罚；二是积极责任原则，即有责任即有刑罚；三是刑责均衡原则，即责任与刑罚应成正比。① 积极责任原则，是指有责任就应当受到刑罚的处罚，这是从应罚性角度进行的思考。在现实中，基于刑事政策和刑罚目的的考虑，在有责的情况下，影响刑罚最终裁量的变量因素，如上文所述，又略显复杂。在司法实践中，并不是有责任就一定要受到惩罚，也并不是同样的责任就会受到同样的惩罚，而是要综合包括行为当时的情状、行为的后果以及行为人自身特点在内的各种因素进行综合考量。刑罚的裁量，是诸多因素综合的结果。对于需罚性的考量，需要从刑事政策和社会情状中找寻诸多变量因素。比如，同样的杀人案件，很有可能会因为被害人身份的不同，在量刑上有所差异。一个名人或政界要人的遇害，很可能会掀起一场司法或立法革新。因此，需罚性是对积极责任原则的补充，如我国《刑法》第 13 条的规定，情节显著轻微危害不大的，即便是符合构成要件，行为人也具有责任能力，但因为需罚性甚微或明显不足，而直接免除刑罚惩罚。同时，就责任原则而言，消极责任原则是对刑罚底线的坚守。换言之，积极责任原则并不必然导致刑罚，只有结合需罚性与应罚性，才能最终得出具体的刑罚裁量；消极责任原则是从保障人权的角度，对刑罚提出最低限度的要求，即没有责任就没有刑罚，刑罚的前提是必须具备责任要素。

---

① 余振华著：《刑法总论》（第二版），台湾三民书局 2013 年版，第 283 页。

刑责均衡则是对应罚性与需罚性的综合考量。积极责任与消极责任的综合考量，应罚性责任与需罚性责任的结合，必须满足刑责均衡原则的要求。

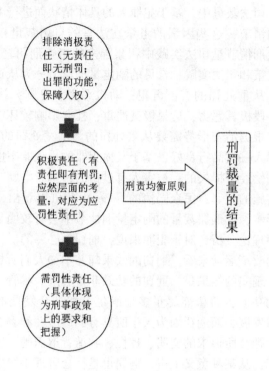

图 4 - 8　刑责均衡原则在具体裁量中的运用

三、刑事政策导向的规范化体现：酌定量刑情节

有学者曾敏锐地指出，"政治体制改革的形势和建设法治国家的任务要求人们必须更加主动积极地处理好政策和法律的关系。然而，令人遗憾的是，一般政策科学著作很少涉及政策与法律，特别是刑事政策与刑事法律的关系问题，国内权威的法理学著述也未能

厘清这个问题"①。总之，"在理论研究上，至今对刑事政策这一专门问题的讨论未尽人意"②。但是，不管理论上对刑事政策研究和讨论的程度如何，在各国的司法实践中，刑事政策的确发挥着巨大的作用。在司法裁量中，基于犯罪人的具体情状而进行考量的因素为酌定量刑情节，这些因素的考量在法官的自由裁量权范围内进行。酌定量刑情节是司法实践中积累起来的影响刑罚轻重的情节。根据刑事政策和司法实践，常见的酌定量刑情节分为从重和从宽两种。其中，从重处罚的有：再犯；动机恶劣、卑鄙；认罪态度不好；犯罪手段极其恶劣；后果极其严重；社会影响较坏或犯罪对象为弱者的；根据治安形势需要从重处罚的。从宽处罚的有：偶犯、初犯；犯罪人一贯品行良好；基于义愤犯罪的；认罪态度好；积极退赃的；赔偿经济损失的；被害人有过错的；基于婚姻、家庭、邻里纠纷而实施的犯罪；民众同情的等。③ 由此可以看出，刑事政策对量刑的影响，在刑罚裁量的酌定量刑情节中会有较明显的体现。

从刑罚理论分析，对于犯罪来说，刑罚是必要的。但是，从近百年的刑罚改革运动来看，刑罚的效果却并不如人们所想象的那样令人满意。现实的结果是，刑罚的功效非常有限。尽管人类总是在挖掘刑罚的功效，希望能尽量多地满足人类社会发展的需要，但是，社会越发展，而刑罚因为天生所具有的严厉性和剥夺性，越表现出与现代社会所追求的文明、理性、和谐背道而驰。法律是最低限度的道德，从某种意义上讲，刑罚也是社会管理手段中最后的无奈而必须的选择。当然，在中国传统文化看来，"善恶报应是社会

---

① 刘远著：《刑事政策哲学解读》，中国人民公安大学出版社 2005 年版，第 184—185 页。

② 肖扬主编：《中国刑事政策和策略问题》，法律出版社 1996 年版，第 13 页。

③ 李荣著：《公正量刑保障机制研究》，中央民族大学出版社 2013 年版，第 217 页。

自然永恒的法则"①。而且，中国人对此类报应观念怀有一种宗教般的虔诚和笃定。作为对犯罪的惩罚，刑罚自然有其不可磨灭的宗教根基。但是，从事实层面看，到底多大的刑罚是合适的？在罪刑均衡的问题上，具体多少的刑罚量是合适的？

　　笔者认为，在刑罚裁量的过程中，刑事政策自然应当发挥其应有的作用。在调研的过程中，笔者发现，对于同样的案件，量刑结果在不同地区会有非常大的差别，比较典型的是强奸罪和贩毒罪。深究这种差别的背后原因，刑事政策的指引是其中的一个方面。在民风淳朴、相对落后的地区，对强奸罪所判刑罚相对偏重；而在现代大都市，特别是犯罪发生地为歌厅，或者被害人为特殊行业从业者的案件中，量刑普遍偏低。同样，在某些地方以扫毒作为政策关注重点的地区，对贩毒案件的判刑明显偏重。②故，尽管笔者还没有从更为细微的角度对刑事政策在量刑上的具体影响作更具体的实证研究，但这种大体的偏向已经非常清晰。可以看出，刑事政策对量刑具有巨大的指引作用。比如，某些地方会出台地方性司法文件，这些地方性司法文件与司法解释一起，成为法官判案的重要参考，甚至是不可或缺的必备参考。某种程度上，刑事政策对量刑的影响，事实上就像市场按照供需关系对生产和价格的调控。刑事政策作为总的原则和方向，在不同的时期会有不同的侧重点，在不同地区也会有灵活的调整，它就像一只无形的大手，影响着刑事司法理论和实践的走向。在量刑方面，受刑事政策的影响更是巨大。

　　"法治国理论，不仅要求法律公正，从科学主义来讲，对立法程序和法律形式（如规范性）也提出了要求。刑事政策利益具有非规范性、不稳定性和单方特性（非妥协性），原则上不能直接取

---

①　张小虎著：《刑罚论的比较与建构》，群众出版社 2010 年版，前言。
②　调查数据主要来自 2013 年 3—5 月在某省进行的实证研究。

代刑事法律直接作用于刑事社会关系。"① 但是，从总体上看，刑事政策所追求的价值与规范的刑法解释学所追求的实证价值，其本质和方向是一致的。刑事政策决定刑事立法的本质和刑事司法导向。因此，刑事政策与刑事立法、刑事司法本质相同，但具体职责和表现形式却有所不同。刑事立法能够以最快的速度废除过剩的旧规范，加快制度供给。在社会转型期，社会发展迅速，改革中各种问题凸显，犯罪率也会相应提升，这是社会发展的客观情状。从刑事政策方面考量，刑事司法需要直接平衡大量因犯罪遭受破坏的社会关系，而这些总会在刑事政策中有所体现。因此，刑事政策在法官裁量时对法官所造成的影响是客观而实在的。再则，同样是遵循罪刑法定原则，在现有法律的弹性范围内，法官有相当的自由裁量权。在刑事政策的指引下，法官在可控的限度内分配刑罚资源，这是司法裁判的常识性运作。由此可见，刑事政策利益在刑罚裁量过程中得到具体体现，既是刑事政策导向功能的体现，也是在缓解法自身的二律背反矛盾时，法官所享有一定自由裁量权的现实体现。与其他法律不同，刑法具有天然的政治性、阶级性和伦理道德性。其现实运作要受制于国家的大政方针、执政党的政策和统治阶级所认同的群体意识。② 故，刑罚的适用受刑事政策的影响非常大。刑事政策利益的规范化，既体现了法的张力，又体现了对司法官恪守罪刑法定原则的严格要求。在法律的不法现象非常明显时，则需要法官遵守正义原则，通过刑事政策或其他制度性的指引，提供法律的有效供给，实现法的正义。

（一）处理报应正义与危险性预防之间不可避免的矛盾：以报应正义为主，预防刑理论为补充的刑罚裁量理论

古典学派的报应主义认为，刑罚是犯罪的必然后果，且刑罚的

---

① 卢建平著：《刑事政策与刑法变革》，中国人民公安大学出版社 2011年版，第 35 页。

② 王利宾著：《刑罚的经济分析》，法律出版社 2014 年版，第 65 页。

量应当与犯罪所造成的损害保持一致。如是，杀人者必死，有罪必罚，且惩罚的量以行为所侵害的法益作为具体参考。这种古典的报应主义，在量的计算上比较简单，易于操作。但是，随着新派理论的不断发展和影响，以行为人的人身危险性作为量刑标准的预防刑日益受到现代社会的追捧。此种衡量标准与古典学派的报应正义所采用的衡量标准，不管在理论基础上，还是在计量标准上，差别都非常大，二者之间存在着不可避免的矛盾。① 比如，年事已高的前纳粹集中营军官是不具有人身危险性的，但却应该受到惩罚。在具体裁量的过程中，不同的理论会有不同的裁量标准，自然会导出不同的量刑。法官必须在不同的裁量标准间作出选择，选择其一，便意味着放弃其他。二者之间的矛盾，也是导致量刑差异的一个重要原因。

在现代文明社会，理性而客观地看待刑罚似乎已经成为每个研究者心中所秉持的原则：不可夸大刑罚的功效，也不可藐视刑罚的作用。在人类社会的发展历程中，刑罚有其存在的价值和意义。因此，在评估责任和量刑时，报应正义和预防刑理论两种衡量方法所考虑的因素有较大差别。如果只用使危险之人丧失犯罪能力来考量刑罚裁量的量，就要以最能预测未来犯罪的那些因素来确定监禁期。累犯的可能性越大，监禁的可能性就越大，刑期也就越长。但是，如果使危险之人丧失犯罪能力是唯一的分配原则的话，就没有理由等待实施犯罪之后才追究刑事责任和进行惩罚。对一般人进行筛选并把那些被认为是危险的人和需要使之丧失犯罪能力的人进行"定罪"会更加有效。② 可见，预防刑理论并非刑罚裁量的主要理论，更非唯一理论，亦不是目前实践最倚赖的刑罚裁量理论。笔者

---

① ［美］保罗 H. 罗宾逊著：《刑法的分配原则——谁应受罚，如何量刑?》，沙丽金译，中国人民公安大学出版社 2009 年版，第 127 页。

② ［美］保罗 H. 罗宾逊著：《刑法的分配原则——谁应受罚，如何量刑?》，沙丽金译，中国人民公安大学出版社 2009 年版，第 127—128 页。

认为，在刑罚的裁量中，行为人的预防可能性只是一种补充性的裁量标准。

正如有学者所指出的，以康德为代表的古典刑罚理论忽视了对经验的探讨，特别是在其哲学理论中忽视了对人类历史和法律历史的关注。[①] 但是，不管理论上如何批判，在刑罚裁量的实践过程中，存在着这样一对矛盾，即刑罚裁量要求的稳定性标准与预防刑所提供的行为人标准不确定之间的矛盾。从预防刑的角度看，需要从行为人的具体情况出发，作出符合个体的、具有个体差别的刑罚裁量。但是，司法的相对稳定性又强烈要求刑罚裁量能有一个相对确定且稳定的标准作为裁量的依据。古典刑罚理论的理性人假设，在某种意义上迎合了司法的这种稳定性和确定性要求。所以，到目前为止，刑罚理论依然是以行为刑法为基础，在刑罚裁量的过程中，适当考虑行为人的特点。尽管目前全球性的司法改革正在进行各种尝试，刑法哲学也有各种突破，但是司法所要求的稳定性和确定性，又与古典刑罚理论遥相呼应。笔者认为，这种抽象与具体的矛盾，是成文法国家必然存在的确定性与变化性之间的矛盾，也是司法过程必须应对的现实困境。

（二）对刑罚正当化根据的理性探讨

根据韦尔克的观点，存在于过去的罪责（Schuld）本身并不是刑罚的理性根据，因为过去已经不能再被改变。一种对将来而言有必要的目的，必须与刑罚联结在一起，也就是说，为了它，要将从罪责中产生出来的破坏予以消除。[②] 因此，刑罚裁量的标准，还有待于对刑罚理性根据的探讨。不同的理论，自然会有不同的论证和参照标准。在刑法领域中，关于刑罚的正当化根据一直存在着两种

---

① ［德］阿图尔·考夫曼著：《法律哲学》（第二版），刘幸义等译，法律出版社 2011 年版，第 29 页。

② 转引自 ［德］米夏埃尔·帕夫利克著：《人格体 主体 公民：刑罚的合法性研究》，谭淦译，中国人民大学出版社 2011 年版，第 46 页。

最主要的对立观点，一种是报应刑主义，一种是目的刑主义。报应刑主义基于客观主义，而目的刑主义则基于主观主义。启蒙思想之后的刑法理论，经历了漫长而曲折的发展和演变过程，在此过程中，古典学派得到充分发展。古典学派或称旧派，是资本主义上升时期反映资产阶级刑法思想和刑事政策的刑法学派。[①] 报应刑主义的刑罚理论是古典学派的主要观点。那个时代的社会变化，伴随着资本主义的发展以及启蒙思想的传播。在与封建势力的斗争中，刑法理论不断发展，并对封建专制制度进行激烈抨击，藉以唤起民众的觉醒。在反对封建制度的同时，民众亦要求自由的权利。报应刑主义主张，刑罚应当是对行为的惩罚，立法者不能恣意地惩罚人们，更不能惩罚没有行为举措的思想或言语。古希腊哲学家亚里士多德和荷兰近代自然法学奠基者胡果·格劳秀斯，都是报应刑主义的积极倡导者。

　　1764 年意大利学者贝卡里亚出版《论犯罪与刑罚》一书，在书中作者系统阐述了罪刑法定原则。贝卡里亚认为，刑罚的唯一目的是阻止罪犯再度侵害公民，并规诫其他人不要重蹈覆辙。[②] 贝卡里亚明确提出，只有法律才能规定犯罪及其刑罚，其他任何人都不得有超越法律的权力并对社会成员科处刑罚。主张刑罚的目的仅在于预防犯罪，并表明了双重预防的思想。当然，尽管"特别预防"和"一般预防"的概念是在贝卡里亚之后，由英国法理学家、功利主义哲学家杰里米·边沁提出的，但是贝卡里亚已经清楚地表达了特别预防与一般预防这两个层次的思想。同时，在刑罚的双重预防目的中，贝卡里亚更强调一般预防的价值。贝卡里亚认为，刑罚

---

　　① 马克昌主编：《近代西方刑法学说史》，中国人民公安大学出版社 2008 年版，第 46 页。

　　② ［意］贝卡里亚著：《论犯罪与刑罚》，黄风译，中国大百科全书出版社 1993 年版，第 42 页。

只是为了不使他人产生"犯罪不受惩罚"的幻想。① 这个时期，包括贝卡里亚在内的古典学派思想家们，在各自的思想领域获得了丰硕的成果。尽管对刑罚目的的讨论已经有了预防犯罪的观点，但这个时期，刑罚的正当化根据都还是客观主义所提倡的"人的行为"。

曾有一段时间，报应刑主义和功利主义及其所统辖下的不同观点被归属于刑罚目的问题，但当前这一观点已经被纠正。争论刑罚目的问题所形成的理论，事实上是讨论刑罚的正当化根据而产生的理论，亦即在讨论刑罚正当化根据问题的同时，必然会涉及刑罚的目的理论。根据不同的刑罚目的，关于刑罚权的配置，不管是在立法层面还是在司法层面，甚至是执法层面都有着较大差别。因此，基于不同的刑罚根据，自然会形成各种派别的思想和理论。但是，不可以将刑罚目的理论作为界分刑罚正当化根据的标准，因为刑罚目的理论只是刑罚正当化根据所要研究和讨论的一个部分而已。正如有学者所述及的，"报应刑论、目的刑论与相对报应刑论并不是关于刑罚目的本身的争论，而是针对刑罚的正当化根据所形成的理论"②。无论是康德的绝对报应刑主义，还是费尔巴哈的相对报应刑主义，其理论核心仍然是客观主义所关注的"人的行为"。

随着近代人类学派以及社会学派的产生和发展，客观主义的立场才被实质性突破。近代学派反对古典学派的客观主义，认为犯罪人的性格是科刑的重要标准，刑罚的正当化根据不是对犯罪的报应，而是为了追求一定的目的。换言之，刑罚以预防再犯、防卫社会为目的。同时，为了确保社会的安全，还规定了保安处分措施。保安处分措施，是近代学派提出的预防犯罪的方法。在近代学派看

① ［意］贝卡里亚著：《论犯罪与刑罚》，黄风译，中国大百科全书出版社 1993 年版，第 31 页。

② 张明楷：《新刑法与并合主义》，载《中国社会科学》2000 年第 1期。

来，报应不再是刑罚的目的，而只是维护法制的方法。犯罪是社会存在的必要部分，因此为了保护社会的需要，刑罚也不可避免。

近代学派与古典学派的不同在于：古典学派将刑事责任建立在行为人意志自由的基础之上，主张道义责任论，亦即由于人有自由意志，所以行为人应当对其行为和结果承担道义上的责难。近代学派则推翻了古典学派关于意志自由的说法，从犯罪预防的视角，认为古典学派的观点在现实中已经遭遇了失败。近代学派不断发展，经历了人类学派和社会学派两个不同的时期。近代学派认为，刑罚的正当化根据是行为人的社会危害性，刑罚的目的是防卫社会。因此，此时的刑罚理论亦称为目的刑主义，亦即为了实现预防犯罪、维护社会秩序等目的，而对犯罪人科处刑罚。正如意大利学者龙勃罗梭所言，对精神病人及疑似传染病人采取隔离措施，所依据的权力便是刑法保证社会安全的权力。[①] 刑罚的频繁使人麻木，因此龙勃罗梭提出社会责任论。依据社会责任论的见解，刑罚的正当化根据不再是"行为人的行为"，而是行为人的危险状态和人身危险性。这种理论被称为主观主义，亦即行为人主义。

第三节 罪刑均衡的社会学标准：民众的接受度

罪与刑的问题，既是刑法解释学层面的问题，也是社会学关注的问题。因此，罪刑均衡问题，既是规范层面上的三段论式的逻辑推演，也是社会学层面的综合考量。衡量罪刑是否均衡的社会学标准，笔者考察之后认为，首先应当体现为当事人对判决结果的认可度，考量的标准有申诉、上诉的比率大小，或者检察院抗诉的比率

---

① ［意］切萨雷·龙勃罗梭著：《犯罪人论》，黄风译，中国法制出版社2000年版，第322页。

大小。其次是司法官从专业的角度对刑罚裁量进行的考察，即在某些个罪的裁判过程中，是否存在问题的集中暴发。如果罪刑失衡问题在某些个罪中出现比率非常高，争议也非常大，则值得深入研究，是源于立法存在明显的漏洞，还是原有立法已经不能适应当下生活的需要。

如何在法的安定性与有效性之间找寻到一条平衡和合理的路径，是一直困扰着理论界的一个重要问题，罪刑均衡问题亦是。到底多大的刑罚量是合适的？在刑法要求稳定性和确定性的同时，纷繁复杂的现实情状，又要求法官随机应变，作出最为合适的刑罚裁量。因此，刑罚裁量既要讲求效率，又要体现公正，还要通过刑罚给社会稳定带来最大的效益。如此几近严苛的要求，让热衷于研究罪刑均衡问题的学者，既感到兴奋，又觉得惶恐。问题的存在是研究者兴趣所在，而问题的多变和难以解决又成为研究者挥之不去的阴霾。如此挑战，会让罪刑均衡问题成为一个常说常新的话题，就像缘起于西方的法治话题一样。

刑罚若要表现出预防作用，就必须公正，否则恐惧就会产生。[①] 基于朴素的正义心理，民众中存在着强烈的赞成报应性刑罚根据的倾向。刑罚的量应考虑是否能得到民众的普遍接纳。在刑罚计量上，更多时候也要考虑民众内心所确认的报应性根据，并以此为基础，进行相应的衡量。据此，从现实角度看，将刑罚的量与犯罪人的行为结合起来予以衡量符合民众的期待和正义情感。同时，罪刑均衡的社会学标准是衡量刑罚裁量是否均衡的综合指标，是考察刑罚裁量是否适当的晴雨表。刑罚裁量的规范标准，是从严格恪守罪刑法定原则的角度，对现有立法的尊重和遵守。而裁量的刑事政策标准，则是从犯罪预防的角度，将刑罚的预防犯罪功能具体体现在刑罚裁量中。再者，基于刑法解释学自身存在的缺陷，以及成

① ［德］米夏埃尔·帕夫利克著：《人格体 主体 公民：刑罚的合法性研究》，谭淦译，中国人民大学出版社 2011 年版，第 28 页。

文法本身难以避免的立法缺陷和漏洞，从社会学角度对罪刑均衡问题进行考证，是对刑罚理论和刑罚裁量的综合评判。从社会学角度看，法律不是单纯地存在于知识中，也存在于情感中。法学客体不单纯在头脑中，也在人的胸膛中。① 裁量的结果如何，直接体现在社会生活中，并直接影响当事人的现实生活，表现为当事人对于判决结果的具体应用举措。如此的社会学标准，是衡量罪刑均衡的现实指标。因此，对刑罚的解读，除了对刑法条文的字面理解，还有刑罚背后的价值判断和各种情感因素。对罪刑均衡的判断，如果要从社会学的视角分析何为均衡，似乎不同的人会有不同的认识。但是，法学又是一门规范的学科，在找寻罪刑均衡的社会学标准时，一定会找到一些相对稳定的标准，作为衡量的参考。具体分析如下：

一、刑罚适当性根据：刑罚的社会效果

刑罚裁量的社会效果，是刑罚裁量是否适当的直接反馈。故，从裁量的结果反证裁量的适当性，既是一种社会学的研究方法，也是将刑法的规范研究与社会学研究结合起来的具体体现。毕竟，犯罪与刑罚都是社会意义上的刑法内容，而刑事处罚的核心人物——当事人，亦是社会中的具体角色。刑罚裁量是否合适，既是考验刑事立法的重要标杆，也是衡量刑事司法的具体指标。如是，罪刑均衡的问题，首先是一个司法层面的刑罚裁量问题，是一个考验法官智慧和证据运用能力的问题；其次是一个可以反馈到立法层面的刑事政策问题，故亦是一个牵动民众神经的社会问题。中国人一向不患寡而患不均，特别是对于被告人。被告人基于对自己行为的了解，在内心形成一种对其犯罪行为的预判。如果刑罚裁量的结果与被告人从侦查阶段起逐渐形成的自我预判反差甚大，则可能引发一

---

① ［德］阿图尔·考夫曼著：《法律哲学》（第二版），刘幸义等译，法律出版社 2011 年版，第 71 页。

连串的司法问题。故，刑罚裁量的过程，是司法通过定罪与量刑实现司法公正、实现刑法正义的过程，也是民众与司法机关不断沟通的过程。这个沟通的过程越是顺畅，司法公正和司法权威越能得到彰显。整个过程的核心，则主要是罪与刑的均衡，即立法层面罪刑均衡与司法层面罪刑均衡的和谐统一。

（一）刑罚的社会效果反证刑罚的适当性

正如有学者所言："刑罚不仅是一种社会现象，同时也是一种历史现象，有一个产生、发展和消亡的过程。刑罚脱胎于原始社会的复仇习俗，中国古代的刑罚极为残酷、野蛮，仅死刑的执行方法就有十数种。"[1] 当然，在刑罚的发展过程中，在不同的国家和不同的文明形式下，刑罚的形式和侧重点迥异。不但不同国家的刑罚理念会有差异，即使是同一个国家，在不同时期所体现出来的刑罚理念也会不同。刑罚权来源于国家权力，可以分别从立法、司法和执法三个层面进行界定，具体体现为立法过程中的"制刑权"、司法过程中的"量刑权"以及执法过程中的"行刑权"。随着社会的不断发展，在这个多元文化并行的世界，人类社会逐渐发展出一些被人类认可的普世法律思想。在这些普世法律思想中，非常重要的一种思想便是刑罚权发动的节制性思想，亦即刑罚的谦抑性原则。当然，尽管就目前来看，世界各国对某些法律思想和刑罚思想已经基本上达成了共识，如罪刑法定原则、依宪制刑原则、罪刑均衡原则等，但在不同的历史时期以及不同的国度、区域，刑罚思想和刑罚方式仍然存在相当大的差异。

即使同样的刑事立法，因为不同刑事政策的导向，在司法和执法过程中，刑罚权的分配亦会出现较大差异。最明显的表现是，不同时期，各国、各地区采取不同的刑事政策。往往刑事政策在各

---

① 赵志华著：《论刑罚轻缓化的实现途径》，人民法院出版社2012年版，第1页。

国、各地区都有着相当重要的地位和作用，因此纵然不直接讨论刑事立法中刑罚权的具体分配问题，只是在刑法教义学层面上讨论刑罚权的配置，亦会因为同一国家或地区不同时期不同刑事政策的不同要求，导致刑罚权分配过程体现的司法动向以及执法过程中表现的重点和倾向出现明显差异。正如德国学者赫尔穆特·迈尔所言："就像教义学史所展示的那样，人们只是对素材在不同的关系体系中进行把握。仅当这些体系的结果是正确的时候，所有这些体系才是需要的。"① 换言之，在罪刑法定原则的要求下，同样的刑事立法、司法和执法所体现的刑罚权分配和惩罚重心应当符合刑事政策的要求。如果违背了刑事政策的方向或要求，刑法教义学所进行的一切解释和推演都会变得毫无意义，甚至直接遭到否定。因此，由于在不同时期存在不同的刑事政策，刑罚权在司法实践中的具体分配也会出现些许差异，甚至是相差甚远。

　　刑罚的正当化根据，是一个颇具历史性和哲理性的话题。在历史的长河中，随着社会状况、哲学思潮及政治哲学的不断发展，刑罚的正当化根据呈现出规律性的变化。以英国哲学家洛克为分界点，洛克之前的法学理论主要体现君主或君权的立场，而随着洛克对宪政思想比较完整和系统的阐述，刑罚权的分配方式亦从过去主权者的命令转变为依宪制刑。从此，刑罚不再是君主专断的命令，而是民主立法背景下的依宪制刑，宪法对制刑权有了最直接的约束和限制。透过分析可以看到，洛克之后的刑法学发展，经历了一个从注重个人权利到注重社会整体利益，继而回归到重视个人权利的发展途径。因此，刑罚的正当化根据亦从先前的重视社会防卫，逐渐转为重视人权保障。现阶段的刑罚内涵亦在现代刑罚理念的指导下，增加了更多人性化和人道主义的内容。这种人性与人道的刑罚内涵，较过去以刑罚为目的，或者单纯以刑罚为手段来实现社会的

---

　　① 转引自［德］克劳斯·罗克辛著：《刑事政策与刑法体系》（第二版），蔡桂生译，中国人民大学出版社 2011 年版，第 6 页。

稳定，已经呈现出明显的进步。

刑罚理论发展的历史演进过程，体现出刑罚正当化根据的历史性和鲜明的时代性。而刑罚在经历了报应刑主义、目的刑主义及综合刑主义之后，正朝着更文明、更人性化、更注重人权保障的方向发展。在现代民主法治理念的指引下，刑罚权的发动变得更为谨慎和节制，刑罚的目的亦从过去以刑罚为目的或以刑罚为手段防卫社会，转为保障人权基础上的惩罚、教育和矫正，且教育和矫正已逐渐成为刑罚的重要内容。因此，用现代人的眼光来看，现代文明倡导的刑罚，已然被赋予了更多不同于传统意义的更文明、更人道、更注重个人权利保障的崭新内涵和意义。

(二) 规范责任论将刑罚理解为一种目的正当性行为

在现代刑罚理念的指引下，规范责任论者认为，国家支撑着个人与共同体自由交流的政策性制度，国家刑罚权应当是为了维持个人与共同体的自由交流而存在的。① 基于如此的国家观，刑法既要考虑个体存在的价值，同时又有对作为共同体利益存在的集团利益的考量，何况刑法的价值之一在于维护个体与共同体之间交流的顺畅和平衡。因此，在规范责任论者看来，刑罚不单单是为了维护个人权益而设置的国家暴力，也不单单是基于集团利益的考虑维护社会秩序的产物，而是为了维持实现某种正常的社会平衡而存在的规则体系。这种规则体系是为了维持社会的动态平衡，维持个人与共同体之间达成的某种动态发展的平衡。因此，基于此种客观、理性的考量，既需要对刑法规范进行规范意义上的分类解读，又需要对犯罪行为进行规范和社会角度的分析。笔者认为，这样的研究，是在吸收了传统刑法解释学的优点，同时又吸收了近代学派诸多优秀成果的基础上，创造性地提出的一种理论体系。

---

① [日] 高桥则夫著：《规范论和刑法解释论》，戴波、李世阳译，中国人民大学出版社 2011 年版，第 10 页。

在规范责任论者看来，违法行为是行为人对行为规范的违反，违反行为规范的行为可以认为是对法益有事先的抽象危险性的行为，此种行为也叫实行行为。实行行为对应于客观归属论中的"制造了不被容许的危险"，而讨论一个行为是否违反了法规范的行为，则是从社会行为论的视角对行为进行的讨论。① 规范责任论者巧妙地将规范的研究方法与社会学的研究方法结合起来，博取众长，综合了古典学派与新派的诸多研究成果。因此，规范责任论者认为，犯罪行为不单单是违反了刑法规范的规范意义上的行为，还是作为社会人的社会行为。基于社会行为论的观点，行为主体不是作为个体的存在，而是作为社会的存在，因此社会人的行为自然是一种社会行为。从社会体系的角度解读行为，从而判定行为的非难可能性，这是一种更为客观、全面的思考角度。而刑罚的发动，既是对违反刑法规范行为的制裁，也是对不符合社会伦理秩序的社会行为的负面评价。因此，在规范责任论者看来，被允许的危险、社会相当性这一基准，必须以各种各样的事实关系性的下位基准为必要。② 至于这些下位基准的具体要素包括哪些，是否只是一些概括性的评价，笔者认为，这仍然需要理论界和实务界从理论和实践相结合的角度进行深入研究，既要从规范研究的稳定性和可靠性角度把握，又要从社会和司法实践中找寻活跃的要素来充实规范研究。

从刑法规范的构成来看，行为规范是由禁止规范（或命令规范）和容许规范构成的。从刑法规范的各种类别划分可以看出，刑法规范本身在出罪和入罪功能上已经是自成体系。比如，在正当防卫的场合，尽管行为符合违法构成要件，但违法性却被阻却；在无责任能力的场合，因为不能承认违反义务规范，责任就被阻却；

① ［日］高桥则夫著：《规范论和刑法解释论》，戴波、李世阳译，中国人民大学出版社2011年版，第11页。
② ［日］高桥则夫著：《规范论和刑法解释论》，戴波、李世阳译，中国人民大学出版社2011年版，第13页。

在亲族相盗的场合，可罚性也被阻却了。① 因此，对规范的研究，是规范责任论的一大成功之处。规范责任论者认为，刑罚的责任源于行为人对规范的破坏或不遵守。

从规范的层面认识责任的来源，特别是出于现代社会正常运转的需要对某些行为是否规定更为严格的责任，比如对环境犯罪领域、计算机犯罪领域、食品药品犯罪领域以及基因医学犯罪领域等，可以就存在重大风险的行为进行风险立法，发挥刑法对这些领域的预防机能，避免大规模、影响深远的风险的出现。② 出于追求安稳的生活环境、维护社会正常生活秩序的需要，对一些具有较大危险性的行为进行规范时，不要求一定要有危害后果出现才进行惩罚，而是只要有某些危险性的行为便可进行刑罚归责。此种更为严苛的归责理论根源于社会的一般需要。这种对归责理论的新发展，其理论基础是目的正当性原则。

(三) 刑罚理论与刑法解释学的关系：从割裂到融合

关于刑罚理论与刑法解释学的关系，理论上一直有争议，学者们持有不同的观点。就整体而言，在刑法解释学发达的欧陆国家，认为刑罚理论与刑法解释学关系不大的学者比较多；在英美法系国家，关于刑罚理论的争论甚多，关于刑罚理论与刑法解释学的关系也有不同的观点。有学者认为，刑罚理论与刑法解释学毫无关系。亦有学者主张，刑罚理论与刑法解释学是一种内在统一的关系。③ 主张二者割裂的理论认为，刑事立法基于行为的现实侵害而规定刑罚，这是刑法的问题，与刑罚没有直接关联。这就意味着，刑罚惩

---

① ［日］高桥则夫著：《规范论和刑法解释论》，戴波、李世阳译，中国人民大学出版社 2011 年版，第 17 页。

② 张晶著：《风险刑法：以预防机能为视角的展开》，中国法制出版社 2012 年版，第 210 页。

③ See James Fitzjames Stephen, Liberty, Equality, Fratemity, London: Smith and Elder, 1873, p. 162.

罚的范围由刑法决定，在考察刑法关于行为的入罪与出罪问题时不应当考虑刑罚问题。此种把刑法的惩罚根据直接规定为法益侵害的学说，在历史上已经影响了刑法学达一百多年之久。吉恩·汉普顿即认为，刑法在确定行为入罪与出罪问题时，与刑罚没有任何的关系。因为犯罪化的原因无法解决何时处罚、如何处罚以及处罚大小等问题。① 亦即，刑罚研究的问题与刑法研究的问题，是两个不同层面的问题。沿袭这样的理论构想，使得长期以来刑法学的研究都是重犯罪轻刑罚。笔者认为，此种基于研究路径选择上的差异而出现的理论研究短板，值得反思。

哈特在《法律、自由和道德》一书中指出，刑罚与刑法研究是完全不同的两个问题。② 刑法的入罪化与出罪化问题与刑罚理论没有任何关系。哈特指出，刑法的入罪化与出罪化设置是立法层面的问题，与刑罚理论没有任何直接的关联。因此，刑事立法解决罪与非罪的问题，而刑罚只解决关于如何惩罚以及何时惩罚的问题，刑罚只完成刑法交给它的任务，与刑法的设置并无直接的关系。刑法的罪与非罪问题，与刑罚的种类和大小（刑罚适用的条件）之间，没有任何的关系。刑事立法关注的是犯罪化问题，目的是界定刑法惩罚的范围，刑罚关注的是应当如何强制实施刑法以及对违法者如何进行处理等问题。③

此种将刑罚理论与刑法解释学割裂的理论，认为刑罚旨在教育

① See Jean Hampton, The Moral Education Theory of Punishment, Philosophy & Public Affairs Vol. 13, No. 3, Summer, 1984, p. 213.

② See H. L. A. Hart, Punishment and Responsibility : Essays in the Philosophy of Law, p. 72 (1978). In Bernard E. Harcourt, Joel Feinberg on Crime and Punishment : Exploring the Relationship Between the Moral Limits of the Criminal Law and the Expressive Function of Punishment. Buffalo Criminal Law Review, Vol. 5, 2001, pp. 145 —172.

③ See Jean Hampton, The Moral Education Theory of Punishment, Philosophy & Public Affairs Vol. 13, No. 3, Summer, 1984, p. 213.

违法者，告诉行为人其行为是错误的，行为人不应当再实施此种行为，或者说，刑罚只是预防违法行为的一种方法而已，透过刑罚告诉违法行为人和公众，为何在道德上不得实施犯罪行为，这也是刑罚正当化的全部根据所在。① 此种理论，把刑法与刑罚理论绝对地分离开来，把刑罚理论纯粹地理解为司法和执法过程中的手段和工具。因此，刑罚的道德理论既不回答应当如何立法的问题，也不回答立法的权限问题。至于违反了法律的禁止性规定应适用何种刑罚，以及刑法禁止的道德根据是什么，刑罚理论同样不予关注。此种观点认为，刑事立法（即刑法）的直接目的并不是确保刑罚的正当性，因为在决定何种行为应当在法律上进行谴责和预防之前，无法解决这样一系列的问题。例如，如何威慑行为人，何种人应当被认定为犯罪并应被惩罚，向何人复仇或者对谁应当进行改造等。② 因此，哈特认为，刑法的道德边界和刑罚理论是彼此毫无关联的两个问题。哈特在批判将刑罚理论与刑法解释学结合起来的观点时说，史蒂芬之所以将二者合二为一，原因主要是他没有看到这两个问题的本质不同，亦即何种行为才能被处罚，应当如何严厉地惩罚不同的犯罪，这两个问题在本质上是不同的，二者并没有任何的联系。③

哈特指出，首先，建立在伤害原则基础上的刑法与旨在表达道德可责性的刑罚之间并非完全一致，因为一般而言，从刑罚严厉程度的原则中无法导出刑法体系的目的为何，或者何种行为应当受到处罚。其次，诸如禁止酷刑或者残虐刑罚等原则，可能体现了另外一种人们试图追求的价值，此种价值可能与证明刑罚正当化的主导

① See Jean Hampton, The Moral Education Theory of Punishment, Philosophy & Public Affairs Vol. 13, No. 3, Summer, 1984, p. 213.

② Id. Hart, supra note, pp. 6 — 8.

③ See H. L. A. Hart, Law, Liberty, and Morality, Stanford: Stanford University Press, 1963, p. 36.

性价值发生冲突。最后，在处罚伤害行为的进程中，处罚结果要体现犯罪的可责性，即犯罪不同，其可责性也就不同，从而刑罚也就不同。但是，这并不能表明处罚无害行为的正当性。[①] 在哈特看来，刑罚理论实质上不能成为研究刑法惩罚范围的起点，或者说，刑罚的适用范围不能揭示刑法的惩罚范围。此种主张，的确有其优势。

正如有学者所言，将刑法（刑法解释学）与刑罚理论割裂开来的优点是避免学界的冲突给立法造成困难，亦即防止将刑罚领域内的分歧带到刑法的禁止领域之中，同样也避免了因政治立场不同而可能给刑事立法带来的人为障碍。[②] 然而，笔者认为，此种只重视刑法规范研究而轻视刑罚理论研究、忽视刑罚实践的做法，给刑法学研究带来的问题确实值得深刻反思。例如，平野龙一教授在反思日本刑法学研究所存在的问题时说："日本刑法学的有力方向是在内容上重视形式规范，追究违反上述规范的行为者的道义责任。"[③] 因此，平野龙一教授主张通过刑事政策将犯罪论理论与刑罚理论结合起来，实现刑法的社会功能。而承载刑法社会功能内涵的刑事法载体便是刑事政策。在规范的形式上，刑事政策需要将刑法所应当承担的社会责任贯通到犯罪论体系中。这种犯罪论体系与刑罚理论的贯通，既能体现刑法存在的社会价值，又能有效地运用刑法教义学规范研究的方法约束量刑，避免刑罚权的滥用，在实现刑法谦抑性的同时，保障相关人员的人权。

事实上，刑罚理论对刑法的引导作用，并非一种似是而非的感性认识。基于对刑罚理论的重视和深入研究，以平野龙一教授为代

---

① See H. L. A. Hart, Law, Liberty, and Morality, Stanford: Stanford University Press, 1963, pp. 37 – 38.

② 杨春然著：《刑法的边界研究》，中国人民公安大学出版社 2013 年版，第 18 页。

③ ［日］平野龙一著：《刑法总论 I》，日本有斐阁 1972 年版，前言。

表的机能主义刑法学认为，"在刑法学领域中，占据优势地位的不是犯罪构成理论，而是刑罚理论，并且主张从刑罚论开始重新构筑犯罪论。在整个刑法学的研究中，将犯罪学与刑事政策学的目的观念向刑法学领域全面贯彻"①。这种通过刑罚的社会功能将犯罪论理论与刑罚裁量紧密结合起来的刑法理论，很好地回应了刑罚效果以及刑罚效用在刑罚资源分配上的社会合法性。如此理论，既是对刑法规范研究的尊重，也是对刑罚裁量之预防效果的直接回应。笔者认为，对刑罚效果进行前瞻性的预估，对于实现刑罚的经济性及刑罚的预防效果，具有非常高的现实意义。

依据刑法解释学所特别关注的罪刑法定原则，到底应在多大程度上坚持对刑法法条的忠实？笔者认为，探讨刑法的惩罚范围不能单单从刑法自身着手，因为刑法本身并不存在一个明显的边界，只能从刑罚的角度来揭示刑法的调控范围。刑法的根基应当是法律伦理主义，刑法惩罚的根据是刑罚永远与道德谴责和可罚性绑在一起，即在法官审判时，一般关注行为的道德可责性，这与刑法关注行为的刑事违法性是一致的，而刑法则是对各种恶行的描述。② 因此，刑法与刑罚是统一的，刑法学的研究不能割裂刑罚理论。刑罚理论与刑法解释学应当在伦理上保持高度的一致性，甚至刑罚理论对刑法解释学起着指引作用。同时，刑法的惩罚范围和刑罚理论具有统一性，亦即二者都应受到诸如正义、公平、效率或者其他更高一些原则的指导，或者说，二者都应当是伦理学、社会学、经济学或者政治学的产物。③ 美国学者波斯纳认为，刑法的惩罚范围和刑

---

① 周振杰著：《日本刑法思想史研究》，中国法制出版社 2013 年版，第151 页。

② See James Fitzjames Stephen, Liberty, Equality, Fratemity, London：Smith and Elder, 1873, p. 162.

③ See Richard A. Posner, an Economic Theory of the Criminal Law, Colum. L. Rev. Vol. 85, No. 6, Oct, 1985, p. 1195.

罚理论具有统一性，它们之间是一种完全相同或者平行的关系，亦即确定了其中一个的范围，另外一个的范围也随之确定。①

　　笔者亦赞同波斯纳的观点，认为刑罚理论与刑法解释学具有本质上的同一性。刑事立法与刑事司法在具体的操作上可能会遵循不一样的规律。刑事立法更多地从宏观上把握，追求社会的安定和谐，但也尽量考虑法的安定性与社会秩序的需求。从立法的角度看，这是一种宏观层面和刑事政策方向上的把握。而在司法和执法的过程中，司法也会受到自身规律以及国情、社会制度等各种因素的影响。但刑罚的裁量和执行，终究还是要贯彻刑事政策的指示，也需要恪守罪刑法定原则，遵循刑事立法对于司法的约束。因此，从道德原则来看，尽管有时候司法、执法在事实上与立法存在某种紧张关系，在实务中也常常会出现立法给司法或执法带来阻力，甚至制造问题的现象，但整体而言，它们之间所贯彻的道德原则应当具有一致性，亦即惩恶扬善。对社会上认为是恶的行为，给予刑法上的负面评价，且在现实中对犯罪人处以刑罚。笔者认为，此种贯通与本质上的一致性，是刑罚理论与刑法解释学相互关联的内在根基。只是在运行规律和具体把握上，立法和司法会遵循各自不一样的规律。司法和执法的过程，是动态发展的过程，这与刑事立法和罪刑法定原则所要求的法的安定性有明显差异。基于此种差异，现实中常常会出现立法与司法的紧张关系。司法和执法需要应对现实中的各种具体情状、具体问题，有些情状和问题也许是立法当时没有考虑到的。现代法治要求严格恪守罪刑法定原则，而民众又迫切要求解决出现的新问题，此种紧张关系的协调和处理，在具体的操作中，便需要各种道德原则的协调和适当沟通。笔者认为，从司法到立法、从立法到司法的相互影响过程，也是理论与实践不断磨合而相互提升的过程。基于这种彼此影响和相互贯通的重要性，刑罚

①　See Richard A. Posner, an Economic Theory of the Criminal Law, Columbia Law Review, Vol. 85, No. 6, Oct. , 1985, p. 1195.

理论与刑法解释学割裂的局面更应该被打破。

事实上，我国的刑罚理论吸收了美国实用主义的思想，以效率为考虑的标准，把复杂多样的惩罚现状整合成为惩罚效果这一具体标准。继而，透过刑罚效果这一客观反应，给予刑事政策最真实的回馈，再透过刑事政策影响刑事立法。此种相互影响的关系，正在不断推动刑事法律的更新和发展。整体而言，刑法理论与刑罚理论二者之间，有着不可割裂的同一性，二者皆遵循公平、正义、效率等原则。刑罚理论是伦理学、社会学、经济学和政治学发展的产物，在各种理论基础上发展起来的刑罚理论又适时地影响并回馈到刑事立法中。因此本书认为，罪与罚的问题，是刑法学的两大重心，刑罚问题不可与刑法理论割裂开来讨论，更不可避而不谈。目前，此种重刑法理论而轻刑罚理论的研究态势，正在逐渐改变。

二、刑罚裁量的结果与当事人心理预期的重合度

尽管有罪刑法定原则的规制，法官仍然有一定的自由裁量权。事实上，持不同刑罚理论的法官，在量刑上会有较大差异。具体而言，如果犯罪人不再具有危险性，强调预防而不是报应的法官会对一个严重的犯罪处以很轻的刑罚。此时，罪刑均衡的问题已不单单是刑罚裁量标准的问题，更是一个关于正义内涵的问题。就惩罚正义而言，则更多地依赖于报应正义。惩罚需要借助一个易于把握且多数人能够理解和支持的衡量标准。惩罚正义以行为人的客观行为以及行为结果作为衡量的客观标准，不管是在操作层面，还是在民众的直观感受上，这种标准都更易于被接受，即更符合大众对普通正义的一般追求。可以看出，过多地要求刑事司法体系根据未来危险来分配刑罚，而不是根据过去犯罪的可谴责性来分配，这会破坏该刑事司法体系的道德信誉。①

---

① ［美］保罗 H. 罗宾逊著：《刑法的分配原则——谁应受罚，如何量刑?》，沙丽金译，中国人民公安大学出版社 2009 年版，第 136 页。

从体系的角度看，古典学派的报应正义与新派的预防刑理论，二者之间存在尖锐的矛盾。尽管二者都能自圆其说，且都有自己的支持者，但二者的矛盾往往上升到对正义内涵的不同解读。对于惩罚正义而言，尽管从预防的角度看，单个的犯罪人不再具有可惩罚性，但是从系统和综合的角度看，实现惩罚正义（报应正义）本身又具有预防犯罪的作用。因为正义需要以正义的方式体现，而犯罪与惩罚之间存在必然的因果关联且衡量的标准基本恒定，这样的惩罚正义一旦得到实现，便是对民众的公然宣示。从一般预防的角度而言，民众便能知道守法的边界位于何处、惩罚的具体标准在哪，从而达到预防犯罪的总体目标。因此，武断地说报应正义没有预防犯罪的功能，事实上过于片面，也是不客观的。两种不同的刑罚裁量标准和理论，导致了对正义内涵的不同解读，即到底是从个体的预防必要性考虑来决定刑罚的量，还是从报应的角度，以已然的犯罪和损害的法益为标准来裁量刑罚的量，以实现报应正义？二者尽管都是为了实现刑罚裁量的公平和正当，都是为了最大限度地减少未来的犯罪，但是由于对预防犯罪的实现途径的不同解读，对正义便有了不同的理解。

如是，对于报应正义而言，正义在于惩罚，即有罪必罚，罚当其罪，且衡量的标准为行为人的行为及其损害的法益。报应正义不需要太多地从个体层面去考量预防和矫正的可能性，然而从社会成本和未来犯罪人复归社会的角度看，又存在某些劣势。但是，从体系的视角看，维持社会正义的普通标准，以及树立惩罚和被惩罚的榜样、树立刑罚的权威，也能从总体上达到预防犯罪的作用。因此，笔者认为，在刑罚裁量的过程中，报应正义是刑罚裁量的基础标准。没有犯罪就没有刑罚，刑罚裁量的普通标准和一般标准是已然犯罪以及犯罪所造成的法益侵害。其他的理论，或者其他的考量因素，即便必要，也只是次要和补充。

在司法实践中，常常出现明显的罪刑不均衡现象，即我们常说的同案不同判，造成后果和损害差不多的案件，裁判结果迥异。最明显的差别在于有可能判处死刑的案件中。某些案件的案情明显更恶劣，却没有对被告人判处死刑；某些不那么严重的案件，却判处了死刑。这种横向的比较，让民众哗然。当然，就个案来讲，都是在罪刑法定原则内处理，并不存在枉法裁判或明显的第三方因素干扰。出现这种状况的原因何在？在学理上又该作何解释？在理论和实践中又该如何应对？当然，死刑的问题不管是在理论界还是在实务界，仍然有较大争议。尽管立法上有死刑的规定，但司法中慎用死刑的观点已经非常普遍，是否适用死刑，就个案而言，受到诸多因素的影响。主客观因素的综合影响，导致了量刑在客观上的横向比较失衡。从结果来看，这是一种客观存在，而在学理上，则需要我们进行大量的理论和实证研究，以尽量处理这种合理限度内的不合理现象。当现实中出现罪刑极端不平衡的情况时，修法便不可避免。毕竟，变化中的社会生活，需要与之相适应的刑事立法来进行规制，而现有立法在社会情状发生巨大变化，且经过验证证明现有立法的确导致罪刑严重不均衡的情况时，适当的修法便在所难免。从我国已经出台的几个刑法修正案对具体问题的规制来看，罪刑均衡问题一直处在一个动态的发展进程中。因此，对罪刑均衡问题的研究，需要对其进行系统、全面、深入且动态的分析。笔者希望通过这种具体的分析，能够为具体问题的解决找到可行办法。

有学者经过实证研究后认为，在刑法中只规定了何为从宽情节、何为从严情节，并未规定从何处开始从宽以及从宽多少的具体幅度，也没有规定从何处开始从严以及从严多少的具体幅度。因此，在具体案件的处理中，不排除某个从宽处理案件的刑期与某个从严处理案件的刑期相差无几的可能性。甚至，理论上也不排除某个从宽处理案件的刑期实际上还重于某个从严处理案件的刑期的可能性。严格讲，即使出现这种情况，也可能不违背法律规定。[①] 基

---

① 白建军著：《法律实证研究方法》（第二版），北京大学出版社 2014 年版，第 337 页。

于我国对刑罚裁量的规定采取粗放型模式，在裁量中也没有规定具体的起点和幅度，如前所述，尽管近几年的量刑规范化改革对常见的 15 种罪名有了相对具体的数量化规定，但在实际案例中，仍然存在从宽处理案件的最终刑期与从严处理案件的刑期相差不大甚至刑期更长的状况。

在实务中，如何实现罪刑均衡、罚当其罪是刑法面临的关键问题。基于成文法国家对罪刑法定原则的恪守，随着社会的不断发展，现有立法可能会显得非常滞后，甚至立法本身便可能导致罪刑失衡。而要实现真正的罪刑均衡，首先应当在司法程序上进行各种努力，以实现对现有立法和法规范的遵守和尊重。当然，如果确实是立法滞后或者立法本身的问题导致罪刑严重失衡，则需要从立法层面真正解决问题。本书主要是从司法层面发现问题，并力图从司法角度解决所存在的问题，修法建议则是最后的解决途径。就刑罚问题的研究，目前我国已经有人运用布迪厄的"惯习"理论与"场域"理论分析刑罚。[①] 在我国，实证研究在刑法领域的运用也不是什么新鲜和稀罕的事，只是分析和研究的视角各有不同，选择的标本和需要解决的问题差异较大。在本书的写作过程中，笔者通过座谈、问卷、实地调研等方式进行了大量的实证研究，走访了公安局、检察院、法院，与当事人、律师、法官、检察官、警察、学者等各领域不同层级的相关人员进行了交流。其中，向不同的访谈对象询问的最核心问题是，他们所认为的罪刑均衡的具体标准是什么。访谈对象中，法官的回答最为中肯，当事人则主要从自身的利益出发看待罪刑均衡问题。

---

① 张心向著：《在规范与事实之间——社会学视域下的刑法运作实践研究》，法律出版社 2008 年版，第 99—105 页。

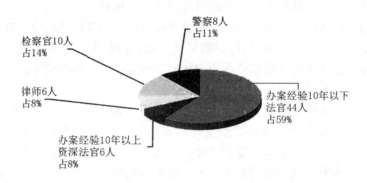

图4-9　调研对象构成

笔者经过大量的实证调研后发现，基于不同的身份和视角，对罪刑均衡的解读会有差异。例如，公安机关认为，罚当其罪是对侦查行为的一种正面响应；检察院则从现有的证据是否构成犯罪、是否提起公诉进行考虑；法院认为，罪刑相当需要从证据的角度进行司法掌控，即定罪与量刑都要进行适当的考虑；当事人则从自身的利益角度出发，对罪刑是否均衡进行一种带有自我感情色彩的综合评价。

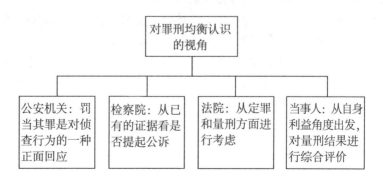

图4-10　不同的主体对罪刑均衡认识的视角分析

可以看出，对于刑罚裁量，被害人和被告人都会有一个心理的预估和期待。如果法院最终的判决与当事人最初的心理预估差距甚大，则被害人可能会申请检察院抗诉，或者被告人上诉。因此，刑罚裁量的说理性和具体阐述显得尤为重要，刑罚裁量的过程，既是证据认定和运用的过程，也是司法说理的过程。在这个过程中，刑罚裁量应当以一种公示的方法，实现各方的平衡。在各种平衡中，罪与刑的平衡是中心，通过罪刑的均衡，实现当事人心理预期与最终刑罚裁量的平衡，也实现控辩审三方就刑罚裁量问题基本认识的平衡。基于价值判断在刑罚裁量中的重要作用，对概念的界定便显得尤为重要。故罪刑均衡问题的研究，需要理清几个概念和标准，即量刑差异与量刑失衡之间的区别，量刑的法理学模式与量刑的社会学模式，法官自由裁量权的合理运用与限制刑罚权，刑罚裁量的不同理论标准、不同裁量标准之间存在的矛盾和差异，等等。

三、刑罚政策的公众参与：公众的满意度分析

刑罚政策需要公众的参与和支持。公众支持，才能导出刑罚政策的有效性，从而维护现有刑罚政策的合法性。美国曾经有过关于刑罚立法的公民投票实践，这种实践便是刑罚权执掌者与公众沟通的形式，对于及时有效地了解公众对于刑罚制度和刑罚裁量的态度具有非常大的现实意义。有学者通过研究后指出，获取公众信息的方法有如下几种：方法一，有关部门走村入户，向群众了解对社会治安的满意情况、对刑罚适用的满意情况；方法二，通过下级公安机关、检察院、法院、司法局、政法委等部门的日常报告与专门报告，了解群众对刑罚立法、刑罚适用与刑罚执行的有关信息；方法三，通过上访、申诉了解刑罚适用、刑罚执行情况；方法四，通过报纸、广播、电视获取公众对刑罚的评价信息；方法五，通过网络获取公众对刑罚的评价信息；方法六，通过专业的社会学调查获取

公众信息。[①]

刑罚政策在制定和运用的过程中，应当有公众的适当参与，不管是从民主国家的角度考虑，还是从公民社会的角度考虑，公众的适当参与都具有积极意义。公众对刑罚政策的认可度在很大程度上说明了刑罚政策是否符合社会的现实状况和社会发展需要。因此，即便是在当下讲求司法独立的环境中，也需要公众对于刑罚政策的适当参与。这种参与，既可以体现在刑罚政策的制定方面，亦可以体现在刑罚裁量的过程之中。对于具体的刑罚裁量结果，是否能够得到民众的认可和支持，不单单是司法是否公正的体现，也是刑罚政策合适度情况的体现。

第四节　从罪责程度到刑罚程度的转换

以上，我们从理论上分析了行为人基于犯罪行为该受到的刑法谴责程度。在具体的司法裁量中，还需要将行为人的罪责程度转换为刑罚程度，使用相对规范的形式换算出最终的刑罚量。

一、罪责程度的计算方法

有学者指出，"犯罪是不法而且有责任的行为"[②]，"刑法是关于惩罚的制度技术"[③]。犯罪与刑罚是贯穿刑法学的基本线索，犯罪论与刑罚论构成了刑法理论的两大支柱。刑罚论阐释了刑事处置的知识体系，应对犯罪的刑罚与针对危险行为的保安处分，既有措

---

① 翟中东著：《刑罚问题的社会学思考：方法及应用》，法律出版社2010年版，第175页。

② 黄荣坚著：《基础刑法学（上）》，台湾元照出版有限公司2006年修订版，第188页。

③ 周少华著：《刑法理性与规范技术——刑法功能的发生机理》，中国法制出版社2007年版，第57页。

施类型的特性，也有制度规则的构建，由此刑事处置措施与制度成为现代刑罚论的核心内容，在这种更多表现柔韧与实质的刑罚论中，刑事近代学派的思想得以奔放驰骋。借助这种刑罚价值思想的丰富底蕴，着力构建相应的制度平台，藉以实现刑事处罚遏制犯罪的基本功能。① 因此，研究刑罚理论以及刑罚制度，是非常必要且有价值的学术研究。正如有学者认为的那样，刑罚是刑法系统中最重要的要素，可以说，刑罚是我们认识刑法的第一把钥匙。②

《辞海》把"惩"解释为"戒止""惩罚"；把"罚"解释为"处分犯罪或犯规的人"，如惩罚、处罚、罚球；把"惩罚"视为"惩戒"的同义词，意即"惩治过错，警戒将来"。③《布莱克法律词典》认为，"惩罚"是一种制裁，如罚款、刑罚、监禁或者财产、权利或特权的丧失；这种制裁是针对违反法律的个人作出的。该词典同时把"制裁"解释为"由于不遵守法律、规则或命令而产生的刑罚或强制措施"。④ 因此，由于关涉到犯罪人最切身的利益，刑罚的量事实上应当是刑法研究的核心内容。当然，从刑罚的内容来看，其具体体现为一种严厉的剥夺和对犯罪人的伤害。因为刑罚天生具有的严厉性和剥夺性，故在具体适用的时候，需要进行谨慎的考量和计算。如是，合适的刑罚量成为刑法正义所包含的内容。在刑法学的研究中，为了将社会学意义的刑罚与规范的刑法解释学结合起来，在理论研究上引入了罪责的概念，即行为人有多大的责任，最终就承担多大的刑罚量。通过刑罚与罪责相对应，以实现刑法正义。

---

① 张小虎著：《刑罚论的比较与建构》，群众出版社 2010 年版，前言。

② 周少华著：《刑法理性与规范技术——刑法功能的发生机理》，中国法制出版社 2007 年版，第 179 页。

③ 《辞海》，上海辞书出版社 1979 年版，第 3653 页、第 3857 页。

④ 转引自王立峰著：《惩罚的哲理》（第二版），清华大学出版社 2013年版，第 6 页。

从广义上讲，罪责是对行为的社会危害性和行为人的人身危险性的综合考量。上文分别从规范意义、刑事政策以及社会学的视角，对行为人进行了责任的考量，各个方面的责任最终累加为行为人应当承担的刑事责任。根据欧陆法的三阶层理论，责任阶段事实上既决定了行为人应当承担刑事责任的大小，同时又有出罪的功能。故，罪责的计算是刑罚量计算的前提和基础。在此，笔者想要探讨一种能在规范意义上适用的罪责计算方法，即首先应当在规范意义上找寻行为人应当承担的基本责任。其次确定其是否具有出罪的可能，行为是否具有从重、从轻、减轻、免除处罚等情节，各种情节如果出现竞合的情况，需要法官通过经验法则，作综合评判。过于数值化的计量，可能会导致机械量刑。

侵害法益的行为——责任——刑罚量。

责任的考察方式：定性（参照《刑法》分则的具体法条）。我国是根据行为侵害的法益（客体）进行分类，即根据行为的特点及行为所侵害的法益情况确定相应的法定刑幅度，也就是初步裁量。

刑事政策方面的责任考量：定量。法定情节＋酌定情节的考量，主要考察刑罚的预防必要性，着重从特殊预防的角度进行考察。根据地方司法文件的相关规定，适当调整。

定性＋定量＝量刑结果。

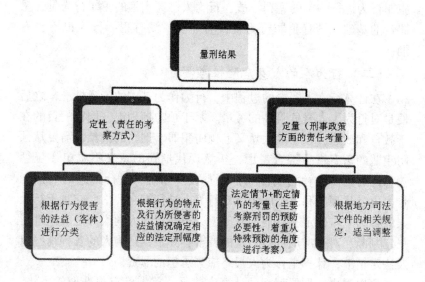

图4-11　量刑结果与各种因素之间的关系分析图

（一）行为的社会危害性考量

刑罚指向的对象是人，而刑罚的本质则是为了使受到制裁的人感受到强烈的痛苦，从而实现惩罚的效果。有学者认为，所谓痛苦，"乃是因为被惩罚者所拥有的可以满足需要的有价值的东西被强制剥夺而产生的不快"[①]。因此，从某种意义上说，刑罚所具有的剥夺性与犯罪所带来的伤害，具有某种同质性，然后再从量上达到某种适当的平衡以实现罪刑的均衡。

因此，在计算罪责程度的时候，应首先对行为进行基本的考量，即考量行为所造成的危害结果或带来的社会风险的增加。尽管目前已经处在综合刑时代，但司法过程中仍依赖于行为刑法，这是目前法治国刑法谦抑的具体体现。刑法不处罚思想犯，只对具体的

[①]　曲新久：《论刑罚的惩罚性》，载《山东审判（山东法官培训学院学报）》2004年第1期。

犯罪行为进行一定的惩罚。故，行为人已经实施的犯罪行为是计量罪责的基础。没有犯罪行为就没有罪责，没有犯罪行为也不会有刑罚。

(二) 行为人的人身危险性考量

在计算行为人罪责的过程中，行为作为基本的考量标准，之后便是对行为人人身危险性的考量。基于预防刑理论，刑罚的目的在于教育和改造，在于最大意义上预防犯罪。刑罚的裁量，需要从预防犯罪的角度进行综合考虑，毕竟现代刑罚的意义不单单在于惩罚，还有更多的社会功能和社会责任。如是，对行为人的具体考量，也是从预防和改造的角度对行为人进行综合评估。在对于行为人的行为基本确定基准刑的基础上，再对行为人的人身危险性进行一定判断，对基准刑进行一定的调整，并根据行为人的各种情况以及法定情节，计算出行为人最终应当承担的罪责。

可以看出，刑罚程度的计算方法是，首先确定基准刑的大小，然后根据各种量刑情节，在量刑的幅度内，最终测算出刑罚的总量。

二、罪责程度转换为刑罚量的方法

事实上，罪责程度与刑罚程度应当是一一对应的关系，罪责程度也是反证量刑是否合适的标尺。如果一个人的行为应当承担的罪责较大，但是结果却承担了较小的刑罚，则可以从反面证明量刑的不合适。如果罪责与量刑严重不符，很可能出现量刑失衡的情况。量刑失衡会导致民众对司法的不信任，严重影响司法的权威。如是，准确把握好罪责程度的计量，以及罪责程度到刑罚程度的转换，是实现司法上量刑均衡的重要环节。

罪责程度应当与刑罚的量基本上保持一种正相关的增长方式，即罪责大的行为，应当承担的刑罚量大；罪责轻的行为，应当承担的刑罚量较少。而对于具体的函数关系，笔者认为，由于我国采用定性与定量相结合的量刑方式，在找寻函数值方面，似乎不太具有研究的科学性。毕竟，对于一个社会而言，何种法益应当在何种程度上得到怎样的保障，在立法时并没有经过科学的数值计量。很多立法上的规定，往往受到时空、历史等宏观因素和微观因素的综合影响，甚至还受到某些偶发因素的影响。

罪责与刑罚量存在某种正相关，但自变量与结果之间的函数关系因为行为性质的不同而不同，立法规定的法定刑是综合因素影响的结果，立法上的函数关系不具有绝对的科学性。但是，司法上的罪刑均衡值得期待：罪责——合适的刑罚量（就具体的行为——刑罚，尽量保持某种相对恒定的函数关系）这种函数关系的恒定性，决定了罪刑均衡的稳定性。因此，笔者试图研究罪责与刑罚之间以法定刑为基础的宣告刑意义上的自变量与因变量的关系，这种相对稳定的函数变化关系，是实现罪刑均衡的关键性实质内核。掺杂了价值判断在内的刑罚裁量，其宣告刑与罪责的关系依然体现出某种相对稳定的变化趋势。罪刑均衡的实现，便是这种相对稳定关系在司法实践中的贯彻和落实。

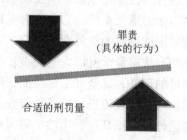

图 4 - 12　罪责与合适的刑罚量的动态平衡关系

第五章　罪刑均衡的衡量与调控

　　责任是实现罪刑均衡的一个关键性因素，基于不同的理论基础，对责任有不同的认识。这种不同认识，在历史上甚至带来了一场持续的学派之争。正如洪福增教授所言，责任理论是刑法理论的基础，是刑法学研究的重要基础理论问题，因为寻求责任理论根据学说的不同而引起了学派之争。[①] 如前文所讨论的，古典学派与近代学派在责任根据上差别巨大，进而在刑罚的裁量标准上也非常不同。随着社会的发展，责任理论也在不断发展，特别是规范责任论者在既不否定古典学派的道义责任论，也不否定近代学派的社会责任论的情况下，发展出成体系的规范责任理论。规范责任论在创新的基础上，对传统的刑法解释学有巨大的突破：既融入了现代社会维护秩序所需要的目的理性，又坚守了传统刑法解释学所恪守的罪刑法定原则。进而在对刑法规范进行规范性研究的过程中，将刑法学研究推向自成理论体系的新高度。当然，对责任理论，目前仍然存在争论。但是立场和理论观点的不同无关对错，只是缘于理论观点和价值选择上的偏好不同。因此，笔者认为，对责任理论进行深入的研究，是解决罪刑失衡问题的前提和基础，基于不同的理论基础，会有不同的责任衡量标准，作为结果的刑罚量自然也会有所差异。

---

　　① 洪福增著：《刑事责任之理论》，台湾刑事法杂志社 1982 年印行，序第 1 页。

第一节 罪刑均衡的衡量标准：责任

在责任理论的发展过程中，就刑罚的责任根据判断，既有基于古典刑罚理论的道义责任说，又有新派的社会责任说，亦有后期在两种理论上发展起来的规范责任说。[①] 近年来，随着社会发展对诸如食品药品安全、社会正常秩序等的需求，在刑法中，出现了严格责任原则，即要求行为人对行为的后果承担刑罚上的责任，这种责任的基础在罪过形式上要求较低，只要行为人实施了具有危险性的行为即可，并不必然要求行为在事实上造成危害的后果，便可以对行为人进行刑罚上的裁量。此种责任原则既超越了古典刑法责任理论对法益侵害后果的要求，又超越了一般意义上的近代学派对行为人危险性人格的评判结果，只是基于社会对正常秩序的合理需求，针对某些具有较大风险的行为，直接规定了更为严格的责任。如此构想，在理论上被称为风险刑法。事实上，是否有风险刑法的存在，目前仍然存在争论。[②] 但是，总体而言，随着社会的发展，已经出现了新的归责原则。这种将刑法理论与社会发展紧密结合的研究，既回应了民众对刑法的需要，又在某种意义上发展了刑罚理论。由此，也能看出刑罚理论强大的生命力。

德国刑法学界针对风险的防范是否需要动用刑法，或者防范风险的规范是否具有刑法性质的问题展开了激烈讨论。学者们基于预防的必要性考虑，认为刑法对某些风险较大的行为进行负面评价，

[①] 余振华著：《刑法总论》（第二版），台湾三民书局 2013 年版，第 285—286 页。

[②] 张晶著：《风险刑法：以预防机能为视角的展开》，中国法制出版社 2012 年版，第 41 页。

是社会的一种必须。① 大多数学者经过讨论都比较认可此类类似于美国存在的严格责任的归责方式，认可社会的需要导致了行为人对责任的提前承担。事实上，近几年来，中国也在讨论风险社会和风险刑法的问题。但笔者认为，基于我国刑法的体例，只要在立法上对风险行为进行了禁止性规范，行为人就必然要承担相应的后果。这与德国理论上一直争论的对行为人的惩罚是不是刑法上的惩罚具有较大差异。德国有刑法和行政刑法（附属刑法）的划分，在传统的解释学立场上，附属刑法更多地属于行政法的范畴。因而，诸多出于社会管理的需要而制定的惩罚措施，如果在归责原则上与传统的归责理论差别较大，争议便在所难免。关于这种处罚的定性问题，也值得深入讨论。在我国，由于立法体例简单明了，也没有过于庞杂的理论体系，对责任理论的研究更是比较粗犷。因此，我国一般采取存在即合理的原则，只要立法已经进行了刑法上的规制，司法就严格按照立法进行操作。而对于责任理论，如果一定要找寻一个理论根据的话，笔者认为，其应当是预防的必要性。这种将预防必要性等刑事政策的需要，贯彻到刑法解释学理论研究中的进路，是近年来刑法学发展的重要推动力。

刑法理论的发展得益于社会的快速发展，而将刑法解释学与社会发展的成果结合起来的研究进路，也给之前努力找寻突破的刑法解释学带来了新的生机。刑法学理论的发展，除了刑法解释学在解释学循环的范围内达成某种自洽式的自我更新和发展外，刑法学在宏观上依然要借助刑罚理论的发展。因此，笔者认为，以社会科学的优秀成果为基础发展起来的刑罚理论，对刑法学的发展有着巨大的推动作用。上文提到的风险刑法或严格责任理论在规范刑法学中的讨论，便是一个明显的例子。

---

① 张晶著：《风险刑法：以预防机能为视角的展开》，中国法制出版社2012年版，第41页、第42页。

第二节 刑罚理论统摄下的需罚性分析

刑罚的正当化根据问题，一直是刑法学研究的核心，且学者们对各种理论争论不休。在刑法学发展史上，关于刑罚正当化根据问题的探究，一直存在客观主义与主观主义的论争。

客观主义认为，刑罚的正当化根据是行为人的危害行为，行为人因为个人道义上的责任而应当受到刑罚的责难。在客观主义者看来，刑罚权的发动，不需要考虑行为人的特点，只要考虑行为的危害特点及危害后果即可，坚持在行为的基础上给予行为人相应的惩罚。

主观主义则认为，刑罚的正当化根据体现为行为人的人身危险性，即行为人的危险性人格是惩罚的根据，行为人应当对自己的危险性人格承担社会责任。因此，在主观主义者看来，即使是同样的行为，因为实施行为的主体不一样，综合分析之后，根据行为背后所体现的行为人的不同危险性人格，相应的惩罚也不一样。但不管是客观主义，还是主观主义，又或是兼容了客观主义思想和主观主义思想的综合刑主义，因为不同的社会背景以及在此基础上所产生的刑罚哲学的不同，在不同的时期，刑罚权发动的根据和侧重点也存在较大差异。

不同时期，刑罚的正当化根据差异较大，这是一个客观事实。当然，整体来看，其还是遵循从行为到行为人的危险性人格，再到兼顾行为与行为人的危险性人格这样一个发展进路。而从法律思想的演变来看，主要经历了从之前的报应刑论到目的刑论，再到后来的综合刑论的转变。目前，各国比较能接受的刑罚思想是兼顾报应刑论与目的刑论的综合刑论。而报应刑论思想，亦经历了神意报应、道义报应和法律报应阶段。在法律报应阶段，则因为不同的法律思想而出现了不同的偏向。因为分析刑罚权需要分别从立法、司法和执法三个层面进行考虑，而法律报应需要依赖现有的立法。因此，我们首先需要从立法层面去关注刑罚权的配置，继而在罪刑法定原则的约束下，关注司法和执法过程中刑罚权的发动和运行。

那么，对法律报应而言，立法的根据何在？何种行为应当被规定为犯罪，因而受到刑罚的处罚？何种行为应当赋予当事人自由处分权？如何从立法上规制民众的行为？等等，这些问题都是立法所应该完成的任务。当然，不同法律思想引导下的刑事立法，自然会有不同的侧重点。例如，君主视角下的刑罚思想，首先要考虑和维护的便是君主的利益，刑罚权发动的首要目的在于维护君主的统治以及统治者的利益。在这个阶段，刑罚发动的根据在于维护君主的统治，一切围绕着君主及君主的利益出发。尽管在这个阶段，刑法及刑罚思想在与封建思想斗争的过程中有了一定的发展和进步，但整体来看，在社会利益与君主利益互相矛盾时，在立法和司法层面都能明显看出维护君主利益的倾向。例如，在德国学者康德的"同害报复的法"中，亦有君权神圣不可侵犯等思想的明确表述。

刑罚理论，一直随着社会环境与社会制度的改变而发展，而且基于不同的国情和社会情状有着不同的现实状况。依据常理，刑罚理论的研究，应当是刑法学研究的重点，但基于种种原因，目前的刑法学研究更加重视对刑法解释学的研究，而忽视对刑罚理论的探究。刑罚，是一个古老而严肃的命题。正如哈特所言：围绕刑罚制度的困惑与日俱增，而对刑罚问题所抱持的兴趣，现在已经是空前的浓厚。亦有学者指出，在刑罚问题上，我们的智慧似乎显得筋疲力尽。正如储槐植教授所言，刑罚是刑法学的中枢神经。可见，刑罚的重要性不容置疑，而对于刑罚的思考和研究，也应当是刑法学研究的重要议题。目前对于刑罚的研究状况，正如林山田教授所指出的：一般论著，大多是重犯罪而轻刑罚；有关犯罪理论、犯罪之法律要件与犯罪形态等，均论述甚详，惟对刑罚与保安处分理论及制度，常有忽略之处。由此可见，对于刑罚研究的忽略和不重视，似乎成为刑法学研究的共通现象。

事实上，刑罚理论的发展是基于社会管理的需要，即如何通过刑罚量的配置最大限度地实现社会公平和正义。在刑罚配置的过程中，各种因素交错影响。我们会发现，古典的抽象人理论在理论上是一种非常公正的刑罚配置方式，即同样的行为应当受到同样的刑罚。而在现实中，却出现这样的疑问：同样的行为，是否应当承担同样的责任？如果是基于古典学派的道义责任论，假设的前提是每个人都是百分之百的绝对理性，此种分配自然是理性而应当的。但在现实中，行为人的处境是否真的是完全自由状态下的理性人状态？或者，在考虑责任的时候，社会环境和行为当时的具体情状是否会影响到行为人的行为？客观而言，答案是肯定的。因此，古典刑法理论在历史上饱受质疑，其根源在于理性人的假设在现实中并不存在。社会的现实往往是，同样的行为，其背后的原因千差万别，行为人在行为当时的情状更是差别巨大。因此，在责任考量上该持何种观点，成了理论界和实务界必须要面对的一大难题。

从社会层面看，刑罚所具有的功能是多方位的。作为国家管理的一种重要方式，刑罚有着重要的价值和意义。但是，刑罚的功能又并不如学者们想象的那么完美。亦即，刑罚确实能起到维护社会秩序的作用，但是刑罚并不是完美无缺的。所以，也有学者开始反思刑罚，并在此基础上，提出刑罚"不能"的说法。因为，刑罚对犯罪的惩罚和预防只能在一定程度和范围内发生作用，超越了这个范围，它就显得无能为力。例如，当行为人已经处于心神耗弱或精神错乱状态时，其对犯罪的辨别能力几乎丧失，对刑罚的感受性已经弱化或者根本就不存在。从责任论的观点看，这类人事实上并不具备理性的思维能力，因此也并不是刑法学意义上具有"自由意志"的个体。针对这样的个体，刑罚便显得无力，甚至无能。因此，有学者提出"刑罚的功能存在着应然性和实然性"的见解。①

一般而言，刑罚的功能主要体现为三个方面：第一，通过对犯

---

① 房清侠著：《刑罚变革探索》，法律出版社 2013 年版，第 57 页。

罪人侵害法益行为的非难和惩罚，满足社会的报应情感，使普通百姓能得到一种正义情感的宣泄，同时也能满足被害人的报复心理；第二，通过公开的形式，对一般人具有威慑的效果，从而实现一般预防的功能；第三，通过对犯罪人宣告刑罚，从而增强其守法意识，同时通过对犯罪人的矫正治疗避免其再犯，从而实现特殊预防的功能。以上三个方面的功能，形成了一个统一的有机体，通过刑罚共同维护社会的统一秩序。① 可以看出，刑罚具有诸多的社会功能，且学者对于这些功能基本上都是从积极的层面进行论述的。笔者认为，学者们对刑罚功能的阐述，更多的是一种应然层面的解读。但在客观上，刑罚的功能有其基于自身特性而具有的局限性，同时亦受社会资源有限性因素的影响。在刑罚发动的过程中，我们往往只看到刑罚的正面价值，而忽视刑罚在实现社会正义的过程中给社会带来的伤害。

正如有学者所言，对犯罪者施以惩罚是社会生活中一个特别令人困扰与不安的面向。在社会政策方面，惩罚似乎总是因为无法达成它所夸言的目标而让人失望，同时危机与矛盾也不断削弱它的效果；在道德或政治议题上，惩罚也会引发过度的激情、严重的利益冲突以及棘手的争论。② 因此，要找出究竟何种惩罚方法最能符合我们的社会理想，这需要我们用理性的思维进行不断反思。在社会的发展中，刑罚的运用如此之频繁，为何犯罪率依然居高不下？这是否从另一个侧面，反衬出刑罚的无力和功能的有限？理性而言，刑罚的功能的确非常有限。目前，我们的社会管理仍然需要通过刑罚来实现社会正义，但对于刑罚我们又不可过于依赖。这应该是社会发展给予我们的启示。

---

① ［日］大谷实著：《刑法总论讲义》（第三版），日本成文堂 2010 年版，第 509 页。

② ［美］戴维·葛兰著：《惩罚与现代社会》，刘宗为、黄煜文译，台湾商周出版社 2005 年版，第 2 页。

第三节 罪刑均衡的调控方法：利益衡量

"任何法律事实上都在保护利益，因此，刑法要解决的是保护利益，以及保护谁的利益问题。"[1] 基于责任是连接罪与罚的重要指标，因此，罪刑均衡的重要衡量基准应当是责任相当，即相当责任原则。至于该如何界定相当责任？何为责任相当？则应有相当的考量因素。在具体衡量责任的诸多要素中，何者又该占最主要地位，各个要素的排列顺序如何呢？以上问题，在本书中都将一一讨论和回答。利益衡量在司法裁量中发挥了非常重要的作用，其最先源起于德国民法学领域的利益法学派对概念法学的抨击和革新，打破了概念法学派机械的逻辑演绎，将利益衡量引入司法裁判的过程。随着法教义学的发展，刑法教义学也引入利益衡量概念，在刑罚裁量的过程中，借助利益衡量这一重要元素，推动司法裁量的科学化和适当化，实现罪刑均衡。在德国，利益法学的代表人物是赫克。

相应的，在美国也出现了从利益衡量和实践理性的角度对法学进行分析和解读的学者，他们虽然在研究进路上有所差异，但是却有着相似的观点，如美国的霍姆斯、庞德、卡多佐等人的社会学法理学。基于美国实用主义哲学的影响，将法的实践理性解读为某种实用主义的利益衡量，基本上也是顺理成章的事。卡多佐认为，法官应当不满足于通过某种传统的法律推理方法获得一个结论；也不应当试图对由某种冲动或者某种社会哲学所指定的结论寻求正当化或者予以理性化。

概念法学认为，一般的法律概念是产生法律规范的原因，法律

---

① 黄荣坚著：《基础刑法学（上）》，台湾元照出版有限公司 2006 年修订版，第 44 页。

规范通过法律概念间接地影响生活的观念。但是，赫克认为，在法律规范中，逻辑的优先地位被对生活的研究和评价所排斥，因此，在法律适用过程中，逻辑不是最关键的因素。① 在利益法学看来，生活利益决定法律，法律是对生活条件的回应；法律影响生活，在司法判决中，法律通过法官的判决影响现实生活。因此，法官判决中的法才是真正的法。② 利益法学的研究，最开始是在民法领域，因为民法主要是平等主体之间的利益权衡，且当事人之间有较大的自主权。具体到刑事法领域，就罪刑均衡的判断而言，在罪的法定刑幅度内，法官具体如何裁量，事实上也受到利益法则的约束。据此，笔者认为，在刑事法领域，虽然法官会更多地受到公权力的限制和制约，但总体而言，在自由裁量的幅度内，其还是会综合考量各方的利益，以求达到罪刑的均衡。

一、利益衡量是刑罚理性的主要体现

法律对利益的关注，是从耶林开始的。耶林认为，所谓权利，就是受到法律保护的一种利益。法律的目的是平衡个人利益和社会利益，实现利己主义和利他主义的结合，从而建立起个人与社会的合作伙伴关系。③ 从以上论述可以看出，有关法律对利益的关注，在很早以前便有法学家进行了深入的研究。而这种研究，也一直持续到现在的立法和司法领域。特别是在当今的市场经济时代，利益最大化的思想不管是在制度层面，还是在日常生活琐碎的细节中都有深刻体现。按照理论与实践相结合的理论，理论必须来源于生活，因此，对利益的考察自然是法律应有之义。而作为最严厉惩罚

---

① ［德］伯恩·魏德士著：《法理学》，丁小春、吴越译，法律出版社2003年版，第241页。

② 梁上上著：《利益衡量论》，法律出版社2013年版，第25页。

③ 张文显：《二十世纪西方法哲学思潮研究》，法律出版社2006年版，第129页。

手段的刑罚，其运用的合理性和经济性，更是在各个领域被讨论并得到认同。事实上，刑事控制能力是非常有限的，刑事控制手段也必须与其他社会控制手段相结合，才能做到社会资源配置的最大合理性。目前来看，理性地讲，似乎还没有迹象表明，随着社会的发展和文明的进步，人类可以最终消灭犯罪。因此，有学者指出，"刑事控制活动的最终目标与其说是消灭犯罪，还不如说是消灭刑法自身"[1]。

日本刑法学者川端博认为，刑法的机能包括限制机能、维持秩序机能与保障自由机能。[2] 所谓的功能，便是客体服务于主体的价值所在，也是客体为了实现主体所设定的目的而具有的某些特质。从传统的正义观来看，刑罚的报应源于社会、道义和法律的要求，它是社会正义观念的体现，代表着对犯罪的否定性社会心理评价、道德评价与法律评价。[3] 而随着社会的发展、人类对于文明和自身价值的不断追求，良好的秩序成为文明社会的必备要件，刑罚的内涵也随之发生了诸多变化。因而有学者认为，"教育性"与其说是刑罚的属性，还不如说是以教育刑论为基础的现代刑罚制度所具有的一种功能。[4]

从存在的价值和意义来看，国家首先是一种集体的存在，故集体的安全和稳定对于该国的公民而言，是一种基本权益的保障。如果没有国家秩序的稳定和安宁，个人利益便很难找到载体。这种现有载体的安宁，对国家和社会，以及个体公民都是一种基本的生存

---

① 周少华著：《刑法理性与规范技术——刑法功能的发生机理》，中国法制出版社 2007 年版，第 118 页。

② ［日］川端博著：《刑法总论讲义》，日本成文堂 1997 年版，第 2—3 页。

③ 周少华著：《刑法理性与规范技术——刑法功能的发生机理》，中国法制出版社 2007 年版，第 154 页。

④ 周少华著：《刑法理性与规范技术——刑法功能的发生机理》，中国法制出版社 2007 年版，第 235 页。

保障，具有不可替代性和首要价值意义。尽管现代的很多观点都认为，即便是为了国家利益也不能轻易损害公民利益。但是，这种观点应当在国家和社会处在基本稳定的状况下方具有合理性。如果处在国家濒临危险或者社会极度不稳定的状况下，公民的安全便显得岌岌可危，而没有基本的稳定保障的公民权益，对外和对内都存在随时可能被其他犯罪行为侵害的状况，个体权益也更难得到合理的保障。因此，在现代刑事立法以及刑事司法的过程中，利益的考量是必要且适宜的。国家作为社会的管理者，必须从管理员的身份出发，按照所需保护法益的轻重，进行相应的保护，"立法的过程也是一个利益衡量的过程。"①

故，国家安全和社会的稳定是一种前提性的保障，具有前提性和包摄性。在国家安全和社会稳定的情况下：刑法保障公民的合法权益，使个体权益在总体集团的安全下得到相应的庇护，从而证明国家安全和社会稳定的重要性（更高一个级别的总体价值）。

**图 5 - 1　国家安全和社会秩序的稳定对
公民合法权益的基础性意义图**

正如有日本学者所指出的那样，"刑法是基于国家维护其所建立的社会秩序的意志制定的，根据国家的意志，专门选择了那些有

① 杨炼著：《立法过程中的利益衡量研究》，法律出版社 2010 年版，第 34 页。

必要用刑罚制裁加以保护的法益。侵害或者威胁这种法益的行为就是犯罪，是科处刑罚的根据，刑法具有保护国家所关切的重大法益的功能"①。从理性的角度看，刑法除了要保护利益之外，更要通过对社会利益的维护实现法的正义价值。否则，现成的法律将形同虚设。正义，是刑法本该有的价值。不管国家从功利的角度如何进行考量，都必须在社会范围内实现基本的正义。正如陈兴良教授所言，"法是以维持一种正义的秩序为使命的，这种正义的秩序可以视为法所追求的实体正义。刑法在维护社会秩序中发挥着重要的作用，因而实体正义更是刑法的归宿"②。

在司法裁量的过程中，法官既要在罪刑法定的范围内适用刑法，又"要保护制定法认为值得保护的利益的整体"③，法律的适用，不再是三段论式的逻辑推演。在概念法学时代，法官只能根据认知逻辑的规则来适用法律，法官不应进行评价也不能自己创造法规范。在刑事法领域，法官的确应严格遵守罪刑法定原则，在现有法规范的范围内，进行有限的自由裁量。庞德认为，"我们有着几个世纪以来用法律来调整关系和安排行为的经验，而且我们已经学会了去发展这种经验，并利用它去衡量和评价各种利益"④。因此，不管是民事法律还是刑事法律，司法裁量的过程，都可以理解为是法律适用中的再次利益衡量。具体而言，在司法裁量过程中，刑罚权的使用，同别的公共权力的使用一样，不仅需要考虑有关法律的规定，而且不得不面对被告人、罪犯、他们的亲属所提出的降低惩

---

① ［日］木村龟二主编：《刑法学词典》，顾肖荣等译，上海翻译出版公司 1993 年版，第 9—10 页。

② 陈兴良：《刑事法治的理念建构》，载北京大学法学院编：《刑事法治的理念构建》，法律出版社 2002 年版，第 23—24 页。

③ ［德］赫克：《利益法学》，傅广宇译，载《比较法研究》2006 年第 6 期。

④ ［美］罗斯科·庞德著：《通过法律的社会控制》，沈宗灵译，商务印书馆 2010 年版，第 65 页。

罚力度、减轻惩罚的利益请求。① 在司法裁量的过程中，法官要综合考虑各方当事人所提出的具体利益请求。从某种意义上说，利益既是一个客观概念，但同时也会包括当事人的某些主观意愿和主观诉求。在司法裁量的过程中，法官需要综合考虑，作出最适合的裁判。

二、利益衡量的边界：罪刑法定原则

即使没有刑法，惩罚也照样可行。翻开人类的发展史，我们可以看到，长久以来我们已经形成了相对比较成熟的惩罚文化，各种残酷的惩罚技术和方法，令现代人瞠目结舌。而这也说明了一个问题，那就是不管刑法发展得如何，人类从来不缺少惩罚的技术和惩罚的能力。但是，刑罚作为一种严厉的惩罚措施，在现代文明制度下，如何遏制刑罚擅断却成了一个讨论了许久，也实践了许久的问题。刑法存在的目的正是要力图解决刑罚擅断这样一个古老的问题。而罪刑法定原则，也正是出于遏制刑罚擅断而被推崇的刑法学的一条基本原则。根据传统的刑法解释学理论，历史学家不能偶然地或自己随意地选择对象，在被称为"功能史"的大历史潮流中，自己在发现对象之前就已与它结合到一起了。② 因此，作为成文法国家，对法条的理解和解释，必须以现有的立法作为参照，不能随意突破现有立法。

在法的世界，正义也是需要经过斗争方能真正实现的。在法治的边界内，我们只是暂时假定目前的法秩序基本合理。这保证了法的安定性和明确性，有力地维护了法和社会的稳定，更有利于正义的实现。同时，在此基础之上，用批判的精神来处理个案中具体的

① 翟中东著：《刑罚问题的社会学思考：方法及应用》，法律出版社2010年版，第118页。

② ［日］中冈成文著：《哈贝马斯：交往行为》，王屏译，河北教育出版社2001年版，第160页。

细节操作，逐步实现现实中的具体正义，以求在总体上实现更多的正义。正如菲肯切尔所说，如何适当解决个案纠纷是所有法律人努力的焦点。① 因此，有学者认为，目前中国法学、特别是法解释学发展的方向应该是发现和适当安顿那个"确定的核心"，并使之与法的认知性侧面以及反思机制相协调。在这个意义上，法社会学在中国发展，一项重要的任务就是为法解释学体系奠定坚实、可靠的客观性基础，以限制专职人员滥用裁量权的行为以及社会失范现象，进而提高判决和法律的可预测程度和正确解答率。② 因此，才会有刑法学者指出，中国仍然处于需要刑法教义学启蒙的阶段。③ 故，在当下的中国法学界，有学者认为，我们一定要更加巩固现有法的地位，进一步发展法解释学。其背后的意义在于，不管社会怎么发展，转型时期社会问题如何纷繁复杂，都一定不要突破罪刑法定原则。

由于权力具有天然的可能被滥用的嫌疑，同样，刑罚权也自然具有被滥用的诸多可能，而且后果很严重。因此，尽量遏制刑罚权被滥用的情况，最大限度地发挥法律的权力限制功能，成为法学家努力追求的目标。在中世纪的欧洲，法官可以随便出入人罪，刑罚适用专断的现象非常普遍。④ 在与罪刑擅断作斗争的过程中，罪刑法定原则应运而生。为了保障民众的基本权益，罪刑法定原则确定了刑罚的边界，因此刑法也被称为犯罪人的大宪章。基于罪刑法定原则对人权的保障作用，以及在更广泛意义上对社会稳定的维护和

---

① ［德］卡尔·拉伦茨著：《法学方法论》，陈爱娥译，商务印书馆2003年版，第21页。

② 季卫东著：《大变局下的中国法治》，北京大学出版社2013年版，第162—163页。

③ ［德］乌尔里希·齐白著：《全球风险社会与信息社会中的刑法：二十一世纪刑法模式的转换》，周遵友等译，中国法制出版社2011年版，陈兴良序第3页。

④ ［法］卡斯东·斯特法尼等著：《法国刑法总论精义》，罗结珍译，中国政法大学出版社1998年版，第74—75页。

保持，现代法治国家都会恪守罪刑法定原则。在司法裁量过程中，法治的边界到底在哪里？其实，很简单，法治的边界便是现行立法，且假定现行立法是基本合理的，即良善的法。而且所有人，包括立法者、执法者都与普通公民一道遵守现行的立法，以此来实现良好的社会管理秩序。大陆法系繁荣发展的刑法解释学，其基本前提是假定现行法秩序是基本合理的，并在此基础上，追求法的安定性和明确性，同时，也肯定法学的批判精神。正如有学者所言，利益衡量作为法官判案的思考方法，也是在一定的时空中展开的，即利益衡量只能在法律的疆域内发挥其应有的作用，不能越出法律的边界。① 特别是在刑事法领域，基于对行为人权益的保障，刑法的谦抑性更应当有所体现。具体而言，刑罚的裁量更应当在现有法律的边界内行事。

对现行立法的批判，保持了法所具有的实践性和发展性，既肯定了法的安定性与社会发展之间必然存在的紧张关系，又划定了司法裁量的界限。司法裁量的过程中，需要假定现行立法基本合理，但此种基本合理，并不掩盖法所具有的滞后性及法律的有效供给可能存在不足等现实问题。如是，拉伦茨认为，所谓的"批判理论"，其认定现行法不过是片面"支配关系"的规定。② 亦即，法官在解释法条时，需要对现行立法足够地尊重，即便是批判现有立法，也是在论述充分的小范围内，不可以轻易否定现行法的权威性和内容的合理性。笔者认为，拉伦茨所认为的在罪刑法定疆域内对法的合理运用和有限批判，可以采用利益衡量的方法进行，即法官在适用法律时，通过利益衡量的方法，衡量法的适当性；用利益衡量的办法，计量出遵守现行法的成本与收效。如果履行该法需要付出极大的代价，且民众对该法的认可度非常低，则基本上可以判定

---

① 梁上上著：《利益衡量论》，法律出版社 2013 年版，第 194 页。

② ［德］卡尔·拉伦茨著：《法学方法论》，陈爱娥译，商务印书馆 2003 年版，第 77 页。

现有法律可能阻碍了社会的发展以及具体问题的解决。尽管修法需要一个过程，但在具体的司法实践中，如果某法条事实上已经严重阻碍了经济社会的发展以及矛盾的解决，则很可能在事实上被废弃。司法部门会通过司法文件或司法解释的形式，解决此类问题。具体例子可以参照刑法修改之前的赌博罪的修订，以及针对黑社会犯罪所采取的相关做法。

三、以利益为基础的价值判断

纵观法教义学的发展进程，从概念法学后期开始，利益衡量便在法教义学的运用和发展过程中发挥了很大作用，并因此掀起了法教义学理论和实践的革新。具体到刑法教义学，概念法学后期以价值判断为重要参考标准的古典刑法学在借鉴和吸收了利益法学的利益衡量方法后，逐渐发展起来目的法学和目的行为论，后又在综合发展的基础上发展起更有司法生命力的相对报应主义和功能性犯罪论体系。这种变化和发展，都与司法裁量中的利益衡量有着不可分割的联系。下图显示了法教义学的发展历程：

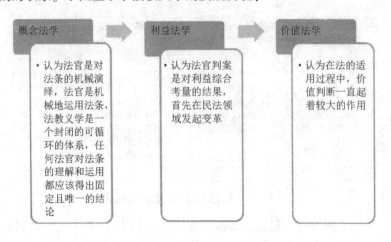

图 5 - 2　法教义学发展历程图

具体而言，以德日为主流的刑法教义学发展进程，主要经历了以下几个重要阶段。古典的刑法学（绝对报应主义）阶段：以贝林、李斯特的犯罪体系为代表，兴盛于 20 世纪初，对应于概念法学发展的时代；新古典的刑法学（相对报应主义）阶段：以梅茨格尔的犯罪概念为代表，兴盛于 1930 年前后，对应于利益法学发展的时代；目的性行为犯罪体系（目的行为理论）阶段：以韦尔策尔及施特拉腾韦特的犯罪论体系为代表，兴盛于 1955 年前后，对应于价值法学开始发展的时代；综合刑犯罪论体系阶段：结合新古典学说和目的刑学说，以加拉斯、耶塞克、罗克辛为代表。另外还有：功能性刑法体系（功能性体系），即在刑罚目的理论中，罪责和预防性需要都是刑罚的必要性条件，但不是充分条件。目前，刑法教义学仍然处在不断完善和发展阶段，但可以看出其整个发展过程都有着利益衡量的影子。不管是后来的价值法学的繁荣和发展，还是具体到刑法教义学领域的目的行为论，都是基于利益衡量基础上的价值指引和价值判断在法教义学中的延伸。因此，利益衡量成为司法裁量的重要考量因素。

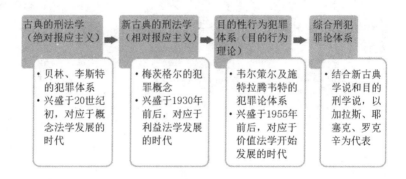

图 5 - 3　刑法教义学发展历程图

刑法所保护的利益，被称为法益。是从刑法的意义上，对利益进行理解。在刑法发展史上，法益的内涵发生了很大的变化。从刑罚惩罚的目的和功效来看，不同的理论支持者，对法益的内涵有着不同的认知。比如，迈耶主张，"犯罪不需要以细节明确的外部效用的意思的损害为必要条件，只要对人伦秩序侵害就足够了，这没有必要详细论述"，"罚不以现实有害的结果或者真正的危险为前提"[1]。当然，这样的犯罪观对轻罪是不妥当的，因为对轻微违法行为的处置，只有在其他的制裁方法不充分时，才可能适用如此的犯罪观。这里牵涉到轻微违法行为入罪的问题，以及犯罪圈被扩大的问题。本书想指出的是，即便是用利益作为考量的基本要素，在对利益进行定义时，不同的学者也会有不同的观点，因而导致了不同的法益内涵。而对犯罪的不同理解，自然是在法益理解的基础上，进行了不同的价值选择。利益衡量实质上也贯彻着价值判断的主观要素。

在确定价值判断与利益衡量并无实质的主客观差别之后，笔者提出以下观点：刑罚裁量的基础是罪责、预防性必要、刑事政策的综合考虑（具体体现为地方司法文件的地方性倾向）。

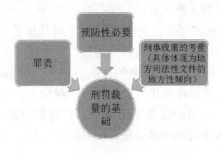

图 5 - 4 刑罚裁量的基础示意图

笔者认为，罪刑均衡的具体实现，既是一个实体法问题，亦是一个程序法问题，故程序法与实体法的结合，是本书研究的重要方

---

① ［日］伊东研祐著：《法益概念史研究》，秦一禾译，中国人民大学出版社 2014 年版，第 176 页。

法。适当刑罚量的裁定，既是对程序的要求，也是对刑法理论是否合适的重要验证。事实上，随着新派刑法理论对古典犯罪论所产生的冲击，人们对犯罪行为的理解，亦加入了价值判断的因素。一个人的行为，不单单是事实上存在的客观行为，同时，其行为本身亦是一个社会行为，更是一个社会人基于种种行为意图而作出的身体反应。因此，尽管"在价值判断的形式里，存在着相当程度的主观性"[1]，刑法理论的发展趋势依旧是，价值判断在犯罪论体系中生根发芽，找寻到自身存在的重要意义。同时，价值判断在犯罪论体系中的存在与发展，源于德国价值哲学的繁荣和发展。而且，不管是哲学基础，还是研究方法，价值判断都在犯罪论体系和刑罚理论中，有着举足轻重的地位。但是，基于价值判断的主体的差异性和标准的多元性，在具体的司法实践中，也会存在诸多的差异。再加上我国特有的司法体制，以及目前所处的转型和改革时期，价值判断所引发的多元结果便在所难免。而司法裁量总是力图找寻相对公平且有说服力的裁量结果，因此，对司法过程的罪刑均衡问题进行研究，便显得意义重大。

"在新康德主义之下，刑法学的任务就是从价值的角度出发，对犯罪论与刑罚论等知识重新进行评估，从而建立事实领域与价值领域的联系"[2]。在犯罪论体系的发展过程中，价值哲学的引进和发展起到了关键性的推动作用。周光权教授指出，以雅科布斯为代表的学者所提出的功能性犯罪论体系，将价值判断推演到极致。[3]功能性犯罪论体系的核心内容是，在对行为进行评价的过程中，必

---

[1] [美]鲁格罗·亚狄瑟著：《法律的逻辑——法官写给法律人的逻辑指引》，唐欣伟译，法律出版社 2007 年版，第 269 页。

[2] 周光权：《价值判断与中国刑法学知识转型》，载《中国社会科学》2013 年第 4 期。

[3] 周光权：《价值判断与中国刑法学知识转型》，载《中国社会科学》2013 年第 4 期。

须考虑刑法的刑事政策基础。故在刑法实施的过程中，价值判断发挥了非常重要的作用，且刑事政策作为某个时期刑法的具体方向性指引，在价值引导上亦发挥了巨大的作用。因此，刑事政策的真正内涵在于，用具体的价值指引并贯通犯罪论体系及刑罚理论。目前，诸多国家刑事政策学的发达，以及二元论判断标准在刑事法领域的运用，便是对以价值哲学为基础的价值判断的认可和尊重。罗克辛教授亦认为，罪责概念只有和预防性需求相结合，且相互限制，才能得出行为人应受刑罚处罚的结论。① 据此，具体的刑罚裁量，应当充分考虑预防必要性，而所谓的预防必要性，则必须从行为人具体的特征和情状出发，作出适当的裁量。罪刑均衡的实质内涵，事实上是以责任作为裁量的媒介，既在宏观上考虑刑事政策的需求，又在微观上考虑行为人的具体特征，合理地进行刑罚个别化处置。

在具体的司法应对过程中，对刑事政策的解读，以及对行为人具体情况的判断，又经常会因人而异，故在理论上，作为一种规范性的研究，罪刑均衡的实现是通过责任的分配来进行的。亦即，在具体的司法过程中，刑罚的裁量过程既要符合刑事程序方面的要求，又要在实质上体现刑法学所追求的公平和正义的价值。因此，本书并非单纯从犯罪论或刑罚理论的角度对罪刑均衡的相关问题进行研究，而是试图以价值判断为基础，将责任要素作为刑罚裁量的重要桥梁。具体到司法过程中的刑罚裁量，则是对影响刑罚结果的各个要素逐一进行具体考虑，并在考虑的基础上，对实现罪刑均衡的司法运作进行合理梳理。最终用通俗的语言来说明在二元判断时代，价值判断往往左右着刑罚裁量的轻重，同时分析具体的刑罚裁量所真正需要注意的问题。在实现罪刑均衡的过程中，司法过程是主要战场，而当司法领域不能真正实现罪刑均衡时，立法上的调整便成为必要。具体到刑罚裁量，有学者认为，"刑法的运作过程始

---

① ［德］克劳斯·罗克辛著：《德国刑法学 总论（第 1 卷）·犯罪原理的基础构造》，王世洲译，法律出版社 2005 年版，第 125 页。

终离不开价值判断，离开价值判断的刑事裁判是不可想象的"①。因此，即便不去讨论刑法哲学的问题也能知道，在刑法裁量过程中价值判断随处可见且极为重要。在刑法领域，"既要以生活经验为基础制定法律与解释法律，复出经验之外，作合理的价值判断"②。因此，刑法的适用，是一个事实判断与价值判断交织在一起的过程，而刑罚的具体裁量，也是一个融汇着价值判断的过程。

在我国的司法实践中，往往更重视定罪，量刑的过程并没有得到足够的重视。当然，罪与非罪是更大意义上的刑罚量的差别。而对有罪基础上的量刑的重视度不够，则是理论界和实务界都存在的问题。笔者通过实证研究，发现对于真正有罪的犯罪人，他们似乎更关心量刑的结果，而非罪名。③ 因此，量刑问题直接关系到犯罪人的切身利益，是理论界与实务界必须认真、谨慎对待的一个问题。实质上，定罪与量刑应该是两个可以彼此独立的过程。亦即，定罪关系到罪与非罪，是一个是与非的问题，至于量刑则是在有罪基础上，罪多罪少的问题。因此，笔者认为，有必要加强对量刑问题的研究和处理，毕竟对于一个确定有罪的人而言，刑罚量的多少直接关系到其切身利益。我国目前这种定罪量刑一体化的模式，不能让控辩双方就量刑问题充分发表意见。这种对量刑问题的忽视，导致在事实上出现了罪刑失衡的问题，也在某些方面影响了我国司法的公信力。因此，不管是理论界还是实务界，都应当更多地关注量刑问题。

刑罚在裁量的过程中，以利益考量作为计量的单元，并通过法官的价值判断反馈到刑罚裁量中。而这种价值判断，既是法官专业

① 张心向著：《在规范与事实之间——社会学视域下的刑法运作实践研究》，法律出版社 2008 年版，第 377 页。

② 林东茂著：《一个知识论上的刑法学思考》（增订三版），中国人民大学出版社 2009 年版，第 12 页。

③ 在调研的过程中，就此问题进行过多角度的访问。

素养的体现，也是法官对于当前的刑事政策以及刑罚预防效果的一种综合考量。在有明确法规范的情况下，法官需要借助于价值判断，在法规范不明确，或法规范明显滞后的情况下，法官更需要依赖价值判断。①

　　以许霆案为例，在该案中，许霆"盗窃金融机构，数额特别巨大的"行为（该行为有着诸多的偶发性因素），其法定刑为无期徒刑或者死刑，并处没收财产。根据罪刑法定原则，只要该行为构成盗窃行为，便需要在无期徒刑以上进行惩罚，而用利益衡量，其行为只是各种偶发因素引发的贪利行为，而且其主观恶意并没有达到判处无期徒刑的程度，因而其行为与惩罚后果不平衡。通过价值判断得出以下结论：法定刑偏重。具体到司法裁量：通过程序性的方式，在法定刑幅度以下进行处罚。

利益衡量
- 盗窃行为——各种偶发因素引发的贪利行为
- 主观恶意并没有达到判处无期徒刑的程度
- 行为与惩罚后果不平衡

价值判断
- 法定刑偏重。盗窃金融机构，数额特别巨大，判处无期徒刑或者死刑，并处没收财产
- 罪刑法定原则。只要该行为构成盗窃行为，便需要在无期徒刑以上进行惩罚

司法应对
- 通过程序性的方式
- 在法定刑幅度以下进行处罚

立法回应
- 2011年2月25日全国人大常委会对盗窃罪进行修改，直接删除了对盗窃金融机构数额巨大，无期徒刑或者死刑，并处没收财产的规定

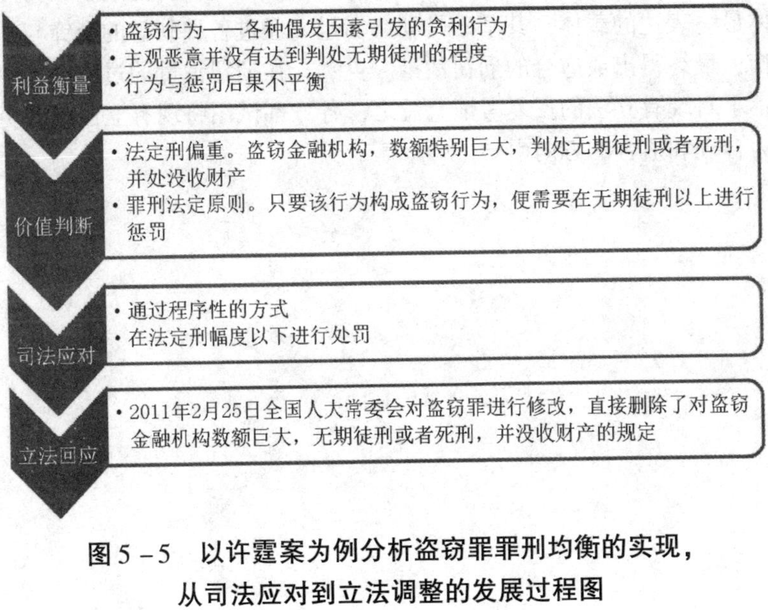

**图5-5　以许霆案为例分析盗窃罪罪刑均衡的实现，
从司法应对到立法调整的发展过程图**

---

① 卓泽渊著：《法的价值论》（第二版），法律出版社2006年版，第577页。

立法回应：2011 年 2 月 25 日全国人大常委会对盗窃罪进行修改，直接删除了对盗窃金融机构数额巨大，判处无期徒刑或者死刑，并处没收财产的规定。

流程：以利益衡量为基础作出价值判断，并进行司法应对和立法回应。

利益衡量是价值判断的基础，法官在裁量的过程中，会具体考虑裁量可能带来的后果及社会效应。刑罚裁量作为一种社会行为，对当事人带来的影响直接且深刻。因此，不管是司法者还是当事人，从利益衡量的角度都可能对刑罚裁量的结果有一个基本判断，当事人亦会对犯罪行为有一个基本预估。在庭审中，不管是借律师之口所表达的当事人的意愿，还是公诉方的量刑建议，都体现了某种利益考量。而法官最后的刑罚裁量，亦应当是在考量各种利益之后，作出的最后的平衡。当然，不管是何种判断，价值判断作为主体最终表达的载体，其基础是利益衡量。经过各种利益的交锋与平衡，最终得出最适合的刑罚裁量。自然，在刑罚裁量的过程中，少不了对现有立法的反复考证。总之，各方都试图将现有立法朝着更为合理和适合的方向引导。

第六章 罪刑失衡的调整路径

刑罚权的分配，很重要的一个环节，就是刑事立法中刑罚权的发动及权力分配。在刑事立法中，谁有权力立法？如何规定罪与非罪、罪重与罪轻？立法权来源于何处？刑罚应如何规定才是正当与合理的？如何在立法过程中，体现和约束刑罚权？在不同的历史时期，对以上问题都有不同的回答。而不同的答案，即显示出不同的刑罚思想。在不同的国家，对定罪与量刑的处理都有不同的模式。例如，美国采用的是定罪与量刑二分的模式。基于其独特的司法及审判制度，美国的定罪和量刑为两个独立的程序，在诉讼过程中，对量刑过程有清晰而明显的体现，且定罪与量刑的证据规则都有所差异。而德国采用的是定罪与量刑一体的模式，但是，在裁量过程中，运用定性与定量相结合的模式，即定性主要对应定罪程序，定量则对应量刑程序，但又不是完全或绝对对应。因为基于机能刑法学的观点，刑事政策在刑法学领域发挥了巨大的作用。这也就是说，在某些具体的案件中，基于刑事政策的考虑，适当的刑罚裁量结果，可能会对行为的定性产生冲击。特别是在某些行为的主观方面很难界定的案件中，刑罚裁量的结果影响到定性。因此，大陆法系所坚持的定性与定量相结合的裁量模式，给刑法学理论提出了更高的要求，即对刑罚裁量的过程，必须以更精细化和深入化的刑法和刑事诉讼法理论来进行统摄和解释。尽管在理论上的需求明显而且巨大，但目前我国刑事法学研究的基本现状却是：实体法与程序法彼此割裂、犯罪学与刑法解释学彼此分离、理论研究滞后与司法实践日益增大的理论需求之间矛盾凸显、司法实践中强调经验法则但缺乏理论总结，等等。因此，对罪刑失衡问题，必须从不同的面向上进行深入而且综合的研究，而在研究方法上，亦须多种研究方法并用，努力找寻一条真正适合我国目前司法状况的罪刑均衡路径。同时，在研究的过程中，既需要重视对司法实践的现实把握，亦应注重理论上的提升，以求理论与实践能融会贯通。

第一节 立法上的罪刑失衡对司法的影响

罪刑是否均衡是衡量刑法善恶的重要标准，那么，如何评判罪刑失衡呢？出现怎样的状况，才可称之为罪刑失衡呢？作为衡量刑罚的两个重要标准，责任是衡量刑罚量多量少的一个核心指标。具体而言，体现在应罚性和需罚性上，如果刑罚明显超过了行为主体应承担的责任的范围，或明显低于行为主体应当承担的责任，即畸重或畸轻，就意味着出现了罪刑失衡。有学者指出，"量刑失衡是指量刑不均衡，即对同一罪名而且犯罪的性质、情节、危害程度基本相同的犯罪行为，判处的刑罚过于悬殊的情况。这种现象在世界各国都不同程度地存在，这是因为在相对法定主义之下，各国刑法的法定刑幅度过宽；法官的素质和价值观有差异；社会成员层次不同等存在"[①]。

当然，罪刑失衡问题，并非哪个国家的特例，在美国这样一个重视人权保障和量刑程序的国家，也有罪刑失衡问题。例如，美国一名女演员杀死自己的男朋友，法院给予她 30 天监禁的判决；而同样是发生在美国的一个案例，一名外科医生因为自己的妻子出

---

① 张明著：《量刑基准的适用》，法律出版社 2008 年版，第 5 页。

轨，而杀死自己的妻子，最后被判处 25 年有期徒刑。① 当然，个案之间必然存在各种差异。从理性的角度讲，这个世界也不可能存在两个完全一样的案例，正如一个人不可能两次踏入同一条河流一样。但是，罪与刑在裁量上基本达成某种平衡，这既是刑事立法追求的目标，也是刑事司法在实践中真正追求的正义内涵。在我国，针对强奸案的刑罚裁量，不同的地区适用缓刑率情况差异巨大。例如，在一次调查中，对同一起强奸案征求了不同法官的量刑意见，最低量刑意见为 3 年，最高量刑意见为 8 年，两者相差达 5 年之多。具体考量罪刑失衡问题，体现在司法层面，则可以体现为当事人对刑罚的裁量表现出极端的不满，除了上诉、上访外，抱怨纷飞。置言之，刑罚的裁量明显地与一般人的价值判断严重不符。如此罪刑失衡的状况，需要司法官们努力用专业知识和司法智慧去应对。因此，在实证研究的过程中，笔者主要通过对上诉、抗诉、申诉、上访等案例中以量刑不当为理由的案例进行具体比对和分析，找寻罪刑失衡的具体表现形式和具体原因。

一、立法上配刑失衡

罪刑失衡可以体现在不同的层面上，如个罪自身在刑罚分配上的罪刑失衡，此种失衡可能由立法本身所带来，也可能是基于立法在量刑情节上的不同规定而引发的司法裁量上的罪刑失衡。个罪内部的自身失衡，很可能是立法上的疏漏，或者是立法当时所考虑的情状已经不能满足现实司法的需求而导致的。比如，基于我国尚不完善的市场经济制度，为了辅助建立、健全相对较完善的市场经济制度，维护正常的市场经济秩序，在《刑法》中规定了诸多法定犯。而对于法定犯的规定，各国又会根据各国的情况，作不同处理。像日本，会将法定犯规定于附属刑法中，必要的时候随时作相应的调试。而我国，则直接将诸多法定犯规定于刑法典中。当然，

---

① 张明著：《量刑基准的适用》，法律出版社 2008 年版，第 5 页。

其优势在于，可以直接而明显地体现刑事政策的动态，在应对各种犯罪的时候，可以直接动用刑法。但其劣势在于，法的安定性常常受到挑战。一个最明显的例子，便是对食品药品安全犯罪的立法规定。随着市场经济的发展，现有的立法显得有些应对无力，在操作层面也出现了诸多问题。本书认为，应该是立法疏漏，或者立法技术的问题。对于如此的法定犯，个罪或类罪的罪刑失衡，与快速发展的社会情状有直接关系。

在我国的刑事立法中，存在很多以侵害法益的数额为标准决定不同档次的法定刑的规定，比如侵财型犯罪，或者用数额计算违法所得来决定行为的危害程度的，比如贪污受贿罪。这种以罪量作为决定法定刑量刑幅度，甚至决定入罪和出罪标准的立法模式，尽管在司法操作上显得方便快捷，但也会出现立法僵硬的问题。比如，随着社会的发展，社会情状已经发生了诸多变化，而再根据之前的客观标准进行定罪量刑，就会导致许多明显不合理的现象发生。故，随着社会的发展，现有的法定刑幅度，特别是以客观的数额作为出入罪标准，或者决定法定刑量刑标准的条款中，现有立法的数额已不适用变化了的社会情状。这种不合理情况的出现，给司法提出了更高的要求，要求司法在现有立法的状况下作出相应的调整，以实现刑法追求的正义。"只有当立法机关对犯罪行为的分层和描述具有层次感时，刑罚的层级性才能体现出来，罪刑才能实现均衡。"[①] 具体而言，立法上的罪刑均衡是落实司法层面的罪刑均衡的基础和条件，如果立法上存在严重的罪刑失衡现象，则需要司法和司法者付出极大的努力，尽量平衡罪与罚的关系。

以《刑法》分则第五章侵犯财产罪为例，根据数额规定的情况，在法定刑幅度内，具体量刑情况如下（以 F 省的具体情况为例）。因为现有法条的模糊性和抽象性，以及社会情状的变化和发

---

① 楼伯坤著：《犯罪行为学基本问题研究》，法律出版社 2014 年版，第 248 页。

展，在具体的司法适用中，各地区相应地作出了一定调整。对于入罪以及不同量刑档次的数额标准，F省根据具体情况作出了相应的规定。在罪刑法定原则的统摄下，努力实现该地区的罪刑均衡。

综上，在司法的操作过程中，在应对一些具体的标准，如法定刑幅度过大，或者法定刑存在模糊或不易操作的情况。司法操作的一般情况为：内部文件———一定范围内的司法文件———司法解释———推动立法的修改。在具体的司法文件中，各个省（自治区、直辖市）可能会有不一样的规定，但这种差异性的规定，应当基本符合罪刑法定原则，也需要适应我国各地区经济发展不平衡的状况。

图6-1 司法调控的程序性进程图

二、罪与罪之间的配刑失衡

实践证明，一切改革，需要观念先行。所有的理论，都是建构在对一定事物的基本认识的基础之上的。对刑罚的反思，首先也是观念层面的反思。而刑罚报应观念，在一定程度上契合了中国传统的重刑观念。现代的刑罚报应主义强调的是法律的报应，但是法律上的罪刑关系在立法过程中会受到诸多社会观念的影响。在刑法内容上，我国刑法在设定罪刑关系时，已经受到了重刑观念的影响，许多犯罪的法定刑设置都很高，部分犯罪还出现了绝对确定的死刑。刑罚是国家通过强大的国家机器实施社会正义的重要工具，是对犯罪人最严厉的惩罚，是对恶害行为的报应和矫正，更是对破坏的社会秩序的恢复和诊治。对不同的犯罪行为之间的不同配刑，不单单需要在立法上达到某种程度的平衡，在司法裁量过程中，也需要通过不同时期刑事政策的指引，实现总体的平衡。就刑罚理论而言，德日国家在立法上已经形成了刑罚和保安处分二者同时并行的刑罚制裁体系。但我国虽然在司法裁量中会同时考虑行为和行为人两个层面的因素，但在立法和刑法学理论中，依然没有保安处分理论的空间。因此，在我国的刑罚结构中，目前，只承认基于客观主义的刑罚，并没有在理论上承认基于预防犯罪和危险性人格矫治基础上的保安处分措施。

尽管 2013 年修正后的《刑事诉讼法》已经规定了强制医疗这样一种特殊程序，但实体法理论研究以及刑罚结构设置上的缺失，给我国的刑罚实践和刑罚体系的平衡带来了负面影响。

在我国目前的司法实践中，也可以看到为了确保规范被遵守而继续采取从形式上排除裁量权的做法，推广电脑量刑就是很典型的实例。在量刑规范化的司法实践中，量刑规范化给司法带来了某种易于操作的标准，但亦有学者认为这是一种绝对客观主义的思路，不仅脱离现实，也会带来一系列负面影响。[①] 日本学者来栖三郎认为，判决是复数的主观意志相互作用的结果、法律不存在唯一正确的解答。我们也应当理性地看到，在司法的过程中，绝对的客观主义是非常不理性也不现实的。而对中国司法问题的理性认识和深刻解读，也有赖于对刑罚理论的精准把握。因此，笔者认为，基于客观主义的古典刑罚理论，以及基于主观主义的保安处分措施，都是现代刑罚体系中重要的一部分。我们应当摒弃绝对客观主义的思想，不管是在立法，还是司法中，都应当体现基于不同情况而出现的不同应对措施。在司法中，既要排除绝对客观主义的思想，又要有效地防止司法官的权力滥用，做到主客观相统一。同时，在刑罚

---

① 季卫东著：《大变局下的中国法治》，北京大学出版社 2013 年版，第 163 页。

的配置上，也应当采纳适应我国国情和实际需要的刑罚结构。

三、随着社会发展而出现的罪刑失衡：刑事制裁体系自身的发展

到目前为止，刑罚仍然是刑事制裁的重心，不管是在一元的刑罚体系中，还是在二元的刑罚体系中。对于刑罚有不同的定义，马克昌教授认为，"刑罚是国家最高权力机关在刑法中制定的赋予'刑罚'名称，用以惩罚实施犯罪行为的人，由法院依法判处、特定机构执行的最严厉的强制方法"[1]。张明楷教授认为，"刑罚，是国家为了防止犯罪行为对法益的侵犯，由人民法院根据刑事立法，对犯罪人适用的建立在剥夺性痛苦基础上的最严厉的强制措施"[2]。而樊凤林教授则认为，"刑罚是国家创制的、对犯罪分子适用的特殊制裁方法；是对犯罪分子某种利益的剥夺，并且表现出国家对犯罪分子及其行为的否定评价，这是对刑罚概念的完整表述"[3]。以上表述，基本上都认定刑罚是一种法定而又特殊的强制措施，是对犯罪人的负面评价，是针对犯罪人的一种带有剥夺性的惩罚方法。这也能看出，刑罚对于犯罪人来说，是一种痛苦的遭遇。国家机关通过对刑罚权和国家暴力的垄断，对犯罪的人，通过特定的程序进行一定的惩罚。这种合法的剥夺，是基于犯罪人的犯罪行为，且是在犯罪人犯罪之后对其采取的强制性措施。从法理上讲，刑罚是所有惩罚中最严厉的惩罚。而从刑罚制度的架构我们也可以看出，最严厉的是生命刑（即死刑），其次是剥夺自由刑，最轻缓的是诸多管制、缓刑之类的限制自由的刑罚。尽管从目前来看各国都在推动刑罚轻缓化改革的进程，但刑罚仍然是刑事制裁的重心，在整个刑

---

① 马克昌主编：《刑罚通论》，武汉大学出版社1999年版，第13页。

② 张明楷著：《刑法学》（第二版），法律出版社2003年版，第393页。

③ 樊凤林主编：《刑罚通论》，中国政法大学出版社1994年版，第31页。

事制裁体系中，刑罚是基于犯罪而引发的必然结果。依照普世的正义观，没有不痛苦的惩罚，更不存在不带有剥夺性的刑罚。定罪是为惩罚服务的，而刑罚自然是刑事制裁的重要内容。

我国刑罚不承认二元的刑罚体系，故尽管有类似于保安处分的具体措施，但还只是以行政处罚的形式存在。备受关注的劳教措施，其实就类似于刑罚体系中的保安处分措施。随着我国劳教制度的废止，从社会管理的角度看，很多轻罪行为到底是入刑还是放任，成为司法界非常关注的问题。在调研的过程中，笔者发现不同的地方有不同的做法。法官的价值判断和地方性政策，在很大程度上影响着对行为的定性。劳教制度废止以后，我国实务部门在实践中进行了诸多的探索，积累了经验，在理论上也有了一定的应对。但更多的还是实务部门的经验总结和经验基础上的制度改革，刑法学理论上的贡献比较少。因此，刑法学者需要付出更多的努力，应对此问题。随着社会的现代化和法治化的进程，如何通过理论的深入探讨解决罪刑失衡的问题？经过长时间的调研分析，笔者发现，"劳教制度废止前劳教对象过半为盗窃行为"，"劳教制度废止前被劳教人员过半为二次劳教对象等"。这给我国的刑事制裁带来了新的挑战，提出了新的革新要求。因此，改革中应完善立法，进一步严密刑事法网；制定司法解释，降低犯罪门槛；缓解刑事案件飙升与司法资源稀缺之间的紧张关系等。在此基础上，努力建构和完善具有中国特色的轻微刑事案件快速办理机制。

我国的劳教制度在人权保障及制度设计上存在欠缺并饱受质疑，我国也曾因此在左右为难中开启劳教改革及其立法，但因经历了波折而止步。① 终于在 2013 年 12 月 28 日，全国人大常委会决定废止劳教制度。劳教制度虽然被废止，但是原属劳教制度规制的罪错行为和行为人（即劳教对象），仍然需要进行社会管理和适当矫

---

① 对劳教修法，全国人大常委会曾经列入立法规划，2005 年拟制定违法行为矫治法，2009 年改为违法行为教育矫治法，因故而停止。

正。这也就是说，需要通过制度改革或调整，使这些该被管理的行为或行为人依法被管束，只不过在管理的制度或方法设计上要更加科学合理。① 笔者在进行福建省法学会重点课题《劳教制度废止后刑事法的应对方略研究》的调研过程中发现：劳教制度废止之前五年（2009—2013 年）中劳教案件"日渐式微"，在废止之后第一年（2014 年），与原劳教相关的违法犯罪对象（行为），通过治安处罚、刑事处罚替代处置则显得"从容而平稳"。劳教制度废止之前有过的臆想与担忧，② 在实践中并未呈现。反而是，类似劳教性质的收容教养、收容教育、强制戒毒制度等，③ 迫切需要进行司法化改造。

　　调研数据显示，劳教制度废止之后，相关的轻微刑事案件总体上升明显，如盗窃罪、诈骗罪、抢夺罪、寻衅滋事罪等。随着我国宽严相济刑事政策在现实中的具体落实，严而不厉的严密刑事法网一步步实现，轻微犯罪数量逐年上升。犯罪是一种客观存在的社会现象，轻微刑事案件的增加，与我国经济社会发展和文明程度的提升有直接关系。可以说，刑事法网的严密程度与社会的文明程度成正向关联关系。日本是世界上公认的公民守法意识比较强的国家，从犯罪统计数据来看，日本 2015 年 1—5 月份的犯罪数量中，盗窃犯罪占了总刑事案件的 73.46%。④ 而凶恶犯只占总刑事案件的

---

① 刘仁文：《后劳教时代的法治再出发》，载《国家检察官学院学报》2015 年第 2 期。

② 上海市嘉定区人民检察院课题组：《劳动教养废止的挑战及应对研究》，载《法制与社会》2013 年第 36 期。

③ 有学者称收容教养、收容教育、强制戒毒制度为"类劳动教养"或"大劳教"。

④ 2015 年 1—5 月份，日本总刑事案件数为 438397，盗窃犯罪案件数为322071。

0.5%，粗暴犯也只占总刑事案件的 5.81%。① 同样的，随着我国刑罚制度的改革以及社会文明程度的提升，刑事法网日益严密，直接导致犯罪圈不断扩大。因此，在刑事司法被赋予更多办案任务的同时，刑事案件的飙升与司法资源的稀缺形成了紧张关系。现实的需要是制度建立和完善的基础，在此背景下，轻微刑事案件快速办理机制的建立和完善，成为刑事司法实践中解决现实难题的一个重要突破口。下文本书将通过对调研资料进行实证分析，对劳教制度废止后我国刑事案件分流情况进行客观描述。

表 6 - 1　　F 省六年（2009—2014 年）相应犯罪案件受理数、罪犯以及轻刑犯②人数对比

年份 类别	2009 年	2010 年	2011 年	2012 年	2013 年	2014 年
案件受理数	30056	29675	34023	43056	45626	44771
罪犯人数	47767	46780	52644	61978	64238	61518
轻型犯人数	31246	30268	32565	43203	49626	47742

　　通过对上表进行分析可以看出，2014 年与前五年（2009—2013 年）案件平均数相比，案件受理数上升 13.22%；犯罪人数上升 8.73%；轻刑犯人数上升 20.27%，其中，盗窃罪、诈骗罪、抢夺罪、寻衅滋事罪数量均有所上升。2014 年与 2013 年相比，案件受理数下降 1.87%；犯罪人数下降 4.23%；轻刑犯人数下降 3.79%。2014 年相比 2013 年稍有下降的情况，说明轻刑案件数的变化与当年具体治安状况有直接关系。

---

　　①　以上数据皆来源于日本警察厅刑事局网站公布的犯罪统计资料，网址为 http：//www. npa. go. jp，2015 年 6 月登陆。
　　②　宣告刑为 3 年以下有期徒刑或拘役、管制、单处罚金，包括缓刑犯。

表 6 - 2　F 省五年（2010—2014 年）五类治安处罚案件分布对比情况

年份＼类型	盗窃案	抢夺案	寻衅滋事案	诈骗案	赌博案	总数（件）
2010 年	33945	1633	1885	6068	22274	65805
2011 年	34927	1617	1925	7016	22270	67755
2012 年	33777	1601	1844	7568	23415	68205
2013 年	27327	851	1783	6810	28299	65070
2014 年	37090	703	1802	8452	20768	68815
2009—2013 年平均数	32494	1426	1859	6866	24065	66709

　　通过分析上表可见，F 省盗窃、抢夺、寻衅滋事、诈骗、赌博五类治安处罚案件，以 2014 年总数与前四年（2010—2013 年）案件平均数对比，总体上升 3.16%；其中，盗窃案增长 14.1%、诈骗案增长 23%，呈上升趋势，而抢夺案、寻衅滋事案、赌博案呈下降趋势。

　　从以上数据可以看出，随着劳教制度的废止，轻刑犯罪总量陡增。尽管具体个罪分配会因各地的司法情况不同而有所差异，但宏观层面的改变是不可逆转的事实。此次调研是针对 F 省进行的深入调研，窥一斑而知全豹，全国总体的刑事司法状况亦随着劳教制度的废止而发生了某些微妙变化。随着我国《刑法修正案（九）》尘埃落定，《刑法》中又增加了 20 多个新的罪名。从宏观角度看，增加的诸多罪名，以法定犯和轻刑犯为主。这种立法现状以及进一步严密刑事法网的刑法学发展趋势，亦给我国的刑事制裁体系带来了新的问题和挑战。公正与效率是司法过程必须反复考量的重要因素，迟到的正义即非正义，而如果因为效率而牺牲掉实质正义又非司法之所求。在应对公正与效率这对关系上，我国的刑事制裁体系正努力进行改革以适应中国刑事法发展的需要，并在实践中找寻更佳解决途径。

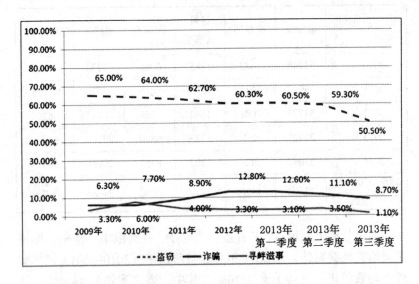

图6-2 F省2009—2013年前三季度劳教人员分布图

通过调研并分析数据可以看出，从2009年至2013劳教制度废止之前，每年平均劳教对象超过60%系盗窃行为，位居被劳教罪错行为之首；诈骗约占10%，位居第二；寻衅滋事约占4%，位居第三。调研显示，在非法传销的高发时期，对大量的组织、领导非法传销活动的，以及归类为"教唆他人犯罪"的罪错行为，也处以劳教。从总体看，劳教对象多为常规违反治安管理的违规行为，主要包括盗窃、诈骗、寻衅滋事等治安性常发罪错行为。

从数据统计和分析情况看，之前的劳教对象多为小偷小摸行为，在各国都是多发、频发的现象。基于我国违法与犯罪二元的刑事制裁体系，对较为轻微的小偷小摸行为，一般是进行治安处罚。而对于多次盗窃的惯犯、屡教不改者，之前是采取劳教的形式进行教育矫正。通过劳教制度废止前后的案件比较可以看出，轻罪入罪是刑事案件分流处理的一大特色。从劳教制度逐渐式微到废止，体现的是劳教与轻罪此消彼长的关系。从 2014 年 F 省盗窃、诈骗、抢夺、敲诈勒索、寻衅滋事、涉毒、涉黄等轻罪案件数来看，尽管各地市的情况有所不同，但总体上，F 省大部分地市的盗窃、诈骗、寻滋事罪、涉毒、涉黄等轻罪案件呈现上升趋势。这也显示出劳教制度废止后，某些罪错入罪化处理这一分流方向。

劳教制度的废止是我国刑事法学的一件大事，为了应对劳教制度的废止，我国刑事法进行了立法和司法层面的调整。从调研情况可以看出，劳教制度废止之后，轻罪入刑是刑事法应对的一个重要方面。除此之外，刑事法应对还体现在：修正刑法条款并增设罪名；制定相应司法解释，细化入罪门槛；出台地方司法文件，配合法律和司法解释的运用；试行轻罪案件快速办理机制。

第一，完善立法，进一步严密刑事法网。在立法上，我国《刑法修正案（九）》进行了大幅调整，以修正案的形式新增 20 多个罪名。除了增加新的罪名外，针对之前已经有的罪名，特别是盗窃罪，在劳教制度废止前后，通过司法解释的形式降低了盗窃行为的入罪门槛，将部分劳教对象进行入罪化处理。尽管这种司法解释充当准立法的角色的现象，有诸多学者提出了质疑和批评，认为有违罪刑法定原则。① 但是，对一些刑事案件而言，此类司法解释又的确起到了及时应对、快速处理、立竿见影的效果。劳教制度废止之后，为了应对之前的重要劳教对象，如盗窃行为和诈骗行为因为数额或行为人刑事责任能力欠缺而阻却入罪的问题，我国相应出台了几个司法解释，以应对司法实践中的具体问题，并及时消化问题，快速应对和处置劳教制度废止后的大量违法行为。

立法方面，为了应对诸多的现实问题，在劳教制度废止之前已经做了大量的铺垫工作。一是 2009 年《刑法修正案（七）》增加第 224 条之一"组织、领导传销活动罪"的规定：组织、领导以

---

① 张明楷：《简评近年来的刑事司法解释》，载《清华法学》2014 年第 1 期。

推销商品、提供服务等经营活动为名，要求参加者以缴纳费用或者购买商品、服务等方式获得加入资格，并按照一定顺序组成层级，直接或者间接以发展人员的数量作为计酬或者返利依据，引诱、胁迫参加者继续发展他人参加，骗取财物，扰乱经济社会秩序的传销活动的，处 5 年以下有期徒刑或者拘役，并处罚金；情节严重的，处 5 年以上有期徒刑，并处罚金。以此，应对处置大量"教唆他人犯罪"的非法传销行为。二是 2011 年《刑法修正案（八）》中补充修改三个条款。其一，第 264 条"盗窃罪"保留"盗窃公私财物，数额较大或多次盗窃"之规定，增加"入户盗窃、携带凶器盗窃、扒窃"① 的入罪规定；其二，第 293 条"寻衅滋事罪"之规定，除增加"恐吓他人，情节恶劣"的入罪情形外，还增加从重处罚的条款，即"纠集他人多次实施前款行为，严重破坏社会秩序的，处五年以上十年以下有期徒刑，可以并处罚金"；其三，第 274 条"敲诈勒索罪"之规定，保留"敲诈勒索公私财物，数额较大"之规定，增加"多次敲诈勒索"的入罪情形，以及并处罚金之规定。

第二，制定司法解释，降低犯罪门槛。如上文所述，在立法还来不及进行修改时，我国出台了几个非常好用的司法解释，通过降低犯罪门槛以应对劳教制度的废止。在劳教制度废止之前，最高人民法院、最高人民检察院相继制定的司法解释有：2011 年 3 月 1 日《关于办理诈骗刑事案件具体应用法律若干问题的解释》、2013 年 4 月 2 日《关于办理盗窃刑事案件适用法律若干问题的解释》、2013 年 4 月 23 日《关于办理敲诈勒索刑事案件适用法律若干问题的解释》、2013 年 7 月 15 日《关于办理寻衅滋事刑事案件适用法

---

① 最高人民法院《关于审理盗窃案件具体应用法律若干问题的解释》（法释〔1998〕4 号，2013 年被废止）第 4 条规定："对于一年内入户盗窃或者在公共场所扒窃三次以上的，应当认定为'多次盗窃'，以盗窃罪定罪处罚。"《刑法》修改补充时，升格入户盗窃、扒窃与多次盗窃并列入罪。

律若干问题的解释》、2013 年 11 月 11 日《关于办理抢夺刑事案件适用法律若干问题的解释》。2013 年 11 月 14 日最高人民法院、最高人民检察院、公安部联合出台了《关于办理组织领导传销活动刑事案件适用法律若干问题的意见》。

总体上，相应的司法解释（文件）都是在具体细化各类行为的入罪门槛，基本上是降低入罪标准，为废止劳教制度作了相当的铺垫。以《关于办理盗窃刑事案件适用法律若干问题的解释》为例，其第 2 条规定，盗窃公私财物有下列情形之一的，"数额较大的"标准可以按照第 1 条规定标准的 50% 确定：曾因盗窃受过刑事处罚的；1 年内曾因盗窃受过行政处罚的……。其第 3 条还规定，2 年内盗窃 3 次以上的，应当认定为"多次盗窃"等。① 就盗窃犯罪而言，数额固然是影响定罪量刑的重要情节，但除此之外，行为人的一贯表现、犯罪方式、盗窃对象等也是影响社会危害性的重要因素。在综合考虑有关情节的基础上，该解释对盗窃"数额较大"的标准作出特别规定，将数额标准规定为常规入罪标准的一半，可以避免"唯数额论"之不足，更好地贯彻罪责刑相适应的刑法基本原则和主客观相统一的刑法原理。需要特别说明的是，该解释是根据实践中为数不少的盗窃违法犯罪分子有前科的实际情况，为强化对此类屡教不改者的惩治效果而设置的，目的在于严惩盗窃惯犯。② 此外，有关办理诈骗、抢夺、寻衅滋事、敲诈勒索案件的司法解释，也有类似盗窃罪司法解释中犯罪数额与情节相结合的适用规定。

---

① 根据最高人民法院《关于审理盗窃案件具体应用法律若干问题的解释》的规定，多次盗窃一般以 1 年为标准计算追诉期。根据最高人民法院、最高人民检察院《关于办理盗窃刑事案件适用法律若干问题的解释》的规定，盗窃 3 次以上的，以 2 年为标准计算追诉期。这样有利于与劳教制度衔接，加强对惯犯惯偷的打击。

② 胡云腾、周加海、周海洋：《〈关于办理盗窃刑事案件适用法律若干问题的解释〉的理解与适用》，载《人民司法（应用)》2014 年第 15 期。

第三，刑事案件飙升与司法资源稀缺的紧张关系。不管是废止劳教制度，还是立法继续朝着严密刑事法网的方向发展而增加诸多新的罪名，其结果都是导致刑事案件总体呈上升趋势。然而，我国司法制度正处在司法改革的关键时期，司法资源的紧缩成为改革的一个重要方向。刑事案件飙升与司法资源稀缺之间的紧张关系日益凸显，成为我国司法界不得不面对的现实困境。

表 6 - 3 2009—2014 年 F 省轻刑犯罪人数情况

类别 \ 年份	2009 年	2010 年	2011 年	2012 年	2013 年	2009—2013 年平均数	2014 年
轻刑犯人数	31246	30268	32565	43203	49626	37381.6	47742

注：此处的"轻刑犯"包括 3 年以下有期徒刑或者拘役（含缓刑犯）、管制、单处罚金等情形。

从上表可以看出 2009—2014 年 F 省全省的轻刑犯具体人数。总体而言，与 2009—2012 年相比，2013—2014 年两年来，轻微刑事案件数呈现增长趋势。特别是随着 2013 年 12 月 28 日劳教制度的废止，各类轻微刑事案件增长势头明显。

与不断增加的轻微刑事案件形成强烈反差，法检业务部门办案人手欠缺，特别是某些基层单位，实际办案人手非常欠缺。下表的实证数据反映了 Z 地 2013—2015 年检法业务部门与单位全部人员的比例关系。从该表可以看出：（1）刑事业务部门的人数较少，占单位总人数的比重较小。（2）刑事业务部门人数变化不大。如 Z 地检察院侦监部门、公诉部门三年来人数基本未增加，法院刑庭人数也基本未增加。

表 6 - 4　Z 地检法业务部门人员与所在单位全部人员的比例表

年份	人民检察院			人民检察院			人民法院		
	侦监人数	全院人数	比例	公诉人数	全院人数	比例	刑庭人数	全院人数	比例
2013 年	5	70	0.07	7	70	0.10	7	88	0.079
2014 年	5	71	0.07	9	71	0.126	7	89	0.078
2015 年	4	72	0.56	8	72	0.11	6	90	0.066

可以看出，我国司法工作的人员安排相对于案件总数来说非常短缺。目前，我国正处于社会转型及司法改革的大背景下，司法工作的人员保障在很多部门都存在严重问题。从以上分析可以看出，改革遇到了现实的困境，这种困境主要体现为公正与效率在现实中的紧张关系，为了缓解这种紧张关系，我国司法系统进行了相应的改革，比如轻微刑事案件快速处理机制的试运行以及在运行的基础上进行调整等。

司法本质上是一种政治装置，需要在各种利益中找到妥协之道。① 在妥协的过程中，需要公正地处理好各种关系，在实践中，效率也是正义的重要内涵之一。② 正是基于对司法实践的精准认识，霍姆斯提出了著名论断："法律的生命从来不是逻辑，而是经验。"③ 从中国的司法实践来看，如果案件积压成山，得不到及时处理，司法的公正便很难体现。从某种意义上讲，效率既代表了处理问题的能力，更代表了司法应对的态度和决心。从程序正义的视角看，轻微刑事案件快速办理机制的建立，也并不必然牺牲程序正

---

① ［意］莫诺·卡佩莱蒂著：《比较法视野中的司法程序》，徐昕、王奕译，清华大学出版社 2005 年版，第 94 页。

② ［美］马丁·夏皮罗著：《法院：比较法上和政治学上的分析》，张生、李彤译，中国政法大学出版社 2005 年版，第 50 页。

③ ［美］小奥利弗·温德尔·霍姆斯著：《普通法》，冉昊、姚中秋译，中国政法大学出版社 2006 年版，第 19 页。

义，只是在现有的状况下适当提高办案效率，缩短办案时间，突破大量轻微刑事案件积压的现实困境。

低效能的犯罪应对机制，很难给民众带来应有的信任感和安全感，大概这也是劳教制度给特殊国情下的中国带来的现实意义。如储槐植教授所认为的，"假如取消我国刑法犯罪概念定量因素，劳动教养制度便没有存在的必要。如果保留犯罪概念定量因素，对于屡犯不改又不够刑罚的刑法边缘族而言，劳动教养是唯一可供选择的制度设计，但对现行制度必须通过立法来改革其运作机制，实现劳动教养司法化"①。劳教制度废止后，大量轻微刑事案件被分流到刑事审判领域。从实质的角度而言，我国三元的制裁体制在变成二元的制裁体制之后，刑事制裁的司法化是必然趋势，也是严密刑事法网的必由之路。因此，适时构建轻微刑事案件快速办理机制以促进轻微刑事案件的快速办理，这不仅符合诉讼效益原则，更是实践发展的必然要求。

当然，从某种意义上而言，因为效率上的追求，对轻微刑事案件的处理省略了某些程序上的烦琐。在大量轻微刑事案件积压的情况下，如何高效快速地解决大量积压案件，成为亟待解决的重要问题。在某些关键时刻，效率便是生命，迟到的正义绝非正义，而迟到的公正因为迟缓和滞后，会吞噬掉公正应该有的基本内涵。因此，从公正与效率的关系分析，在大基数的情况下，效率是实现公正的必要基础。

德国耶赛克教授认为，"刑罚思想或理论，即刑罚对于犯罪人本身及对于社会大众应该具有何种意义，是研究整体刑事法学的关键与基础"②。因此，"刑罚理论不但支配刑事立法的方向与内涵，

---

① 储槐植著：《刑事一体化论要》，北京大学出版社 2007 年版，第 307 页。

② 转引自张丽卿著：《司法精神医学：刑事法学与精神医学之整合》(第二版)，台湾元照出版有限公司 2004 年版，第 181 页。

而且与整体刑事法的解释也有密切关系"①。正如邓正来先生所指出的那样，"法条主义理论模式在根本上是因为它是以一种有关法律/部门法有着一种先验的、固有的逻辑结构或逻辑方案的前设为依凭的，进而对这种逻辑结构或逻辑方案的发现、分析和注释也是与现实生活世界不相关的"②。由此，刑法学作为一门实践理性学科，刑罚制度在实践中呈现的诸多特点以及刑罚理论可能遭遇的实际问题，都是司法制度革新的内在动力。

从国外的司法实践来看，辩诉交易制度在很大程度上节约了诉讼成本，并提高了司法办案效率，这也是美国实用主义哲学引导下的实践理性在现实中结出的硕果。尽管该制度在运用之初争议较大，但从实践理性的角度看，该制度的现实合理性闪耀着持久而理性的光芒。因此，我国的轻微刑事案件的处理机制，也应当从效率的角度进行深入研究和思考。

为了应对日益严密的刑事法网，以及二元刑事制裁体制下劳教制度废止后关于轻微刑事案件的分流问题，建立轻微刑事案件快速办理机制显得极为紧迫。从现有的制度出发，尽量发挥现有制度的优势，快速、高效地解决轻微刑事案件的办理问题，是实践理性的要求，也是最为快捷的应对方式。下文主要从现实建构的层面，对轻微刑事案件快速办理机制的建立，作简要梳理。

2012 年《刑事诉讼法》修正后，增加了刑事和解制度，对于当事人达成刑事和解的轻微刑事案件，公安机关可以建议检察机关从宽处理，在批准逮捕阶段检察机关可以作出不予逮捕的决定，在审查起诉阶段检察机关可以作出不予起诉的决定并建议公安机关撤销案件。修正后的《刑事诉讼法》对于可能判处 1 年以下有期徒

---

① 张丽卿著：《司法精神医学：刑事法学与精神医学之整合》（第二版），台湾元照出版有限公司 2004 年版，第 181 页。

② 邓正来著：《中国法学向何处去——建构"中国法律理想图景"时代的论纲》，商务印书馆 2006 年版，第 250 页。

刑的未成年犯罪嫌疑人可以部分作出相对不起诉决定适用的条件非常有限，考虑到作出不起诉决定的轻微刑事案件确实数量较少，基本上是通过庭审程序作出有罪判决且判处监禁刑。对于不起诉偏轻、起诉偏重的轻微刑事案件，可以考虑采取介于诉与不诉的中间措施，即附条件不起诉，这既有利于犯罪嫌疑人改过自新、回归社会，也有利于轻微刑事案件的快速处理。从实践的角度看，尽管我国目前还没有辩诉交易制度，但在司法实践中普遍采用的认罪认罚从轻、减轻制度却非常具有实践和理论价值，特别是在存在较大侦查难度的职务犯罪和毒品犯罪案件中。因此笔者认为，对于认罪态度好、案情相对简单的轻微刑事案件，完全可以采取从快、从轻的处理方式，以提高审判效率。

现有的普通程序简易审及简易程序审理的简化程度都不高，对于可能判处拘役、管制、罚金的轻微刑事案件，在取得被告人同意后，检察机关在移送起诉的过程中可以提出具体的量刑建议，法院可以不经过开庭直接书面审理，并在量刑建议的范围内作出处罚令，该处罚令与判决书有同等的效力。同时，当事人保有异议权，在一定的期限内可以提出异议，如果当事人提出异议则处罚令失效，法院重新开庭，犯罪嫌疑人可能面临更严厉的刑事处罚。

目前，各地均有各自的轻微刑事案件快速审理模式，且司法人员适用时存在任意性。针对这样的问题，一方面，应着手制定轻微刑事案件快速办理的规范性文件，明确适用条件，简化诉讼文书和审批程序，明确公检法如何互相协调、配合、制约，以及对办案人员的监督。最高人民检察院《关于依法快速办理轻微刑事案件的意见》中"对于案情简单、事实清楚、证据确实充分、犯罪嫌疑人、被告人认罪"的旧规定不具有可操作性，何为案情简单、事实清楚，证据达到什么程度才是"确实充分"，犯罪嫌疑人、被告人认罪的情形排除了犯罪嫌疑人、被告人如实陈述事实但主张不构成犯罪的情形，因此建议将轻微刑事案件快速审理的适用条件规定为"犯罪嫌疑人、被告人如实供述事实、控辩双方对适用法律无异议、可能判处三年以下有期徒刑、管制、拘役或者单处罚金";另一方面，可以扩大侦查机关在侦查终结时的处理权限，在侦查阶段引入刑事和解，对达成调解的案件可以直接撤案。

随着劳教制度的废止，我国的法治现代化迈入了新的征程。旧制度的废止必然会带来新的问题，本书通过实证分析认为，我国刑事制裁体系的变革要在提高效率上下功夫。因此，轻微刑事案件制裁体系在现实中的继续推进和优化，为司法改革的继续推进找到了绝佳路径。当然，在现实中已然存在诸多基于制度设计层面以及观念层面的障碍和难题，在接下来的改革中，需要继续突破困境，争取改革的更好成绩。轻微刑事案件司法化处理的过程既是我国进一步落实司法保障人权的过程，亦是司法现代化争取与国际接轨的过程。轻微刑事案件快速处理机制的推行，在现实中取得了很好的成绩，当然，理论上的继续探讨和实践中的进一步探索同样显得非常关键。同时，亦希望本书的探讨能对我国的司法改革有所助力。实现罪刑均衡，这是立法和司法的共同目的，亦是实现刑法正义之重要内涵。罪与罚的关系，很多时候是一种动态和辩证的关系，罚的问题要更多地体现人性和人文关怀，随着社会的发展和现代法治的进步，人们会越来越多地关注罚的问题。大概，罪与罚之动态关系，会成为未来学术界和实务界密切关注和集中讨论的焦点。

四、立法的调整与刑法谦抑性辨析

随着《刑法修正案（九）》尘埃落定，我国《刑法》又增加了诸多新罪名，再次从事实上印证了我国《刑法》朝着严密刑事法网的方向继续发展。因近两次修法的结果皆表现为犯罪圈的扩大，导致许多学者对我国《刑法》的发展是否有违刑法谦抑性原则而担忧。围绕这个问题，本书主要从罪与刑两个层面对刑法谦抑性原则的内涵进行解读，认为犯罪圈的适当扩大是我国当前国情下进一步严密刑事法网、提升公民守法意识和道德水准的必然选择。在配刑方面，个罪刑罚量逐渐减少，包括死刑罪名的递减、通过司法手段控制死刑适用以及刑罚替代措施的进一步推广适用，都是刑罚量逐渐减少的具体体现。对刑法谦抑性原则内涵的理解，在刑罚配置方面，本书主要从宏观和微观两个层面进行解读。宏观上，刑罚量的配置应当与社会发展及民众的安全需求相适应，应当与社会发展需求进行正向配比，但总体看轻微刑事案件占总刑事案件的比例逐年上升。微观上，本书认为，坚持刑法谦抑性原则需要在个罪的刑罚衡量中采取消极责任主义原则，与行为人应当承担的责任相适应，以实现刑罚量的合适配置。通过论证，本书认为，我国《刑法》继续朝着严密刑事法网的方向发展，虽然形式上扩大了犯罪圈，在短暂的时间内可能会存在刑罚总量上升的现象，但实质上，在立法和司法的总体配刑方面，不管是刑罚的严厉程度，还是以自由刑为主要计量单位的刑罚总量，在未来都会处于下降趋势。从《刑法修正案（九）》可以明显看出，我国刑法谦抑性原则的着重点主要体现在总体刑罚量配置以及个罪平均刑罚量配置的减轻上。我国刑法的谦抑主要体现在刑的谦抑而不是罪的谦抑，这是现阶段我国《刑法》发展的重要特点。经验证明，我国通过"治小罪防大害"的刑罚配置方略，已经在控制和打击犯罪方面取得了不错的成绩，在进一步总结有效经验的基础上，我国刑法继续朝着严而不厉的方向发展。

法学作为一门实践理性学科，社会发展的需要是其发展的社会基础。刑法谦抑性原则是第二次世界大战后发展起来的重要刑法原则，其发展的背景主要是"二战"以及反法西斯战争的胜利。"二战"后，全世界爱好和平的人民对纳粹分子破坏民主、蹂躏人权的残暴罪行进行了清算，人权保障的重要性被重新认识，罪刑法定主义、法律的正当程序得到应有的强调。在刑法学理论方面，基于人权保障的重要考虑，"二战"后出现了新社会防卫论、目的行为论、人格责任论等重要刑法思想，分别从刑法教义学的角度努力解释和发展刑法学，对刑法学中的责任理论有了全新发展。① 总体而言，刑法学界已经就刑法谦抑性原则基本达成了共识，希望通过有节制地发动刑罚权，实现社会的稳定。而在有节制地发动刑罚权的过程中，需要对公权力进行必要的限制，这种限制既包括程序方面的约束，也包括刑法学意义上对刑罚发动的审慎考量。随着责任主义原则的发展以及对刑法谦抑性原则内涵的深度理解，消极责任主义原则基本上成为各国刑法理论的通说，② 这种用规范的刑法解释理论限制刑罚滥用，给刑罚发动制造理论上的上限的做法，也是刑法谦抑性原则在刑法学发展中发挥作用的产物。没有责任就没有刑罚，这也基本上成为刑法学上刑罚裁量的重要衡量指标。

刑法现代化的发展历程较为漫长而曲折，刑法学的发展过程是一个社会管理模式日益现代化、人权保障日益得到重视和落实的过程，也是刑罚表现方式和刑罚理念日渐文明的过程。这个过程历经无数先人的斗争和努力，也是刑法谦抑性原则日渐深入人心的过程。从贝卡里亚以来，人们逐渐意识到，刑罚的效果并不是越严苛越好，而是因为刑罚在处理上的公平和平等，人人在刑罚面前平等，才有了刑罚的不可避免性，以此确保刑罚的威慑力。③ 因此，刑罚并不是越重越好，而是需要在审慎的基础上，经济地适用刑罚，以实现刑法的价值最大化。当前，刑法谦抑性原则越来越受到各国刑法学者的热爱和追捧，刑法理性和刑罚文明发展的步伐也随着社会的发展在一步步推进。

对于刑法谦抑性原则，我国早有学者进行过较为深入的研究。黎宏教授认为，"刑法的谦抑性，是指在使用民事救济或者行政制

---

① 马克昌主编：《近代西方刑法学说史》，中国人民公安大学出版社2008年版，第469页。

② 张明楷著：《刑法学》（第四版），法律出版社2011年版，第71页。

③ ［意］贝卡里亚著：《论犯罪与刑罚》，黄风译，中国大百科全书出版社1993年版，第59页。

裁等其他手段能够解决问题的时候，就应当使用其他制裁手段。只有在具有不得不使用刑罚进行处罚的法益侵害或者威胁的时候，才可以将该行为作为犯罪。在谦抑思想之下，刑法具有补充性、不完全性、宽容性的特征"①。张明楷教授认为，"刑法的谦抑性，是指刑法应依据一定的规则控制处罚范围与处罚程度，即凡是适用其他法律足以抑止某种违法行为、足以保护合法权益时，就不要将其规定为犯罪；凡是适用较轻的制裁方法足以抑止某种犯罪行为、足以保护合法权益时，就不要规定较重的制裁方法。因此，要适当控制刑法的处罚范围和处罚程度。刑事立法上应当从行为的性质、代替刑罚的手段、处罚规定对有利行为的影响、处罚的公正性、处罚的目的与效果等方面考虑将某种行为作为犯罪处理的必要性"②。简而言之，对刑法谦抑性原则内涵的解读可以从处罚的范围和处罚的程度，即刑法学者经常说到的犯罪圈的划定（定罪），以及刑罚量（配刑）两个层面进行解读。当然，对刑法谦抑性原则最原始的解读当然是该原则既包括处罚范围的谦抑，又包括处罚程度的谦抑。对犯罪圈扩大的警惕和审慎，近年来的《刑法》修正中都有较为明显的体现。但就中国的刑事立法和司法状况而言，随着劳教制度的废止，轻微犯罪的司法化处理已经在事实上进入实践阶段，犯罪圈的扩大已然成为一个不言自明的事实。轻微犯罪的入罪化处理，是我国法定犯时代到来的必然选择，也是我国刑事法治进程进一步规范行政处罚中涉及人身罚部分的处罚，应对我国违法、犯罪二元的立法模式，进行规范化处理后的必然结果。

诚然，犯罪圈的扩大并不必然导致刑罚总量的增加。随着犯罪圈的扩大，可能出现以下三种情况：（1）犯罪圈扩大，刑罚量同

---

① 黎宏著：《日本刑法精义》（第二版），法律出版社 2008 年版，第 36 页。

② 张明楷：《论刑法的谦抑性》，载《法商研究（中南政法学院学报）》1995 年第 4 期。

步增长，呈现"又严又厉"状态；（2）犯罪圈扩大，刑罚量依旧；（3）犯罪圈扩大，刑罚总量下降，呈现"严而不厉"状态。以上三种情况，在刑法发展过程中的不同时期或不同阶段都有可能出现，甚至三种情况会循环往复交替出现。但纵观我国刑法发展的历史和现状，刑法结构调整和发展的目标应该是第三种情况，即刑法朝着"严而不厉"的方向发展。在当下犯罪圈明显扩大的情况下，如何通过调控刑罚的配置，最终实现刑罚总量的下降，这是我国刑法发展的远景和目标。

得出以上结论，究其原因，主要还是与我国的刑法结构有直接关系。刑法结构影响刑法功能，不同的刑法结构其功能和作用会有明显不同。纵观世界各国的刑法结构，主要体现为犯罪圈与刑罚量的搭配。基于社会和历史的原因，我国一直采用的是"厉而不严"的刑法结构，即重刑结构，而诸多域外国家则主要采用"严而不厉"的刑法结构，即轻刑结构。"厉而不严"的刑法结构，主要表现为刑罚苛厉，刑罚总量大，刑事法网疏漏不严密。"严而不厉"的刑法结构，主要表现为刑事法网严密，刑罚轻缓。两种不同的结构，体现为两种不同的社会功能。"严而不厉"的刑法结构，其社会功能表现为：道德底线刚性化，对违法犯罪行为采取较为严厉的否定态度，即便是较为轻微的违法行为在刑法上也作否定评价。如此，则较为容易引导公民养成良好的守规则意识，社会诚信体系也较为容易形成。同时，因为刑罚总量上体现为轻缓，不易激化社会矛盾和个人与社会的对抗情绪。可见，"严而不厉"的刑法结构，通过对刑罚量的控制，践行刑法谦抑性原则的要求。"厉而不严"的刑法结构是一种不可持续的刑法结构，其特点为法网疏漏、刑罚重、民众自觉守法的意识难以形成。因为"厉而不严"的刑法结构法网疏漏，从而直接导致民众是非界限模糊，违法与犯罪界限不清，民众容易产生侥幸心理，难以形成自觉守法的文化。如此，在民众守法意识淡薄的背景下，加上刑事法网设定的疏漏，导致社会治安状况呈现诸多隐忧。同时，较为苛重的刑罚，也容易刺激民众的暴戾心理，从而引发恶性暴力犯罪，形成恶性循环。因此，对我国刑法结构进行调整成为一种历史的必然，此亦是社会发展和刑法学现代化进程的必然要求。从《刑法修正案（九）》的刑罚修正情况也可以看出，我国刑事法网的进一步严密以及轻微犯罪在刑事案件中比例的上升，正是我国刑法结构从"厉而不严"到"严而不厉"发展、转变过程中呈现的具体现象。

第一，对于罪，增加罪名，完善个罪规定，进一步严密刑事法网。从罪的角度看，《刑法修正案（九）》取消了嫖宿幼女罪罪名，新增加20多个罪名。新增加的罪名中，既包括打击恐怖主义和极端主义行为的罪名，也有打击不诚信行为中的替考、泄露和销售考试答案、披露不应该公开的案件信息、使用虚假身份证件、盗用身份证件、组织考试作弊、虚假诉讼等行为的罪名。同时，新增加的罪名还包括对有影响力的人行贿罪，以体现进一步强调和巩固打击职务犯罪的决心。

新增加和新修正的罪名，多半是为了加大犯罪打击力度或扩大犯罪打击范围。比如在对恐怖主义和极端主义的惩罚和打击方面，增加了以下罪名：帮助恐怖活动罪，准备实施恐怖活动罪，宣扬恐怖主义、极端主义、煽动实施恐怖活动罪，利用极端主义破坏法律实施罪，强制穿戴宣扬恐怖主义、极端主义服饰、标志罪，非法持有宣扬恐怖主义、极端主义物品罪，拒绝提供间谍犯罪、恐怖主义犯罪、极端主义犯罪证据罪等。可以看出，在严厉打击恐怖主义的刑事政策号召下，《刑法》通过立法的方式对恐怖主义犯罪进行了回应，这是我国为进一步严密打击恐怖主义的刑事法网而进行的刑事立法。笔者认为，这种严密刑事法网的举措，与刑法谦抑性原则并不存在实质上的冲突。

在严密刑事法网方面，基于强化民众诚信意识的需要，在《刑法》上也得到了具体回应。《刑法修正案（九）》新增加的几个重要罪名，都是为了应对考试作弊、替考、身份作假、泄露不该泄露的信息等不诚信问题的。其中，包括侵犯公民个人信息罪，伪造、变造、买卖身份证件罪，使用虚假身份证件、盗用身份证件罪，组织考试作弊罪，非法出售、提供试题、答案罪，代替考试罪，拒不履行信息网络安全管理义务罪，虚假诉讼罪，泄露不应公开的案件信息罪，披露、报道不应公开的案件信息罪等。

以上新增加或新修正的罪名，基本上都是为了进一步严密刑事法网，遏制社会生活中常见的不诚信现象，通过降低此类行为入罪门槛的方法，提升公民的道德素养，以实现建立良好的社会管理秩序的目的。以上新增加的罪名，多为法定犯，在配刑方面也都以较为轻微的法定刑为主。

同样，为了严厉打击职务犯罪，司法解释和《刑法修正案（九）》都有新的举措。《刑法修正案（九）》增加一条作为《刑法》第390条之一，规定了对有影响力的人行贿罪。尽管目前很难预测未来的司法实践中该罪的运用频率会有多高，但通过立法加大对行贿行为的打击力度，扩大打击面，进一步扩大犯罪圈，是我国刑事法制努力实现进一步严密刑事法网的需要。从罪的角度解读，我国刑法是在一步步严密刑事法网，在不断增加和修正罪名的过程中得到发展和完善的。在《刑法修正案（九）》中，修正的罪名也多体现为扩大打击对象。比如，在之前《刑法》规定的虐待罪的基础上，新增加了虐待被监护、被看护人罪。之前《刑法》规定的伪造、变造居民身份证罪，被修改为伪造、变造、买卖身份证件罪，将处罚范围扩大到买卖行为，增加了对买卖证件行为的入罪化处理。同时，该罪打击的行为对象，也从居民身份证扩展到身份证件。众所周知，能够证明身份的证件，除了常见的居民身份证，还包括学生证、军官证、护照、签证等身份证件。对该罪名的修正，从事实上顺应了当下社会发展的需要，从刑事立法的层面降低了行为入罪的门槛，扩大了刑罚适用的范围，其目的是为了进一步规范民众的日常行为，培养公民的守法习惯。立法将之前由行政法管理或只是由道德约束的行为，进行了入罪化处理，如此立法也遭到了学者的质疑，即这是否会违反刑法谦抑性原则。

　　笔者认为，目前我国刑事立法中为了严密刑事法网的需要而进行的入罪化处理，并没有违反刑法谦抑性原则，从我国的现状看，反而正是为了实现刑法谦抑性原则所作的必要努力。主要理由如下：首先，我国刑事立法的历史特点导致了违法与犯罪的二元并存与对立，同样的行为往往因为行为结果的差异而出现罪与非罪的不同。比如，同样是盗窃罪，盗窃 1 元和盗窃 1000 元，其结果便出现两种不同的评价。尽管这种社会管理模式，在效率和管理艺术上，都适合我国国情，是一种历史的选择，但是在道德规训和引导效果层面上，此种刑事立法却并非最佳处理方式。因此，随着社会的发展，现代文明社会要求有更为文明和具有守约精神的公民，以实现现代社会管理中全球大部分国家所认可的最佳的社会治理模式——法治社会。因此，在我国目前的状况下，进一步严密刑事法网，是法治建设的需要，也是我国特殊立法模式走向现代化的必由之路。这与刑法谦抑性原则的初衷和内涵，并没有实质性的冲突。其次，入罪并不代表重罚，许多罪名的法定刑在事实上还没有之前的行政处罚或劳教严厉。扩大犯罪圈是严密刑事法网的需要，在当下的中国语境下，刑法谦抑性原则的内涵应该更着重于对刑罚的考量。当然，罚的计算，既包括法定刑额度的规定，也包括在司法实践中事实上刑罚裁量的结果。就醉酒驾驶入刑而言，尽管学界有诸多批判的声音，认为醉酒驾驶入刑违反了刑法谦抑性原则，而且批判的声音还比较大，但是从入罪以后的司法实践来看，基本上超过 80% 入刑的醉驾行为最后都进行了缓刑处理。所以，尽管该行为进行了入罪化处理，但实质的刑罚量并不大，按照刑罚的分类，也只能算是微罪。从醉驾行为入罪后的社会效果看，却大大提升了民众的守法意识，当下"喝酒不开车，开车不喝酒"的新时代文化，已经悄然形成。由此也可以看出，扩大犯罪圈的做法，是我国社会发展的需要，通过进一步严密刑事法网，再一次以刑事立法的方式告诫民众行为的道德底线，以提升民众的规则意识和守法意识。对于当下守法意识淡薄的民众而言，通过降低犯罪门槛，缩短违法与犯罪之间的差距，具有非常重要的现实意义，且并不违反刑法谦抑性原则。例如，司法实践中出现的一个有意思的现象：正在被强制戒毒的人员，通过自首供认之前犯罪行为希望得到刑罚的惩罚，从而通过进入刑事程序接受实质上时间更短的刑罚惩罚，来逃避被约束自由时间更长的强制戒毒。可见事实证明，入罪并不等于重罚。最后，扩大犯罪圈，是为了处理劳教制度废止后的刑事法应对问题。我国刑法通说采取一元的刑罚理论，但在实践中往往采用治安管理处罚、劳教、刑罚三元的制裁模式，这是具有国情特色的法律制裁模式，治安管理处罚和刑罚针对的是"恶行"，劳教针对的是"恶习"。客观而言，劳教制度的历史性存在曾经在相当长的时间里发挥了其及时、高效、顺应我国国情等独特优势。劳教制度历经50多年，直至2013年12月28日，全国人大常委会最终决定废止劳教制度。劳教制度虽然已废止，但是原属劳教制度规制的劳教对象的社会应对，也就是将相关劳教事由进行类型化处理，纳入法治轨道，[①]成为当前的一个重要问题。因此，对之前被劳教的部分行为，进行司法化和入罪化处理，也是情理中的事。比如，再次降低盗窃罪的入罪门槛，将特殊情况下入罪的数额进行减半处理等，以扩大犯罪圈的形式从现实层面进一步推动我国的法治进程。尽管在应对劳教废止的方案方面，学者们有不同的主张，但司法化和法治化的立场却是同一的。[②]因此，在此种情状下的扩大犯罪圈，如对之前某些违法或劳教行为的入罪化处理，并没有违背刑法谦抑性原则的实质要求。近年来，司法实践中轻微犯罪案件在全部刑事案件中所占比例不断攀升，尤其是《刑法修正案（八）》将扒窃、入户盗窃、携带凶器盗窃、危险驾驶等常见多发违法行为入罪以来，轻

---

① 赵秉志、商浩文：《论劳动教养制度的废止与刑法调整》，载《法律科学（西北政法大学学报）》2015年第3期。

② 刘仁文：《后劳教时代的法治再出发》，载《国家检察官学院学报》2015年第2期。

微犯罪案件明显增多，这是犯罪门槛下调的必然结果。严密刑事法网、强化守法意识、推进法治建设，刑法责无旁贷。

第二，对于刑，恪守责任主义，进一步控制刑罚适用的量。我国《刑法》正朝着更为科学、更为现代化，不断与国际接轨的方向发展。总体而言，刑罚朝着更为轻缓的方向发展，这是一种不可逆转的国际潮流，刑法轻刑化的过程即是践行刑法谦抑性原则的过程。从我国刑法的发展特点看，以前自然犯是刑法规定的主要犯罪，本书称之为自然犯时代。而随着市场经济时代以及公民社会的到来，公众对秩序的要求日益提升，违反社会管理秩序方面的问题频发，矛盾的争议点也常常体现为如何维护公民的基本社会权益与正常的市场和社会秩序之间的矛盾关系。因此，本书认为，随着我国法定犯的日益增多，我国正逐渐步入法定犯时代。我国的社会文化传统对自然犯有着本能的仇恨和报应心理，因此在自然犯时代刑罚趋重，这也是我国特定社会历史文化状态下的选择。然而，在法定犯时代，民众对诸多之前依赖道德约束的违法行为会有不同于自然犯的认识和态度，《刑法》在严密刑事法网的过程中对法定犯也基本上会采取较为轻缓的处理。从《刑法修正案（九）》所增加的罪名大多为法定犯来看，这也再次体现了我国正逐步进入法定犯时代，刑法结构也继续朝着"严而不厉"的方向发展。正如上文所述，扩大犯罪圈并不必然导致刑罚总量的增加，轻刑化将成为未来刑事立法和刑事司法发展的一个重要方向。

具体到我国刑法学的发展，轻刑化体现为逐渐减少残酷的刑罚，将不人道的刑罚逐渐排除出刑罚体系。《刑法修正案（九）》又废除了9个死刑罪名，即在立法上又进一步削减了死刑罪名，从刑罚的量上而言，的确是朝着更为轻缓的方向发展。同时，尽管目前我国在严密刑事法网的要求下，犯罪圈在逐渐扩大，某些类罪的法定刑有所提升，但总体而言个罪的法定刑在朝着更为轻缓的方向发展。以目前法定刑最轻的危险驾驶罪为例，醉酒驾驶的法定刑只有拘役，如此轻缓的法定刑设置，在我国刑法学发展史上可以说史无前例。刑罚朝着更为轻缓的方向发展，既是现代文明社会发展的必然趋势，也是犯罪圈扩大以后平衡违法行为和犯罪行为的必要途径。具体到我国的刑事法实际，我国刑法的谦抑性主要体现在轻刑上，如上文所述，入罪并不等于重罚，严密刑事法网更注重提升民众的守法意识，是法治社会建设的必备要素。在我国现有的司法制度下，可以通过立法和司法一体化模式的协同努力，在实质上控制刑罚的总量。刑法谦抑性原则的三个必备要素，即刑法的积极性、最后性和有限性，① 都没有随着严密刑事法网而带来的犯罪圈的扩大在实质上被突破。因此，在我国当前的状况下，进一步践行刑法谦抑性原则最为迫切的需要便是进一步削减刑罚的量，这种削减既包括立法上法定刑的逐渐降低，也包括司法裁量中轻刑化趋势的落实，更有刑罚执行过程中非监禁刑、各种刑罚替代措施的运用。从宏观上看，我国轻刑化的发展，主要体现为逐渐削减死刑罪名，在司法实践中慎用死刑；在以自由刑为主的刑罚体系中，逐渐增加罚金刑等财产刑的适用；以及社区矫正、禁止令等非监禁刑的进一步运用，等等。

《刑法修正案（九）》除了废除几个死刑罪名外，因为犯罪圈的突然扩大，所表现出来的刑罚总量似乎有所增加。但笔者认为，我国当下的刑罚配置及刑罚结构并没有在实质上违背刑法谦抑性原则的内在要求。不断增加罪名以及对某些行为加重处罚，是为了社会稳定和民众安全的需要，更是进一步严密刑事法网、提升公民的守法意识、使刑罚配置与国际接轨的一种体现。近年来，我国的刑罚分布一直都在朝着轻刑化的方向发展，最为突出的成果便是从立法和司法两个层面分别对死刑进行控制。我国学者不管是在大型国际会议上还是在国内会议上，都极力主张慎用死刑。在以学者为主推手的着力推动下，我国已经陆续废除了不少死刑罪名，在司法上

---

① 熊永明、胡祥福著：《刑法谦抑性研究》，群众出版社 2007 年版，第 65 页。

也是更为审慎地适用死刑。刑罚处罚的广度与刑罚的严厉程度本来就是刑罚严厉性的两个不同向度，一个关涉到刑罚的范围，一个关涉到刑罚的程度，二者综合起来才能计算出刑罚的总量。从表象上看，目前我国刑罚范围不断扩大，罪名不断增加，诸多罪名入罪门槛有所降低，同样的罪名处罚的范围有所扩大等，这些都是在增加刑罚的量。但从更宏观的角度而言，我国刑事处罚结构的设置，是与当前的社会发展情状以及我国的社会现实相适应的，是为了进一步严密刑事法网，适应变化了的社会发展情状，迎接和进一步部署法定刑时代到来的结果。

我国刑法的发展，随着犯罪圈的进一步扩大，短期内很可能出现上文所说的三种不同情况，甚至会出现三种情况反复交替的局面。宏观上看，刑法的发展是社会发展推动的必然结果，刑罚总量的情况既要从立法的法定刑幅度进行观察，又要从司法裁量的宣告刑方面进行实然考察。刑罚总量的趋轻，既需要刑事立法的努力，更需要通过刑事程序的配合而得以落实。我国正在进行的司法改革中，所采取的多种措施都在事实上朝着适应我国刑法发展特点的需求努力。目前我国刑法发展的特点主要表现为：犯罪圈进一步扩大、轻微刑事案件渐增、以进一步控制刑罚总量为目标等。为了应对刑法发展的特点，我国在司法制度方面采取了如下措施：控制逮捕适用，非必要不捕；对轻微刑事案件适用刑事速裁程序；在司法实践中形成有中国特点的认罪认罚、从轻减轻处罚制度。这些应对措施都是为了配合和实现我国刑法发展朝着进一步严密刑事法网，努力形成"严而不厉"的刑法结构而作出的必要调整。

落实到具体个案的配刑上，有学者通过大样本实证研究发现，司法实践中大部分常见犯罪实际量刑的平均水平都低于相应罪名法定刑中线 10—12 个月。[①] 近年来的司法统计表明，法院判处 5 年以上刑罚的重罪案在总体刑案中的比重有下降趋势。实践理性值得

---

① 白建军：《裸刑均值的意义》，载《法学研究》2010 年第 6 期。

关注。以上也从一个侧面说明目前我国的刑事立法在配刑方面虽有趋高的现象，而刑法的谦抑性则是通过刑事司法的控制得以最终实现的。刑法的谦抑性有赖于个案裁量中法官对具体个罪在刑罚量上的把握，因此具体个案配刑上的细化考量则显得尤为关键。

自古典主义以来，配刑以及对刑罚量的限制，主要体现为责任主义原则的提出和不断发展。当然，责任主义原则既包括有责任就有刑罚的积极责任主义，又包括没有责任就没有刑罚的消极责任主义。为了进一步体现刑法的谦抑性，在配刑方面，当今刑法理论的通说采取的是消极责任主义。意即，不管是立法还是司法都应当在责任主义原则的统摄和规制下，践行刑法正义，落实刑法谦抑性原则。在是否成立犯罪方面，消极责任主义意味着责任是犯罪成立的必要条件，没有责任就没有犯罪。对责任的考量是决定犯罪是否成立的核心要素，即行为人如果既没有主观上的故意也没有主观上的过失，其行为便不能成立犯罪。这是在犯罪是否成立层面责任主义原则对配刑所作的限制，在量刑方面，消极责任主义也意味着责任是刑罚的上限。即使行为人所实施犯罪的一般预防必要性和特殊预防必要性都很大，也不得超出责任的上限量刑。① 不管是立法还是司法，刑罚配置的原则都是根据行为人责任的大小进行刑罚量的分配，这种份额分配的情况与刑法所追求的正义原则以及刑法谦抑性原则在本质上是前后呼应的。

第二节 罪刑失衡的司法调控：理论篇

现代刑法法治，要求严格遵守罪刑法定原则。因此，罪刑均衡的实现，似乎更多地成为一个司法层面的问题。现有的法规范不能

---

① [日] 西田典之著：《新版共犯与身份》，日本成文堂 2003 年版，第284 页。

随便被打破，即便立法可能存在漏洞，或者立法在技术上或具体的个罪规定上有所欠缺，但司法依然要在具体的操作中努力实现罪刑的均衡。因此，罪刑均衡的实现，在成文法国家逐渐演变成刑罚的司法裁量问题。对于具体的行为，该当怎样的刑罚？如何公平、公正地实现刑法所追求的正义？这是司法者亟须解决的现实问题。然而，在司法实践中，错综复杂的案情以及层出不穷的社会问题，为实现刑法的公平正义以及追求最为均衡的刑罚裁量带来了不小困难。

可见，实现罪刑均衡不单单是一个立法层面的问题，从法教义学的角度看，其更应该是一个司法层面的问题。因为，刑法的正义价值需要通过司法得以实现，刑法立法的罪刑均衡理念需要通过司法程序得以实践和落实。然而，司法的过程是复杂的，正如人的社会行为往往折射出传统、人性以及知识诱因一样，在司法裁决的依据和资源上，各国司法普遍受到亚文化和多元主义的影响。[①] 当然，在实现罪刑均衡的道路上，不同的国家会有不同的选择。比如，成文法国家要求司法者严格遵守罪刑法定原则，法官更像是戴着枷锁跳舞的舞者，法官的自由裁量权受到严格的限制，因而法官的智慧和司法能力显得尤其重要。而在以美国为主的判例法国家，则是另一种情况，因为法官有较大的自由裁量权，在司法实践中辩诉交易的比例也非常高，因此司法的灵活性和效率都非常高。当然，各种模式都有利弊，但不管是何种模式，基于刑法正义的要求，罪刑均衡的内涵差别并不大，即重罪重罚，轻罪轻罚，罚当其罪，无罪不罚。故罪刑均衡，也被一些学者概括为量刑公正。[②] 但笔者认为，罪刑均衡的问题涉及两个层面，一个是立法层面，一个是司法层面。而量刑的问题只是一个司法层面的问题，故罪刑均衡

---

① 雷小政著：《法律生长与实证研究》，北京大学出版社 2009 年版，第267 页。

② 李荣著：《公正量刑保障机制研究》，中央民族大学出版社 2013 年版，第 21—22 页。

应该是量刑公正的上位概念，只是具体到司法层面的罪刑均衡，则具体体现为量刑公正。学理上对量刑公正的解读有不同的看法和倾向，笔者比较赞同将量刑公正理解为"刑罚与行为人的犯罪行为、人身危险性相适应"的说法。① 由于目前我国处在综合刑时代，刑罚理论也处在折中时代，所以刑罚的正当化根据既要考虑行为人的犯罪行为，又要考虑行为人自身的特点。这种二元的考量模式，比较符合我国现有的立法和司法现状。

在德国，刑法教义学早已生根发芽，并在不断的发展中开花结果。有学者提出，"在德国刑法学界，一般认为，刑法信条学（教义学）是在李斯特和宾丁时代创立的"②。刑法教义学在德国经过了近一百年的积累，用陈兴良老师的话说，"在德国，刑法教义学几乎已经达致极限，没有太大的学术伸展空间。但是，刑法教义学仍然是刑法知识以及法学教育的中心，虽然在德国刑法教义学已经不再是刑法研究的前沿领域"③。可以看出，在整个 20 世纪，刑法教义学都是刑法研究和教育的中心，且经过近百年的研究和发展，刑法教义学在德国已经趋于成熟，并对德国的刑法学研究和教育作出了突出贡献。而在中国，这似乎还是一个需要启蒙和深度开发的领域。中国的刑法学，正处在法教义学化的过程当中，法教义学化包括刑法总论的法教义学化与刑法分论的法教义学化。④ 中外刑法

---

① 李荣著：《公正量刑保障机制研究》，中央民族大学出版社 2013 年版，第 21—22 页。

② 王世洲：《关于刑法方法理论的思考》，载梁根林主编：《刑法方法论》，北京大学出版社 2006 年版，第 50 页。

③ ［德］乌尔里希·齐白著：《全球风险社会与信息社会中的刑法：二十一世纪刑法模式的转换》，周遵友等译，中国法制出版社 2012 年版，陈兴良序第 2 页。

④ ［德］乌尔里希·齐白著：《全球风险社会与信息社会中的刑法：二十一世纪刑法模式的转换》，周遵友等译，中国法制出版社 2012 年版，陈兴良序第 2 页。

学理论发展之差距可想而知。

经过研究和深入思考，笔者认为，刑法教义学是以现行刑法规范为思考根据，在具体司法适用中，运用刑法解释学和刑法诠释学的解释方法对刑法规范进行合理解释，以求实现个案正义的学说。刑法教义学又分狭义的刑法教义学和广义的刑法教义学。只强调刑法的形式正义，根据现行刑法规范对刑法进行解释和适用的解释学为狭义的刑法教义学。为了实现实质法治，在具体的刑法适用中，运用包括刑法解释学、刑法诠释学在内的所有解释方法，对刑法规范进行解释和适用，以实现实质正义的解释学为广义的刑法教义学。在本书中，笔者认同并采用广义的刑法教义学，且认为刑法诠释学是在西方诠释学哲学兴起后，刑法教义学在新的历史时期的继续发展。然而，遗憾的是，尽管我国有着非常悠久和光辉灿烂的文明和历史，但就法治理念和法治发展而言，我国仍然处在启蒙和起步发展的阶段。具体到罪刑均衡相关问题，依赖具体解释实现罪刑均衡的刑法解释学也是如此。因为解释能力有限，很多问题的解决往往依赖于刑事政策和司法制度的建构，或者某些对应性地方司法政策的出台。客观而言，法治的理想是一致的，但实现路径却不太一样。正义的目标是一致的，但在我国当前的国情下，实现时却更多地需要多方因素的推动和系统性力量的综合支持。与有着缜密逻辑论证的德日刑法学以及以判例为榜样的英美刑法学相比较，我国的情况更为复杂，也更为独特。

基于刑法正义所追求的罪刑均衡结果，通过司法的裁量，笔者提出罪刑均衡的三种情形：（1）当现有立法无缺陷时，司法裁量应当在现有的立法框架内进行裁量，以避免对现有立法造成伤害；（2）当现有立法存在缺陷时，司法裁量应当对现有立法进行适当弥补，以实现实质正义；（3）现有立法严重违反罪刑均衡要求时，应当废止这一立法，创建一个符合社会期待和社会普遍正义的罪刑关系。

一、刑罚应当摒弃绝对客观主义的幻想

在刑法学理论上，我国只承认刑罚这一主要刑事制裁措施，目前我们还没能认可为了维护社会秩序而对没有惩罚意义的危险性人物进行保安处分的说法。在刑罚理论上，我国刑法学者坚持古典客观主义立场者居多，而对近代学派的目的刑主义或主观主义理论则予以排斥。[①] 从司法裁量的角度看，绝对客观主义有其天然的优势，如标准简单，易于裁量，自由裁量的空间少，司法滥权的概率也小。在学术上，古典的绝对客观主义，也一直保存着其强大而旺盛的生命力，在刑法学理论的发展过程中，尽管一直被批判，但都是批判基础上的继承，其合理内核至今依然无法超越。随着现代社会和现代刑法的发展，对行为人因素的关注和考量，导致了刑法学理论对绝对客观主义的超越和突破。总体来看，目前各国刑法，不管是立法还是司法裁量，基本上都已经超越了古典绝对主义的范畴，对行为人的特点和事后表现进行综合考虑，在配刑上给予相应规定。比如，立法中规定累犯、自首、立功、老人、未成年人等在量刑上的差别待遇等。在具体的司法裁量中，基于行为人自身特点的考虑，司法官也有一定程度的自由裁量度。笔者认为，这种刑罚的差别，既有来自法益侵害结果的不同所导致的不同惩罚后果，也有因为行为人状况的不同而导致的不同惩罚后果。对于理性人的假设在现实中的可行性，也是古典主义受到批判的一个重要原因。而刑罚的基础，到底是道义责任，还是人格责任，甚或是社会责任，关于刑罚责任基础的论争，到现在还在持续。正如有学者所言，法律的很多问题不能总是以一种抽象的理论方式加以把握，还必须对现实的生活有具体感受，只有存在具体感受的事件才是最切实的。如果我们离开了生活中的具体，我们对于总体也难以有合理的把

----

① 张明楷著：《刑法的基本立场》，中国法制出版社 2002 年版，第 102 页。

握。其实，任何理论家的理论都绝不可能只看总体，而不看具体的结果，正是具体对人的撞击才让我们充分感受到了生活本身的价值，我们也才能够从生活的深处去理解法律发展的机理。[①] 就法律实践而言，绝对而毫无差别的刑罚体系，无疑是行不通的。作为一种实践理性，法实践是活泼而生动的。因此，绝对客观主义的幻想，事实上是一种不切实际的简单想象。

具体到违法性判断，"欲判断行为是否具有违法性，不应局限于形式法规范的事实判断，更重要者必须针对阻却违法事由存在与否作价值判断"[②]。因此，判断一个行为责任的大小，不单要从形式上考查该行为是否违反了现有的法规范，还应当从实质的意义上考查该行为是否有破坏法规范所主张的价值和立场。换言之，绝对排除价值判断的违法性判断，在现实中基本上是没有的。在实践中，我们要非常警惕绝对客观主义的幻想。

刑法教义学是法教义学的方法和理论在刑法学中的延展和继续。而法教义学作为法学发展史上的一个重要流派，在法运用及司法实践中有着相当重要的地位和作用。探究刑法教义学的渊源，则要追问法教义学的渊源。比如，我国著名的法理学家舒国滢老师认为，法教义学也称教义学法学，实际上是狭义的法学或传统的应用法学（刑法学、民法学、宪法学等）。[③] 因此，刑法教义学则是法教义学细分到部门法后，属于实体部门法学的学科。这种狭义的法学，与因研究方法不同而出现的法社会学（社会法学）属于两个完全不同的研究领域。甚至，在法教义学者看来，法社会学不属于

---

① 武建敏著：《马克思法哲学的当代阐释》，中国检察出版社 2013 年版，第 278 页。

② 余振华著：《刑法违法性理论》（第二版），台湾瑞兴图书股份有限公司 2010 年版，第 74 页。

③ 舒国滢著：《法哲学：立场与方法》，北京大学出版社 2010 年版，第 140 页。

真正意义上的法学，而只有法教义学才是真正意义上即狭义上的法学。

探究法教义学的渊源，将是一个古老而带有历史追问性质的话题。纵观世界法学发展史，我们可以看到，法教义学基本上是在以德国为代表的大陆法系国家发展和繁荣的。而在以实用主义哲学为基础的美国则没有强大的法教义学传统。在后来，大陆法系的法教义学理念对英美国家也有一定的影响，并在某种程度上被判例法国家所接受。比如，以哈特为代表的新分析法学派便是吸收了法教义学理论中的解释学和诠释学的观点，用道德分析的方法，将自然法学和分析法学相融合而形成自己的理论。但是，从总体上看，法教义学是一个地域性很强的理论。一提到法教义学，基本上大家都会想到大陆法系，想到德国。当然，接下来我们也会论述，特别是在20世纪兴起的利益法学派，以法学在德国对司法施加的强大影响作为法教义学的研究领域，把法学从之前的纯形式主义的概念和理论讨论中解脱出来，从理论的虚无主义推向司法实践，将法学真正发展成一门实践理性的科学，这着实具有里程碑式的历史意义。

通过对历史的考究，我们发现，法教义学事实上是一个带有明显德国标志的名称。德国人以思辨著称，以康德、黑格尔为代表的哲学家，影响了一代又一代的学者，且现在仍然还在闪耀着理性而不朽的光芒。而且，作为制定法的发源地之一，德国人思维中对于理论体系的建构能力，也是其他民族难以比拟的。这种带有明显创造性且自洽的理论体系建构能力，从德国富有体系性的刑法学专著中可见一斑。而法教义学在德国的兴盛，也正源于这个民族崇尚哲学之思辨，有着精细的思维能力，对理论体系的把握独到而高深。正是这样的一个民族，对法教义学作出了杰出而又有历史意义的贡献。百年来，法教义学在德国不断发展和更替，前后经历了概念法学时代、利益法学时代以及后来的价值法学时代。在价值法学时代，在价值哲学的启发下，刑法学也引入了价值判断这一思想。因此，在犯罪成立理论的改进中，引入了社会危害性和应受谴责性的评价标准，从而形成了非常有价值的新古典体系的犯罪成立理论。这一发展不能不说贡献非凡。之后随着现象学和本体论理论的发展和繁荣，刑法教义学也受到这一思潮的影响。基于对现象学中目的性理论的引入，刑法教义学逐渐形成了目的的行为论理论，在这种理论的改造下，形成了非常有特点的目的行为理论犯罪成立论。而且，目的行为论者认为，刑法学引入现象学和本体论理论，对刑法教义学在新时期的发展立下了汗马功劳。

当然，我们知道，以实用主义哲学为基础的美国法学，并没有强大的法教义学传统。美国法学更多地是力求问题的解决，而不在于体系的建构。这与美国人一贯的思维习惯和处事风格息息相关。美国法学是在实用主义哲学的引导下，发展出以解决问题为中心，以效率为引导，以实效为价值基础的法学理论和实践的。美国法学在理论建构方面，不像欧陆法学那般庞大和精细，显得简单和易于操作。很多有名的美国法学家往往是司法实践中的法官和律师。因为只有在实践中，才能遇到更多的实际问题，也只有在实践中才能更多地面对具体问题并找寻具体的解决之道。霍姆斯大法官曾言，法律的生命不在于逻辑，而在于实践。1999 年年底，《美国法律人》杂志年终刊评选了 100 位 20 世纪最有影响的美国法律人，其中有霍姆斯、汉德、卡多佐等已故法官、学者，也有不少实务律师、法律活动家。① 可见，因为不同的法文化，法教义学在以实用主义哲学为主流思想的美国并不具有统治地位。而只有在制定法传统比较悠久、法律解释学发展繁荣的国家，法教义学才有着悠久而光辉灿烂的发展历程。正如法教义学在德国从其萌芽到发展，到后来的兴盛，再到现在的成熟和巩固，每一个阶段，都体现了德国人精湛的法律解释技术和体系性的思维。这些，在崇尚问题思维和实用主义的美国，是非常之不可思议的。

---

① ［美］理查德·A. 波斯纳著：《法律理论的前沿》，武欣、凌斌译，中国政法大学出版社 2002 年版，总译序第 14 页。

二、重视传统文化对刑罚的巨大影响

亚里士多德认为，人类在本性上是一种具有理性、追求美好生活的动物。如果人类仅仅为了生存而生存，那就如同野兽一般，就不会发展成文明社会。文明社会中作为德性产物的人类美好生活，本身就内在地包含于人类社会发展的目的之中。对个人和对整体而言，人生的终极目的是同一的，个人理想的目的也就是社会理想的目的。反过来，社会的终极目的也就是个人的终极目的。① 因此，人类社会的发展过程，也是人类理性不断自我超越、自我发展的过程。在人类文明的进程中，刑罚制度也发生了很多变化。而这种变化，自然与其所在的社会及社会制度有着紧密的联系。

有学者认为，中国难以取消死刑，很重要的原因是中国民众的报复心理较强，"杀人偿命"的因果报应思想根深蒂固。② 一般民众更多地从自身的道德情感出发来判断死刑是否应该存在，情感因素的强度在民众的死刑态度构成上比较明显。即便民众也认识到死刑有可能错判难纠、可能不经济，但他们仍然主张死刑的存在与适用。因为在这个时候，死刑的适用能够给他们带来积极的情感体验，能够平复他们失去亲人的伤痛。情感这一主导因素的力量大于认知因素的力量，民众会用情感去协调、改变认知。③ 因此，有学者认为，"文化背景可能会对法律论证发生影响，而法律论证的理念也可能会对特定文化背景的孕育发生一定的作用"④。就刑罚裁

① 任大川著：《道德困境与超越——精神、秩序及私欲》，江西人民出版社 2011 年版，第 84—85 页。

② 田文昌：《死刑是一种价值取向》，载《中国新闻周刊》2002 年 7 月 29 日。

③ 吴宗宪主编：《中国刑罚改革论（上册）》，北京师范大学出版社 2011 年版，第 57—58 页。

④ 雷磊著：《规范理论与法律论证》，中国政法大学出版社 2012 年版，第 268 页。

量而言，具体的裁量情况需要考虑我国特有的文化背景，以及民众对于刑罚的认知和理解。

有学者指出，新派的刑事政策取代旧派的刑事政策是现代资本主义矛盾增长的反映。社会政治、经济变化反映在资产阶级意识形态上，表现为集团主义思想。这种思想认为，社会过程是集团与个人的社会互动的过程，个人和社会是有机的统一体。一个人犯罪，不是他个人的问题，而是全社会的问题，量刑过重，不仅他个人受害，而且全社会受害。因此，对于犯罪这一病态就发生了社会的责任。这种社会责任思想是教育刑思想的基础。基于这种集团主义思想，资产阶级的刑事政策由注重研究犯罪行为和结果，转而注重研究犯罪人；由犯罪的一般预防转为特殊预防；由报应刑思想转为教育刑思想。① 在具体的刑罚改革中，应重视传统文化的影响，正如有学者精辟地指出，"一个国家的刑罚改革，是时代和国情的产物，但在某种意义上为权力和人文因素所决定"②。有学者则在反思的基础上，提出我国应当采用人本主义的刑罚观，"作为一种科学的刑罚观同时也作为一种理念，人本主义刑罚观对我国刑罚改革，无论是在方向上，还是在内容与目标实现上，均具有积极的指导意义，有待于在我国的刑罚改革中予以贯彻"③。因此，在刑罚发展的过程中，任何阶段都应当重视传统文化对刑罚理论和刑罚结构造成的影响。

康德关于法教义学的说法是：纯粹理性依照已定好的方式推展，而不对纯粹理性的能力本身进行批判。在康德看来，法教义学

---

① 刘远著：《刑事政策哲学解读》，中国人民公安大学出版社 2005 年版，第 257 页。

② 李瑞生著：《中国刑罚改革的权力与人文基础研究》，中国人民公安大学出版社 2011 年版，第 30 页。

③ 吴宗宪主编：《中国刑罚改革论（上册）》，北京师范大学出版社 2011 年版，第 79 页。

是"对自身能力未先予批判的纯粹理性的独断过程"①。法教义学者从某些未加检验就被当作真实的、先予的前提出发，不问法究竟是什么，法律认识在何种情况下、在何种范围中、以何种方式存在。法教义学的重点即在于：它只在体系内批判现行法，而并不探讨现行法体系（如民法体系、刑法体系）的有效性与否问题。社会学家卢曼认为，法教义学是研究某一特定法律体系或子体系（法律语句命题系统）的实在法理论。法学家拉伦茨则说，法教义学是一门法律概念和法律制度的自成体系的基础学问。而按照法学家阿列克西的理解，法教义学作为一门法律科学，至少是三种研究的混合体：（1）描述有效的法；（2）串联概念体系；（3）获取解决有问题的法律案件的办法（建议）。② 舒国滢老师认为，法教义学又称教义学法学，是研究某一特定法律体系或子体系（法律语句命题系统）的实在法理论，或者说，它是一门"法律概念和法律制度的自成体系的基础学问"，一门以"科学"的趣味来构建的法律学问。③

刑法教义学的教义皆来源于刑法具体的规范。而刑法教义学只是通过刑法解释学及犯罪成立理论的研究，对刑法规范在具体刑事司法实践中的运用，作出其应有的贡献。而在德国，近百年来，刑法教义学也是刑法学教学及刑法学研究的中心。对法规范的遵守，甚至是神学意义上不问出处的无条件遵守，是早期的刑法教义学之宗旨。当然，对于制定法来说，成文法有着至高无上的地位和尊严。虽然后来也出现了从社会学视角研究法学的法社会学，但是在

---

① ［德］阿图尔·考夫曼、温弗里德·哈斯默尔主编：《当代法哲学和法律理论导论》，法律出版社 2001 年版，第 4 页。

② 舒国滢著：《法哲学：立场与方法》，北京大学出版社 2010 年版，第 140—141 页。

③ 舒国滢著：《法哲学：立场与方法》，北京大学出版社 2010 年版，第 4 页。

古老而有生命力的法教义学看来，用法社会学对刑法进行研究的学科，只是一种研究"刑法应该是什么"的学科，如果硬要归类，应当属于刑事政策的范畴，而不属于真正的刑法教义学。刑法教义学则毫不动摇地认可现行刑法规范，基本上不会从立法层面用立法思维去考量刑法规范，而是依靠解释学的技巧和手段，对现行刑法规范进行合理而符合正义的解读，以弥补刑法规范可能存在的"漏洞"。

因此，刑法规范是刑法教义学教义的真正来源。刑法教义学的研究和发展以刑法规范为依据，通过解释和运用刑法，在不断的实践中，把原本抽象的刑法规范变得具体而符合现实需要，把可能存在"漏洞"的刑法规范尽量解释得符合刑法的精神和实践需要。这是一门需要智慧和理性的学问，也是百年来刑法教义学孜孜以求不懈努力的方向。语言具有模糊性，而制定法不可避免地运用天生带有自身缺陷的语言表达立法者想要表达的各种意愿，因此法规范必然地需要被解释。就像众人所说，一千个人心中，便会有一千个哈姆雷特。每个人对法条的理解可能会因为受到个人的主观因素和解释者当时所处的客观环境之影响而出现不同。因此，刑法解释学之存在和发展便有了不可忽略的价值和历史意义。

有学者提出，"在德国刑法学界，一般认为，刑法信条学（教义学）是在李斯特和宾丁时代创立的"①。而笔者认为，既然传统的刑法教义学与传统的刑法解释学如出一辙，那么自从有刑法解释学开始，便有了刑法教义学。只是当时的刑法教义学没有私法的解释学发达，在历史上自然不那么受重视。正如德国的法文化一样，法教义学的起源和发展都与解释学的兴盛密不可分。笔者通过考证得出，在萨维尼时代已经有了关于刑法解释的著作，只是因为解释学先驱萨维尼是私法领域的解释学研究者，因此刑法领域的解释学

---

① 王世洲：《关于刑法方法理论的思考》，载梁根林主编：《刑法方法论》，北京大学出版社 2006 年版，第 50 页。

研究在这个阶段并不是那么受关注。但是，在笔者看来，传统的解释学与概念法学时代的法教义学在内涵和外延上基本相同，因而在萨维尼时代，刑法教义学已经开始萌芽，并出现了一些著作。在萨维尼和格林兄弟合著的《萨维尼法学方法论讲义与格林笔记》一书中提到，当时还没有关于罗马刑法解释的著作。因为当时罗马刑法还没有从罗马私法中分离出来，只能在罗马私法中找寻罗马刑法的解释。但是，关于德意志刑法解释的著作已经存在。然而，德意志刑法的主要法源是《卡洛林那法典》，由于它的篇幅较小，所以当时已出版了很多注释作品，如瓦尔赫的《以〈卡洛林那法典〉为解释对象的日耳曼注释》1790 年出版于耶拿。这个时候，比较优秀且称得上上佳的刑法学方面的著作，除了关于法典的注释，特别是《卡洛林那法典》的注释之外，比较有代表性的体系性著作为梅斯特的《刑法原理》，该书虽然少有创新，但对通说的阐述简明易懂。还有费尔巴哈的《刑法教科书》。甚至，在萨维尼看来，费尔巴哈的《刑法教科书》是当时最优秀的刑法著作。① 因此，笔者认为，刑法教义学早在萨维尼时代就已经创立，并有了一定的发展。只是那时的刑法教义学的解释方法，还基本停留在传统的、普遍意义上的法解释学方法，还没有形成独立的、有刑法特色的刑法教义学之刑法解释方法和理论。

　　用考夫曼的话说，法教义学者不问法究竟是什么，法律认识在何种情况下、在何种范围中、以何种方式存在。② 因此，刑法教义学也是这样，不问现行刑法如何，而是直接假定现行刑法是基本合理的。当然，在经过几十年的努力之后，理论界也基本判定，中国现行《刑法》从立法层面已经基本完善。而真正要做的，便是刑法

---

　　① ［德］萨维尼、格林著：《萨维尼法学方法论讲义与格林笔记》，杨代雄译，法律出版社 2008 年版，第 163—172 页。

　　② ［德］阿图尔·考夫曼、温弗里德·哈斯默尔主编：《当代法哲学和法律理论导论》，法律出版社 2001 年版，第 4 页。

教义学者所努力的，即在刑法学内部用批判的精神实现个案正义。罗克辛教授认为，"刑法信条学是研究刑法领域中各种法律规定和各种学术观点的解释、体系化和进一步发展的学科。它通过自己与现行法律的关系和自己的研究方法，从而区别于刑法史学、比较刑法学和刑事政策学。刑事政策学的研究对象不是那些已经存在的法律的形成，而是那些根据目的的要求本来应当存在的法律的形成"①。

20 世纪中叶，西方法学出现了"司法转向"，将法律正义从立法领域扩充到司法领域。在大陆法系，这一转向开始于赫克的利益法学，他将以往在大陆法系占强势地位的"法律的利益分析"从立法领域推向司法领域，研究司法中的利益衡量问题。② 利益法学形成一个固定形态的理论，主要是来自于赫克的著作。赫克在1905 年第一次提出"利益法学"一词，但是他的第一篇详细介绍利益法学纲要的文章则是 1912 年 2 月 6 日在国王生日庆祝会上的演讲《法律获得之难题》。以赫克为代表的利益法学将法教义学的关注重点从简单的法条解释，发展到司法领域具体个案中对法条的运用，除了解释，还有法条与具体事实结合过程中的具体处理技巧和方法等问题。因此，利益法学的出现和发展，是对法教义学的继续发展。而刑法教义学的兴起，也是受到了以耶林为代表的概念法学以及萨维尼的历史解释方法影响之后，逐渐发展起来的一个不断走向完备并兼具实践理性的以刑法规范为基础的刑法学研究体系。

然而，在现有的法律体系和框架下，如何实现罪刑的均衡？如若立法本身就存在罪刑不均衡的问题，司法该如何操作？既要恪守罪刑法定原则，又要努力实现罪刑均衡，这对司法官来说，的确不是一件容易的事。当罪刑法定原则与罪刑均衡原则相冲突的时候，

① ［德］克劳斯·罗克辛著：《德国刑法学 总论（第 1 卷）·犯罪原理的基础构造》，王世洲译，法律出版社 2005 年版，第 117 页。

② 周永坤著：《法理学——全球视野》（第三版），法律出版社 2010 年版，第 41 页。

司法官该如何巧妙处理？恪守形式上的罪刑法定原则，但最后一定要导致司法不公正的时候，该如何处理？是采用巧妙的解释方法进行变通处理，还是利用刑事诉讼程序进行有效控制，或者直接通过特殊程序，采取层层上报的方式加以处理，最后再推动立法的修改？通过观察，笔者认为，更多的时候，中国的司法制度会有诸多的集体讨论和上报制度，这在一定程度上造成了诸多问题，但也在一定程度上缓解了诸多矛盾的井喷式爆发。这种有中国特色的处理方式，借鉴了中国传统的统治思维和统治艺术中众臣讨论君主决断的模式，有其存在的理由和相对合理性。在实现罪刑均衡的目标上，中国诸多制度设计既有传统文化的特点和优势，又在宏观上避免了严重问题的出现，虽然饱受诟病，但在笔者看来，这正是中国的学术研究和理论贡献非常贫乏，而司法实践却不输于其他国度和文明，甚至在诸多领域能够引领和带动学术研讨和学术研究的重要原因。对此问题的关注和分析，或许可以给困境中的中国刑法学带来一线生机和活力。

三、整合与调整：传统理念、具体国情和现代理念的兼顾

法律的世界虽然无法离开普遍性的指引，但是从根本上来说决定法律发展以及人类法治进程的，并不是宏大的概念和理论系统，而是现实生活中所发生的一件又一件具体的事情。实践法哲学除了要总体关注人类法律的实践，还要对法律的具体内容进行深入的研究和把握。就中国本土的传统哲学而言，其不足在于对事物分析不够，其长处在于对事物的联系、发展、变化给予充分的重视，洞察深刻。在体用、本末、物我等方面极具灵活性和辩证特点，体现了生生不息的生机和活力。它反对执著于静态的机械性。[①] 当然，中

---

① 武建敏著：《马克思法哲学的当代阐释》，中国检察出版社 2013 年版，第 269—270 页。

国哲学和中国传统思维有其特有的优势。在灵活性和能动性上，中国哲学具有明显优势，这是不可辩驳的事实。但是，如果以西方的法治主义标准进行规范化、标准化、精确化衡量的话，中国哲学所体现的这种灵动，又略显笨拙和被动。

不管是哪一种刑罚观，都是从应然层面对刑罚进行分析。传统因素对刑罚的影响也是巨大的，传统并没有因为现代化的出现和发展而销声匿迹。也许很多传统因素已经逐渐消失，但还是有很多传统因素顽强地存活了下来。"人们普遍相信，业已销声匿迹的制度和信仰不可能失而复得。"① 因此，在现代文明发展的今天，我们对于传统文化中根深蒂固的报应思想，是该继续倚重，还是进行深刻反思？是更多地顺应民意，主张客观主义所讲的报应，还是在可能的范围内讲求矫正，提倡教育？笔者认为，既要尊重传统，也要看到目前发展的态势，做到客观、理性的反思。在目前的状况下，理性反思显得非常必要。而传统的报应思想，是该继续保持，还是理性地反思？现代刑法又该在多大程度上维持传统因素对我国刑罚的影响呢？

凡是存在，必有一定的合理性。中国当代刑罚观念，从形成的原因看，既是一种历史的产物，受到了中国长期以来的刑罚文化影响，又是一种现实的产物，受到了中国当代政治、经济、文化等诸多因素的制约，同时也是一种国际的产物，受到了西方现代刑罚观念的熏陶。如同刑罚报应所持的正义观念一样，中国当代刑罚观念的存在本身就具有正当性。但是，作为一种态度，中国当代刑罚观念在对刑罚的认识、情感等因素方面，也存在许多值得反思的地方。但比反思更为重要的是在反思中的调整和重构，要真正把中国的传统法律文化，以及中国的现实国情和目前人类最现代和最先进的刑法理论和文化有机结合起来，从而达到真正的融合和兼收并蓄。

---

① ［美］爱德华·希尔斯著：《论传统》，傅铿、吕乐译，上海世纪出版集团 2009 年版，第 1 页。

四、刑罚的社会防卫兼顾保障人权

美国现代伟大的法律家霍姆斯说过，法律蕴涵着一个国家数个世纪发展的故事，我们不能像对待仅仅包含定理和推论的数学教科书一样对待它。要理解法律是什么，我们必须了解它以前是什么，以及它未来会成为什么样子。我们必须交替地参考历史和现有的立法理论。① 正如冯象曾经说的，我国的法律院校叫"政法学院"，这是一个英语无法准确翻译但却十分贴切的名字。② 从这点看，我国刑法所具有的政治性和主导性，又与其他西方自由主义国家所提倡的自由、民主、宪政体制下的刑法有许多不同。

刑罚的社会本位观念主要体现在司法者过于注重量刑的社会效果上，从而导致量刑不独立，受社会舆论、媒体等方面的影响过大，并过分迎合社会心理。例如，在许霆案中，许霆之所以在重审判决中由无期徒刑改判为 5 年有期徒刑，是因为法院充分考虑实现法律效果与社会效果的统一，根据案件的法律事实、犯罪情节和对于社会的危害程度，对许霆予以从宽处罚。③ 当然，这种以社会为本位的司法理念在历史上也曾发挥了很重要的作用。具体体现为新中国成立初期，边区司法活动结合我国传统文化与现代司法所体现的综合性司法。综合性司法重视司法在社会治理中的作用，注重法律效果与社会效果的统一。边区司法的领导人谢觉哉十分强调立法和司法实践中辩证对待经验的重要性，强调司法工作必须立足于对历史传统的正确认识和对现实环境与条件的准确把握，理论联系实

---

① ［美］小奥利弗·温德尔·霍姆斯著：《普通法》，冉昊、姚中秋译，中国政法大学出版社 2006 年版，第 49 页。

② 冯象著：《政法笔记》，江苏人民出版社 2004 年版，第 4 页。

③ 马远琼：《许霆案重审：为何由无期改判五年》，载《检察日报》2008 年 4 月 1 日。

际。①但是，过于注重刑罚的社会本位效果，则很可能会忽略被告人个体的权益保障。

目前，我国处于矛盾频发、各种问题集中凸显的社会转型期。具体看，各个领域都在发生着急剧变化。经济从传统计划经济向社会主义市场经济转变；政府职能从管理型政府向服务型政府转变；社会从农业社会、工业社会向信息社会转变；文化从封闭性、一元性的同质文化体系向开放性、多元性的异质文化体系转变。在这样的社会大背景下，民众的公民意识觉醒，公民权利意识增强。以往那种以大局为重，个人利益绝对服从于集体利益的观点，在现代社会逐渐受到质疑并摒弃。诸多维权事件，通过网络的传播，衍化成群体性事件。可以看出，正在悄然变化着的中国，公民权利意识和个体意识的增强，正成为社会进步和发展的巨大推手。

中国从秦朝确立郡县制以来，直至清末，地方上采取行政与司法合一的模式，行政长官兼理司法。这种模式最大的特点是能够发挥综合的社会治理功能，符合效率原则。这种体制不强调某一部门的独立，强调的恰恰是司法作为地方政权组成部分，能够发挥宏观和综合的作用。但是，随着社会的发展，这种过分注重刑罚社会本位的观念应当得到反思和检讨。

刑罚观念以社会为本位，这将导致犯罪人个人权利的缺失。社会本位要求人们以社会价值、利益为重。刑罚观念以社会为本位，将导致刑罚的社会本位化，而一旦重点强调刑罚的社会利益与社会价值，刑罚对犯罪人的权利维护将受到影响。如在可定罪可不定罪、可量刑可不量刑、可量重刑可不量重刑、可在监狱内执行可不在监狱内执行的情况下，刑罚的适用可能会受到社会利益的冲击而作出对犯罪人不利的决定。虽然这属于刑罚自由裁量的范围，但是从刑罚谦抑性的角度，犯罪人的权利实际上已经被侵害了。

---

① 汪世荣等著：《新中国司法制度的基石》，商务印书馆2011年版，第288页。

因此，我们的刑事司法，是该以社会为本位，牺牲个体的权益，还是在打击犯罪的过程中，适当保障被告人的权益？毋庸置疑，在观念层面，限制刑罚权，同时保障被告人权益的思想已经在理论界得到彰显，而诸多的改革措施也正在顺应这一历史的潮流，将其落实到具体的操作层面。比如，讯问嫌疑人所要求的同步录音录像制度在司法界的具体落实，非法证据排除规则的具体采用，等等，都在具体的操作层面注重保障嫌疑人的权益。司法的重心，正渐渐地从社会本位的视角，转向社会利益与个人权益保障并重的司法向度。

五、刑罚观念兼顾传统法律文化理念与现代价值理念

从1978年我国实行改革开放，至今已经有30多年的历史。但是，现代化也是一个渐进的过程。对我国的刑罚而言，观念的现代化还远未达成。就现代刑罚观念而言，我国的刑罚观念仍然是一个"瘦子"，传统刑罚观念在我国的刑罚观念中占据了太大的比重。在追求法治化的道路上，我国还有很长的路要走。笔者认为，其中非常重要的一点就是，我国欠缺现代的刑罚观念。在宪政民主观念已经成为普世价值的今天，我国的刑罚理念中，还有太多非现代因素阻碍着法治的进程。当前，传统刑罚观念主要体现为重刑观念、泛刑罚化观念、刑罚报应观念和刑罚工具观念等。这些观念在刑罚观念中的比重过大，将导致我国刑罚在立法、司法和执行过程中产生诸多弊端，同时也会对社会造成不良影响。源自传统社会的重刑观念、泛刑罚化观念和刑罚报应观念，反过来又会对社会心理造成不良影响，强化人们的报复心理、仇恨心理，从而对社会造成危害。我国当前刑罚中的重刑观念、泛刑罚化观念和刑罚报应观念，与传统文化中的报复观念、仇恨心理等有着密切的联系，是传统文化在刑罚观念中的体现。与此同时，刑罚在立法、司法和执行过程中对重刑观念、刑罚报应观念等思想的贯彻，反过来会强化人们的报复观念和仇恨心理，不利于社会和谐秩序的构建。

社会总是不断向前发展的，传统的国家垄断刑罚权的模式，在现代社会遇到了诸多的质疑。尽管刑罚只是最后的制裁手段，但是国家代表被害人对犯罪人进行的惩罚，从宏观上讲实现了一般意义上的正义诉求。国家从社会利益和社会秩序的角度出发，往往代表的是国家利益或者群体利益。事实上，国家利益与被害人利益，在某种程度上有着一段现实的距离。作为个体的被害人的现实利益诉求，往往被宏观而抽象的国家刑罚权所取代。然而，国家刑罚权的行使，是否在事实上实现了被害人的愿望，或者起码来讲，基本上抚平了被害人内心的伤害则值得商榷。

也有学者通过研究认为，法学之所以无法满足变迁中复杂社会的要求，乃是因为它是在法律这种人类自己创造的尺度内工作的。法学并不关注社会现实，也无法提供研究社会现实的理论资源。①当然，这种评论也许有失偏颇，因为从某种意义上讲，法律本来就是对人类复杂生活的一种理性规制。现实生活如此纷繁复杂，而现有的法规范又只能在现实问题出现之后，仅针对亟待解决的某些问题进行刑事立法。从这点看，国家对刑罚权的绝对垄断，在如此高速发展的现代社会，的确遇到了挑战。特别是近代以来的预防刑和教育刑理论，其目的的实现，更多地需要社会的参与。因此，社会及相关组织参与刑罚，甚至分配一定的刑罚权，是现代刑罚理论发展的一大潮流，也是现实的需要。毕竟，国家和政府的功能是很有限的，只有将有限的资源，合理分配到最需要、最有价值的地方，才是最理性的选择。同时，合理利用社会资源、社区资源，适当考量被害当事人的利益诉求，等等，这些都是刑罚现代化所要考虑的因素。

---

① 郑戈著：《法律与现代人的命运：马克斯·韦伯法律思想研究导论》，法律出版社 2006 年版，第 33 页。

六、进一步规范预防必要性所体现的规范责任

在域外，基于犯罪预防的目的而发展起来的目的刑理论，主要体现为刑罚的目的是预防犯罪，维护社会的稳定。不管是针对已然之犯罪，还是未然之犯罪，都是从预防的角度出发配置刑罚。在域外，上文所提到的强制医疗被归于保安处分的范畴，在欧陆法体系中，关于保安处分的具体内容都会在刑法中规定。目前，我国刑罚理论，并没有承认刑罚以外的保安处分措施，虽然在现实中，诸如精神病人强制医疗等措施，事实上是类似于保安处分的刑事处遇。在我国，很多学者、专家认为"保安处分"似乎与我国政治上和刑事立法、司法上所追求的人权保障有天然的冲突。如此之现状，让人不得不心生感叹。笔者认为，二元的刑罚制裁体系，既符合了刑罚理论的发展，也顺应了时代的要求，更从根本上解决了对危险性人格行为人的管束问题。对于社会的管理和刑罚理论的完善，都是一件好事。

有学者指出，刑罚目的理论以预防思想为核心，导出一般预防与个别预防之观念。鉴于一般预防重在保全社会，个别预防重在保全犯罪人。二者着重点不同，为兼顾保全社会与保全犯罪人的需要，对于即使无责任能力之犯罪人，只要基于防卫社会的需求，仍施予保安处分措施；对于有责任能力之犯罪人，如果仅施予刑罚，仍不足以排除其社会危险性时，则需两者并用。遇有刑罚不足以改善犯罪人的情形，则必须有刑罚以外的方法来处置，其目的在于排除犯罪人再犯的危险性，借以保全社会。而犯罪人再犯的危险性，大致上区分为犯罪人"生理疾病"或"心理异常"的因素，统称为犯罪人之性格异常，对付此种犯罪人，处理的措施不可能一致。[1] 就我国的劳教制度而言，在创建初期，由于劳教制度带有安

---

[1] 刘秉钧：《保安处分之目的与刑罚之差异》，载赵秉志主编：《刑罚体系结构的改革与完善》，北京师范大学出版社 2012 年版，第 209 页。

置就业的功能，劳教措施不是一种完全由政府单方发动的强制性措施，在一定范围内是一种国家机关和社会单位甚至家庭之间互动以解决就业和增加社会教育功能的办法。进入 20 世纪 90 年代后，大陆民众保护人权的意识日益增强，法制日益完善，与决定劳教措施程序相关的《行政处罚法》《行政复议法》《国家赔偿法》等法律先后出台。例如，《行政处罚法》第 31 条规定："行政机关在作出行政处罚决定之前，应当告知当事人作出行政处罚决定的事实、理由及依据，并告知当事人依法享有的权利。"第 32 条规定："当事人有权进行陈述和申辩。行政机关必须充分听取当事人的意见，对当事人提出的事实、理由和证据，应当进行复核；当事人提出的事实、理由或者证据成立的，行政机关应当采纳。行政机关不得因当事人申辩而加重处罚。"这些法律的出台，有效地保障了当事人的权利。但中国一直存在两个重要的问题有待解决，一个是类似于未成年人、精神病人的管束矫正该如何进行理论划分的问题，一个是行政罚与刑罚的衔接和区分问题。这两个问题，在理论上未得到深刻的澄清，在实务上自然经常出现混乱和界限模糊。刑罚行政化、行政处罚刑罚化、行政罚与刑罚重叠交错等现象层出不穷。对此，笔者认为，首先应当在理论上有所澄清，继而在实务上进行合理应对。

劳教制度是我国从位于欧洲东部的苏联引进的，但形成了我国独有的制度。具体而言，劳教制度有点类似于欧陆刑法体系中的保安处分措施，但我国只是将其按照行政处罚加以对待。根据相关规定，对某些应当劳教的人员，公安机关不需要经过庭审审讯，亦不需要进行定罪，即可对其进行劳教。劳教最高期限为 4 年，在劳教期间，限制被教养人人身自由、强迫其劳动，同时进行思想教育等。2013 年 11 月 15 日公布的《中共中央关于全面深化改革若干重大问题的决定》提出废止劳教制度。2013 年 12 月 28 日全国人大常委会通过了《关于废止有关劳动教养法律规定的决定》，这意味着已实施 50 多年的劳教制度被依法废止。同时明确，劳教制度废止前依法作出的劳教决定有效；劳教废止后，对正在被依法执行劳教的人员，解除劳教，剩余期限不再执行。

调研显示，劳教制度在我国社会管理过程中曾发挥了相当的积极作用。根据对 F 省 2009—2014 年来劳教数据的统计和分析，发现劳教对象中包括成年人和未成年人，成年人以非法上访者居多；未成年人则是有违法行为但欠缺责任能力的人，行为方式以寻衅滋事、敲诈勒索者居多。随着劳教制度的废止，基于保障人权的需要，之前被劳教的未成年人大部分被治安处罚吸纳。但是，目前我国的刑罚体系并不具有吸纳欠缺刑事责任能力的未成年人犯罪的功能，行政处罚与刑罚体系的衔接与和谐共处的问题成为理论界和实务界亟须解决的一个重要问题。

成年人：以非法上访者居多	未成年人：以破坏社会管理秩序者居多，且多属侵财型（具有暴力性）
入罪——寻衅滋事罪、敲诈勒索罪（虽有具体案例，且也非常典型，但少，争议大）；出罪——保障人权	大部分被治安处罚吸纳，因为目前我国的刑罚体系并不具有吸纳欠缺刑事责任能力的未成年人犯罪的功能

图 6 - 3　劳动制度废止前后劳教对象的变化

从现有的资料看，在劳教制度废止之前，劳教被运用的比例本来就不是太高。从实证分析的角度看，之前被劳教人员超过 60% 是因为盗窃，10% 左右是因为诈骗。在被劳教的未成年人中，主要是因为暴力性的违法行为。

劳教制度废止的理论意义大过司法意义，在司法操作过程中，并没有因为劳教制度的废止而出现司法上的明显不适。之前被劳教的人员，主要是非法上访者，是从社会秩序的角度考虑对其进行劳教。

第三节　罪刑失衡的司法调控：实践篇

罪与罚的问题，既是刑法学着重研究的问题，亦是刑事司法工作的核心内容。罪刑均衡的实现，是刑法正义实现的重要途径。而基于种种原因，罪刑失衡的现象在所难免。对于罪刑失衡问题，司法实践的具体应对首先是一种制度性的回应，即通过制度设计，尽量处理罪刑失衡问题，努力通过各种司法程序和司法制度的调控，实现罪刑均衡。这其中，既需要高素质司法人员的参与和配合，更需要有一种良性的司法机制作为实现罪刑均衡的有力保障。当事人及其家属、辩护律师的参与，在很大程度上亦能起到推动司法进步的作用。

目前，我国相关的制度设计，主要有上诉、抗诉、申诉、再审、法院提级再审、有关司法文件和司法解释的出台、典型案例的公布、司法文书的公开、死刑复核程序、少年法庭的设置、对被告人辩护权利的保障等。以上这些都是从司法制度上对罪刑均衡的实现进行保障。在所有的保障当中，制度性的循环运用是最可靠和最持久的。因此，我国立足于从司法制度上对罪刑均衡进行保障，一则体现了刑法正义的要求，二则反映了我国在司法进步的道路上不断解决理论和实践难题的信心和决心。

一、司法制度上的救济：合理的司法制度设计

以上，笔者论述了在思想和理论层面应当如何保证实现司法上的罪刑均衡。具体在司法制度上，我国不仅设定了上诉、抗诉、申诉、再审等制度，有中国特色的信访制度近些年也影响甚大。很多突出的信访案例，都是因为当事人对刑罚裁量不满，认为裁量的结果罪刑失衡，而希望通过此途径得到满意答案。但是，一般而言，按照正常程序，在司法的过程中量刑差异是一种客观存在。而罪刑失衡问题的出现，是由多种原因导致的。现实状况错综复杂，要讨

论罪刑失衡问题，需要从具体案例着手。比如，就某些类罪，如果常年出现较高的上诉或抗诉率，且问题都比较集中，则值得司法部门认真对待。出现这种情况，有可能是法律的漏洞导致在司法适用过程中对法律条文理解的不同，或者实践中出现了新情况，而立法并没有进行规制。在这种情况下，很可能是先出台地方司法文件，以应对法律漏洞和理解上的差异问题，一旦时机成熟，则通过司法解释或者立法上的调整进行处理。

（一）针对量刑问题可以采取的程序救济：上诉、抗诉、申诉、再审、提级审理等

在各国的司法制度设计中，都允许当事人有上诉或申诉的权利，而检察机关也可以就刑事案件的量刑提出抗诉。对刑事量刑轻重的解读，不同的主体站在不同的立场会有不同的感受。故，罪刑是否均衡，既是一个法律问题，亦是一个价值判断的问题。普通民众亦会有自己的切身体会。笔者认为，民众对罪刑均衡的判断标准与司法的判断标准在某种程度上是一种交叉和重叠关系，重叠的部分越多，司法的说服力越大，日久之后，司法公信力也会越强。

近些年的司法实践特别重视对上诉和抗诉案件的关注。从调研的数据来看，2014年某市中院一审服判息诉率达到95.5%，上诉案件只占4.5%。这也可以看出，不管是民事案件还是刑事案件，法院都非常注重在一审服判息诉，希望通过法院的判决或调解基本上缓解矛盾纠纷。而申诉、申请再审的案件在总的案件中，所占比例非常小，2014年仅占0.26%，通过一审、二审的裁判，当事人服判息诉率达到99.74%。由此可以看出，法院的审理和裁判，总体上能体现公平和正义的要求。就刑事案件而言，基于对量刑不满而提出上诉或抗诉的案件，在所有的上诉和抗诉案件中占据绝大多数。虽然暂时还没有统计出具体比例的数据，但从调研的情况看，在所有上诉或抗诉的案件中，即便是对罪名认定不满，也是基于对认定罪名之后确定的刑罚量的不满而进行的上诉或抗诉。故，在刑事案件中，刑罚量的多少的确是刑事司法关注的一个核心焦点。在我国的诉讼制度中，对于不同的罪名或可能导致的不同刑罚量，在诉讼程序上规定了与之相对应的审理法院层级。某些罪行恶劣的刑事案件，基于刑罚量上的严重性，也可能被法院提级审理。笔者认为，这也是从诉讼制度上对罪刑均衡进行的相应回应。

（二）死刑复核程序：用更严格的证据和程序要求控制死刑的适用

基于对死刑适用的慎重，我国对死刑案件专门设置了死刑复核程序。从程序法上看，这既提升了死刑案件的证明标准，也是对生命刑适用的极端审慎。大量人力物力的投入，以及对死刑适用的极端审慎，既是从司法层面对死刑适用尽量控制，也是从罪刑均衡的视角对生命刑适用所作的正义考量。从 2013 年 7 月 2 日至 2014 年 9 月 30 日，中国裁判文书网共公布了 152 份死刑复核裁定书。按裁定时间计算，2014 年度 45 份，2013 年度 101 份，2012 年度 4 份，2011 年度 2 份。据最高人民法院法官透露，目前公布的还只是一小部分。在罪名方面，样本中出现了目前中国 55 项死刑罪名中的 12 项，故意杀人罪最多，其次是抢劫罪和走私、贩卖、运输、制造毒品罪。而学者们掌握的总体情况是，近几年毒品犯罪上升势头明显，超过抢劫犯罪排到第二。故意杀人罪，故意伤害罪，故意抢劫罪，故意强奸罪，走私、贩卖、运输、制造毒品罪等 5 个主要罪名占到了所有死刑判决的百分之九十以上。从案件类型来看，判死刑最多的是命案，其次是毒品案。① 虽然公布的死刑案件不多，但近年来慎用死刑思想广为传播，且在程序和证据上要求日渐严苛，导致事实上司法判处死刑的案例在逐渐减少。同时，随着立法上死刑罪名的减少，少杀、慎杀之思想已成司法裁量的重要指导思想。

---

① 苏永通、任重远：《152 份死刑复核裁定书分析报告：公开的死刑密码》，载《南方周末》2014 年 10 月 16 日。

可以看出，死刑复核程序，尽管实际上不核准率比较低，但从证明标准方面事实上给法院提出了更高的要求。最高人民法院在对是否核准死刑的问题上，坚持客观、公允、少杀、慎杀的原则，在证据方面审慎把握，严格把关。从罪刑均衡的视角看，这既是慎用生命刑的具体表现，也体现了刑法残酷与人道的复杂情怀。因为死刑是一种剥夺生命的刑罚，不管是从利益衡量角度还是从价值判断角度，都对死刑的适用提出了更高的要求。从罪刑均衡的角度看，对某行为是否适用死刑，不管是在证据方面还是在程序方面，都提出了更为严格的要求。人死不能复生，且从现代刑罚理念的要求看，死刑自然是越少越好，因为死刑是一种合法的恶，即通过公权力的方式直接剥夺人的生命。死刑这种被认为是不人道的刑罚方式，也日益受到世人的批判和谴责。在适用死刑时，固然应非常慎重。

从具体调研的情况来看，在访谈中，很多法官和检察官都提到，目前不单单是对死刑适用的要求有所提升，在证据方面的要求比以前高了很多。甚至有法官直言不讳地说，如果是在以前，这个案子一点问题都没有，但是现在检察院对于要不要起诉就非常谨慎了，很多案子都诉不出去。当然，这也是从证据标准方面对刑罚裁量增加了一道防护，从保障人权的角度出发对司法提出了更严格的要求。客观而言，就生命刑的适用，罪刑均衡的问题既是一个法律问题，关涉到实体和程序方面的综合因素，同时是否适用生命刑的问题亦是一个人文关怀、文化传承和信仰问题，是否废除死刑问题亦是一个政治和外交问题。目前，我国分别从立法和司法层面对限制和削减死刑适用作出了努力。尽管有民调统计数据显示，我国民众对死刑的认可和支持率超过了70%，但立法和司法部门所表现出来的审慎态度，离不开包括学者在内的国人要求慎用死刑的巨大努力。对生命刑的慎用，既是刑事司法严格程序的要求，亦是刑法正义所要求的罪刑均衡的具体体现。近几年我国法律界对于死刑改革主要着力于两个方面研究：一是减少死刑罪名；二是改革死刑司法程序。从死刑慎用思想在理论和观念上的探讨，到具体立法和司法的落实，均体现了罪刑均衡理念在司法裁量过程中的巨大影响。何种行为该当何罪，何种行为当处以死刑，在现实的裁量中都有非常具体的考量。

（三）司法救助体系的建立和完善：刑罚与保障的结合

在司法实践中，矛盾是客观而真实的。刑事案件的出现，一般伴随着严重的人身或财产伤害。特别是在有被害人的刑事案件中，除了对被告人处以相应的刑罚外，民事责任的承担也是司法所关注的内容。从被害人切身利益考虑，被告人刑事责任的承担体现的是一种宏观上的公平和正义，而对被害人的赔偿或补偿更直接地关切到被害人的利益。故，民事赔偿的落实，在司法实践中成为一个非常现实的问题。诸多刑事案件的被害人得不到应有的民事赔偿，由于被告人被判处自由刑或生命刑，民事赔偿在事实上成为难以履行的难题。因此，司法救助体系的建立和完善，让被害人得到事实上的经济补偿，成为实现和落实刑罚正义的有力保障。在制度上，我国已经初步建立司法救助体系，对被告人进行惩罚的同时也对被害人的切身利益有所关注，让被害人的利益能够落到实处。

在写作的过程中，笔者在实务部门进行了大量的走访和调研。在某些经济比较发达的县、市，司法救助体系已进入良性运作阶段。司法救助的初衷在于缓解现实的矛盾，适当平衡已经激化的社会矛盾，用司法的手段进行调整和再次分配。在对被告人进行刑事追诉的过程中，对涉案当事人中存在现实困难的人员采取相应的司法救助措施，对于社会矛盾的解决有着很好的现实意义。从保障人权的角度出发，为了保障被告人的权益，在被告人出现某些特殊状况，比如因特别贫困而没有聘请律师的，司法救助体系会为被告人指派辩护律师。从罪刑均衡的角度考察，辩护律师的参与对保障被告人的合法权益有着非常积极的意义，从刑罚裁量的结果看，也更符合罪刑均衡的具体标准。

二、量刑辅助制度的建立

量刑问题，既是一个刑罚理论和刑罚实践问题，又是刑事司法制度在各国具体运作的实践理性问题。刑罚裁量的过程，要求司法官严格遵守罪刑法定原则，同时又要求法官根据具体的案情理性而智慧地处理现实中的矛盾纠纷，最后作出公正的裁决。这个裁量的过程，既需要法官发挥自己的聪明才智，亦需要一个相对成熟的量刑辅助制度对量刑进行引导和规范。在我国，随着量刑规范化在实践中的运行，实务部门也基本熟悉了量刑规范化的具体步骤和要求。与之相契合，各种配套的量刑辅助制度也在悄然形成。

（一）司法文书网上公开：经验法则的参照样本

我国法律思维中一个特别顽强持续的特征是，在实质真实和法律（程序下所建构的）真实之间，在具体经验和抽象理论之间，侧重实质真实和具体经验。我国传统法律并非忽视或拒绝抽象的法律原则和道德准则，而是认为抽象必须通过具体事实情况体现，抽象必须寓于具体中。因此，抽象法则需要用具体事实情况来阐明，方能明确。① 尽管我国是成文法国家，判例和裁判文书的重要性没有判例法国家重要，但是具体到司法实践，判例于司法公正和司法公信力的意义，远远超过我们的想象。特别是罪刑均衡问题，罪与刑如何实现动态意义上的均衡，在司法实践中有着非常重要的研讨和研究价值。

这种思维方式，在实践中则体现为罪刑均衡理论的贯彻和落实，需要用具体的个案来论证和证明。故，目前所实施的裁判文书网上公开制度，在某种意义上亦是通过对具体个案的监督，逐渐实现罪刑均衡。将一个个具体的司法裁判公布于众，具体到刑罚裁

---

① 黄宗智：《道德与法律：中国的过去和现在》，载《开放时代》2015年第1期。

量，既体现了刑罚裁量的公正性，亦是就刑罚裁量的量是否与所犯罪行均衡的问题，寻求民众的认同和监督。笔者认为，这既是理论上的罪刑均衡标准与实践意义上的罪刑均衡标准在实践中统一的体现，亦是法律上的罪刑均衡标准与民众认同的罪刑均衡标准实现融合和统一的重要方式。

（二）典型指导性案例公布

尽管我国是成文法国家，但适时公布典型指导性案例作为参考，在现实中具有引导和规范案件审判的作用。典型指导性案例的公布，有利于司法部门在办理类似案件时找寻到某种方向性指引。虽然在实践中，这些典型指导性案例不能起到法律上的先例约束作用，但是在事实上，所公布的典型指导性案例是司法实务的具体参考，其存在的意义和实用价值，可能远远超过其在法律上和理论上被赋予的地位。随着刑法学理论研究的发展和深入，近年来公布的典型指导性案例越来越多地成为学术研究和司法裁量的重要参考。尽管这些典型指导性案例还不被认可有法律约束力，但很多法官在裁量中已经将其作为某种具体的参照，实际影响和作用甚大。

（三）量刑规范化改革的量化标准

近几年的量刑规范化改革，的确起到了很好地规范量刑的作用。同时，某些可量化的指标的出现，对平衡各个法院间的量刑差异，也起到了很好的作用。就具体实践而言，量刑均衡是一种区域性的平衡，在现实中很难找到确定且唯一的标准。故，罪刑均衡的标准，事实上是法官基于现有实在法而确立的内心正义标准。在调研的过程中，很多法官都认为，经验法则是平时判案的重要依据。目前的量刑规范化操作，只能说是一种有效的辅助性工具。刑罚的裁量，要在事实上体现刑法正义，需要法官发挥重要作用。法官的调控和平衡作用，在实现刑法正义的过程中意义重大。

（四）规范地方司法文件

在司法实践中，基于成文法的模糊性和概括性，司法解释常常是法官办案的重要参考，甚至法官对其产生某种依赖性倾向。但是，司法解释的出台受到各种复杂和综合因素的影响，除了在程序方面有相当的要求外，出台时间上会相对滞后，内容上也不能过于细化。基于对罪刑法定原则的恪守，法的安定性和权威性需要得到遵守和维护，而现实的状况错综复杂，故对法条的适用和理解需要不断地进行解释。在我国现有状况下，各种地方司法文件应运而生。尽管这些司法文件有待进一步规范，但在目前情况下，地方司法文件发挥了非常重要的作用。这些文件的存在，对处理和应对司法实践中存在的各种复杂情状，意义重大。一个非常具体的例子是，在《刑事诉讼法》修改之前，刑事和解制度事实上已经在实践中有条不紊地进行着。可以看出，地方司法文件在罪刑均衡问题的处理上不可或缺。

（五）司法解释的出台：调整入罪和出罪的门槛以实现罪刑均衡

在我国的司法现状下，司法解释在事实上发挥了相当重要的作用。然而，有学者认为，司法解释的出台，纯粹是为了解决刑事政策问题，或者为了应对某些刑罚制度性的暂时缺失而进行的权宜之计，甚至有违罪刑法定原则。[1]

近年来司法解释的一些内容，就是为了应对劳教制度的废止可能带来的问题。[2] 在我国目前的立法状况下，通过司法解释应对劳教制度废止后刑罚衔接的问题很有必要。以前对于没有达到犯罪数额的行为，通过劳教进行处置，在劳教制度废止后，我国粗放型的刑罚体系有了更多疏漏。故，为了尽量弥补疏漏，在立法没有作出回应的情况下，司法解释作出了如下规定，尽管严格来讲，这些规

---

① 张明楷：《简评近年来的刑事司法解释》，载《清华法学》2014 年第 1 期。

② 张明楷：《简评近年来的刑事司法解释》，载《清华法学》2014 年第 1 期。

定似乎有违罪刑法定原则：

2013 年 4 月 2 日最高人民法院、最高人民检察院《关于办理盗窃刑事案件适用法律若干问题的解释》第 1 条第 1 款规定："盗窃公私财物价值一千元至三千元以上、三万元至十万元以上、三十万元至五十万元以上的，应当分别认定为刑法第二百六十四条规定的'数额较大'、'数额巨大'、'数额特别巨大'。"第 2 条规定："盗窃公私财物，具有下列情形之一的，'数额较大'的标准可以按照前条规定标准的百分之五十确定：（一）曾因盗窃受过刑事处罚的；（二）一年内曾因盗窃受过行政处罚的……"

2013 年 4 月 23 日最高人民法院、最高人民检察院《关于办理敲诈勒索刑事案件适用法律若干问题的解释》第 1 条第 1 款规定："敲诈勒索公私财物价值二千元至五千元以上、三万元至十万元以上、三十万元至五十万元以上的，应当分别认定为刑法第二百七十四条规定的'数额较大'、'数额巨大'、'数额特别巨大'。"第 2 条规定："敲诈勒索公私财物，具有下列情形之一的，'数额较大'的标准可以按照本解释第一条规定标准的百分之五十确定：（一）曾因敲诈勒索受过刑事处罚的；（二）一年内曾因敲诈勒索受过行政处罚的……"

2013 年 11 月 11 日最高人民法院、最高人民检察院《关于办理抢夺刑事案件适用法律若干问题的解释》第 1 条第 1 款规定："抢夺公私财物价值一千元至三千元以上、三万元至八万元以上、二十万元至四十万元以上的，应当分别认定为刑法第二百六十七条规定的'数额较大'、'数额巨大'、'数额特别巨大'。"第 2 条规定："抢夺公私财物，具有下列情形之一的，'数额较大'的标准按照前条规定标准的百分之五十确定：（一）曾因抢劫、抢夺或者聚众哄抢受过刑事处罚的；（二）一年内曾因抢夺或者哄抢受过行政处罚的……"

（六）少年法庭的建立

随着对青少年发展的特别关注，少年法庭在中国的土壤中已经生根发芽。少年法庭的建立，是从对青少年特别照顾的视角，对其以特殊身份予以差别对待。从责任理论上分析，这更符合刑罚个别化的类型化处理。从特殊预防的角度看，对主体进行差别对待，能够更有效地发挥刑罚的效果，作出更合适的刑罚裁量。

以上可以看出，通过近些年的司法改革等具体努力，我国的量刑辅助制度初见雏形，具体表现如下：少年法庭的建立（特殊主体的考虑）＋量刑规范化改革的量化标准（规范化改革，限制权力）＋规范地方司法文件（规范和调控地方司法权）＋司法解释的出台（弥补法律漏洞）＋典型指导性案例公布（司法和刑事政策上的指引）＋司法文书网上公开（法官经验法则的必备参照样本）。以青少年为代表的未成年人特殊司法模式在中国的建立和创新，是对欠缺刑事责任能力行为人在司法程序和矫正程序上的类型化特殊处理，也是在综合刑理念指引下，我国司法努力实现实质个案正义，努力践行罪刑均衡原则，充实罪刑均衡内涵的重要实践性创新。

三、主体因素：法官素质的提升

解决罪刑失衡问题是一个系统工程。但是，司法的过程是一个现实且讲求效率的过程。如是，在遇到棘手问题时，一线法官需要立即给出一个合适的答案。因此，在现有制度下，既要恪守罪刑法定原则，又要不破坏现有的司法制度，更不能明显地违背各种程序性规定，即在现有的制度框架下，既不能实体违法，又不能程序违法，即便是以正义的名义。于是，解决问题的关键在法官。此时既是考验法官个人素质，又是煎熬法官内心良知和检验法官应对现实困境的能力的时刻。如此状况下，法官们会有不同的应对。有的法官会在制度下无奈地妥协，既然法律如此规定，也便只能如此裁判；有的法官会选择遵循内心的正义原则，努力找寻不同的方法，尽量实现自己价值判断内的罪刑均衡。此时，民众和法官对于正义的需求与现有立法和体制下罪刑失衡的现状之间的矛盾，给司法带来一定的挑战。

如果基于各种原因，法官作出了形式合法但僵硬且罪刑失衡的判决，即便在法理上并无瑕疵，但在民众的心目中却减损了司法的权威。这样的代价有点沉重，但又难以具体衡量。然而，如果司法者敢冒风险，在法律解释的过程中努力朝着正义和罪刑均衡的方向努力，也许在体制内会承受一定的压力，且在判决之初，因为情状的不同或特殊情况的特殊处理，而给法官本人带来职业生涯的障碍。如此情状，是司法过程中随时都可能遇到的麻烦和挑战。故，罪刑均衡的实现最终在法官。法官的为或不为，是推动或阻碍司法进步的重要因素。在调研过程中，发现就同一类型案件，如银行卡被克隆、客户账户里的钱被盗取的案件，在同一个法院的不同法官作出了完全相反的判决。当然，此类案件一般是争议比较大的新型案件，如民刑交叉案件。对于到底是先刑后民，还是直接从民事关系上进行处理，在现实中出现了较大分歧。客观而言，此种情况已然构成了刑事案件，但因为犯罪嫌疑人很难被查获，最终把风险和责任直接转化到银行身上。故，对于此种民刑交叉案件，在司法实践中，不同的法官会持不同的态度。窥一斑而知全豹，基于不同的价值观和专业立场，在具体的刑罚裁量中，会出现不同程度的裁量偏差。总体上看，罪刑均衡的问题，亦是一个价值判断和主体如何恰当适用法律的问题，故法官的综合素质在刑罚裁量的过程中显得尤为重要。

近几年的量刑规范化改革，在量刑技术方面迈出了重要的步伐。在此之前，我国主要采用的是法官估堆式的量刑模式。在调研过程中，多数法官也提到我国司法实践中常常用到的经验法则，即法官在办案过程中，形成了一种直观的判断力，在基本案情确凿的情况下，对于同类案件法官会有一个基本的判断。因此，罪刑均衡的实现，如果放到某个法院，或者落实到某些具体法官手上，基本上可以通过我国司法中惯用的经验法则进行评判，即同类案件的类似情况，且同一法官，基本上很难出现罪刑差异很大的情况。如果有，很可能是因为存在其他因素的干扰或影响。我国目前改革的趋势是：采取定罪与量刑相对独立的模式，在量刑方面依然严重依赖法官的能力和专业素养。但在量刑规范化改革之后，大多数法官反映，司法裁量也不能过于机械化。从理论上分析，笔者认为，我国采用的是定性与定量相结合的量刑模式，与美国采用的绝对量化的量刑模式有很大差异。而对定性的把握，则很大程度上依赖于法官对行为的认定，以及从证据和程序上对行为性质的判断。此种判断，要求法官有较强的专业素养，同时对刑事政策有较精准的把握。为了使裁判结果有说服力，法官需要综合考虑各种因素，即周光权老师指出的价值判断在行为认定和刑罚裁量中起重要作用。

第七章　进一步推进量刑规范化改革

刑罚并非单纯地施以报应便能充分彰显刑法的正义价值，还必须考虑个别犯罪人的"教育需要性"或者"矫治必要性"，且以不同的矫正措施来改善或矫治犯罪人的危险性人格。[①] 尽管刑罚和刑罚理论一直处于一种动态的发展过程中，也有不同的学派进行论证和分析，但在具体的实践中，如何实现罪刑均衡？罪刑均衡的衡量标准和衡量要素到底有哪些？在不同的社会情状下，实现罪刑均衡的路径和方法是什么？对以上问题的研究和考证，需要从理论和实务上进行更深入的探索。如此，方能真正解决实务中遇到的具体问题，发挥理论引导实践的作用和功效。而我国的刑罚改革，亦应当立足于我国的司法实践和客观实际，逐步推进。

从历史的角度分析，西方国家的刑罚变革与我国的刑罚改革，在发生的原因和历史背景方面差别巨大。西方国家的刑罚变革，特别是发生在 18 世纪前后的以自由刑为核心的刑罚替代以肉刑、死刑为核心的刑罚的变革，是社会结构重构的有机组成部分与结果。现代社会是以人为核心的社会，因为以人为核心，所以要保障人权，要使人有尊严，而罪犯也是人，因而刑罚需要人道化。西方刑罚变革的突出特点是：经济发展、意识形态更新、社会结构调整等

---

① 王皇玉：《刑罚与社会规训：台湾刑事制裁新旧思维的冲突与转变》，台湾元照出版有限公司 2008 年版，第 10 页。

在同一时空下有机互动，整体展开。发展中国家的刑罚变革则并非社会发展内部要求的结果，并非社会结构调整使然，而是源于国外的文化、政治压力，是在文化冲突与政治矛盾的情境下启动的，既缺乏社会结构的支撑，又缺乏经济的支持，因而刑罚的改革不可避免地出现满腔热情的改革者所预料不到的问题。这些问题不是源于某个人的问题，甚至某部分人的问题，而是源于社会自身的发展，从而使刑罚改革者不能把握改革，使改革者在一定程度上失去"自主性"，使改革结果难测。①

处在发展中国家的中国，其刑罚改革的道路，便由于本国特有的国情和社会结构而出现了诸多历史性障碍。多数发展中国家的社会结构不是法治型的社会结构，权力受监督的程度较小，而变革后的刑罚制度又强调保障人权。正如学者们所言，文化传统是不可操纵的，法律的运作必须依赖于传统的自发性和自然性。② 如是，在我国会出现社会结构对酷刑的需求与法律对罪犯人权保障的强烈冲突。这种冲突是一种客观的立法存在，因为在发展中国家的社会结构下，统治者要求严惩犯罪人以威慑社会，而世界改革的潮流却是强调保障犯罪人的人权。改革后的法律似乎不支持统治者的要求，多数改革者也不支持权力执掌者的要求。整个国家的意识形态便出现了理论界与实务界、统治者与改革者，以及不同的改革观点主张者之间的分裂和冲突。在 19 世纪末 20 世纪初，以及整个 20 世纪的中国，类似的情况反复出现。

---

① 翟中东著：《刑罚问题的社会学思考》，法律出版社 2010 年版，第 239 页。

② ［美］莱斯利・A. 豪著：《哈贝马斯》，陈志刚译，中华书局 2014 年版，第 87 页。

第一节　罪刑均衡的中国解读

德国学者认为，"刑罚思想或理论，即刑罚对于犯罪人本身及对于社会大众应该具有何种意义，是研究整体刑事法学的关键与基础"①。因此，"刑罚理论不但支配刑事立法的方向与内涵，而且和整体刑事法的解释也有密切关系"②。从刑罚调整的视角看待刑法谦抑性原则在现实中的运用和发展，需要从罚的角度进行研究和阐述。在社会发展的不同阶段，刑罚的总量可能会有所浮动，如上文所述，三种情况都可能会出现。但从我国刑法发展的历程来看，刑法发展的方向是朝着"严而不厉"的目标努力的，因此在犯罪圈进一步扩大的情况下，刑法的谦抑性显得更为直接和必要。

一、宏观上：与社会发展和民众安全需求相适应

正如有学者所指出的，"轻刑化是历史发展的必然趋势的结论，并不意味着任何时代、任何条件下刑罚都越轻越好，也并不意味着可以超越时代实行轻刑化。因为刑罚是应当严厉还是应当轻缓取决于时代的平均价值观念，取决于国情，取决于本国人民群众的物质、精神生活水平"③。罚既是刑事法的核心要素，也是通过刑法惩罚犯罪的最终落脚点，适当的刑罚量自然成为刑法谦抑性原则必须考虑的刑法面向。"至今为止，我们对刑罚理论的研究仍然非常欠缺，以至于有学者明确指出，我们应该建构一门法律惩罚社会

---

①　转引自张丽卿著：《司法精神医学：刑事法学与精神医学之整合》(第二版)，台湾元照出版有限公司2004年版，第181页。

②　张丽卿著：《司法精神医学：刑事法学与精神医学之整合》(第二版)，台湾元照出版有限公司2004年版，第181页。

③　张明楷著：《刑法的基本立场》，中国法制出版社2002年版，第98页。

学，并且援引社会理论家与历史学家的论述以阐明惩罚的历史基础、社会角色与文化意涵。"① 当然，在法律惩罚社会学还没有建立起来的情况下，对刑罚的研究和关注还是非常必要的。在司法实践中我们会发现，在构成犯罪的情况下，大多数的被告人更加关心作为结果的宣告刑的刑期是多少，有没有判缓刑的可能。而对于构成何种犯罪，到底是故意还是过失，被害人有没有过错等问题，则成为次要的关注点。有些被告人甚至表示，如果能够换得更轻的刑罚，即便是被判处一个看起来更为严重的罪名，他们也不是那么在意。② 当然，在法治社会，合适的定罪自然是合适量刑的基础。只是被告人的这种心态直接反映出刑罚对于被告人而言有着怎样现实的直接剥夺性，使得处罚的量成为当事人最为关心的问题。

从我国刑法的发展历程来看，特别是《刑法修正案（九）》的出台，可以看出我国刑法的处罚范围在事实上是不断扩大的。笔者认为，这是针对我国民众普遍缺乏规则意识，为了提升民众守法意识而作出的应对，更是为了进一步严密刑事法网，树立刑法权威，有效规制民众行为所作的努力。同时，针对恐怖主义犯罪、极端主义犯罪的严厉处罚，则是为了民众安全和人类尊严的基本需要。正如有学者所言，"在任何情况下都不受侵犯的人类尊严才是国家刑罚权的明确限度所在。比例原则、最后手段原则③、罪刑法定原则、责任原则是余下的检验程序，用来控制刑罚权，并审查刑法法规"④。可以看出，社会发展的需要是刑罚配置的社会基础，也是立法的现实根基。只有在满足了社会现实需要的情况下，法律服务

---

① ［美］戴维·葛兰著：《惩罚与现代社会》，刘宗为、黄煜文译，台湾商周出版社 2005 年版，第 2 页。

② 调研过程中，法官们多次提到被告人的此种心态。

③ 最后手段原则即刑法谦抑性原则，只是表述不同而已。

④ ［德］埃里克·希尔根多夫著：《德国刑法学：从传统到现代》，江溯等译，北京大学出版社 2015 年版，第 236 页。

于社会的理念才能通过罪刑均衡理念的司法落实得以最终实现。

当然，就目前我国刑法的发展状况而言，也有学者质疑这种理念是否违反了刑法谦抑性原则。但是，正如上文所论述的，刑法在处罚范围上的扩大，① 并没有在实质上违反刑法谦抑性原则。如醉酒驾驶入刑以来，其投入的司法成本与收获的社会效益相比，总体上仍受到了各方的赞赏和支持。事实上，一个时期的刑法发展状况是当时社会发展情状的总体反映，也是民众生活和安全需求在刑法上的体现。正如一位德国学者所指出的，"刑法的基本原则，如比例原则、最后手段原则、罪刑法定原则、责任原则等，都只能在一定程度上限制立法者，但无法确切定义国家刑罚权的界限"②。因此，对刑法谦抑性原则内涵的解读，也是在一定弹性和理性范围内。某些个罪法定刑的提升或者某些罪名的增加并非导致违背刑法谦抑性原则的必然原因。

"法律是鲜活的生命，而非僵化的规则"③，法律是不断变化发展的实践理性。就刑法而言，刑法必须遵守谦抑性原则。比起其他部门法，刑法的修改更加需要谨慎和深思熟虑。从频繁修正《刑法》来看，我国在罚的问题上表现出了更为灵活和更具时代性的特征。除了为了在有关死刑问题方面与国际接轨时作出的巨大努力外，随着社会的发展，一些贪利型的犯罪也更多地适用了罚金刑。更多地运用罚金刑和资格刑再次说明我国在司法实践中对刑法谦抑性原则的践行。轻罚主要体现为某些个罪自由刑、法定刑和裁量刑

---

① 1997年《刑法》颁行至2015年《刑法修正案（九）》颁行的18年间，总共增加56个罪名，现有罪名总数为468个。与域外国家相比，我国法律上的罪名是最少的。域外国家罪名总数由刑法典罪名和附属刑法规定的罪名共同组成。

② ［德］埃里克·希尔根多夫著：《德国刑法学：从传统到现代》，江溯、黄笑岩等译，北京大学出版社2015年版，第236页。

③ ［美］本杰明·N.卡多佐著：《法律的成长》，李红勃、李璐怡译，北京大学出版社2014年版，第1页。

的日渐减低，当然此处不包括为了拉近死刑与无期徒刑、无期徒刑与有期徒刑之间的距离而对某些个罪执行更长时间自由刑的做法。因此可以看出，刑法谦抑性原则要求下的轻罚并非为了轻罚而轻罚，而是在宽严相济刑事政策的指引下，进行"轻轻重重"的刑罚结构安排。该轻则轻，该重则重，适当增加财产刑和资格刑的适用范围，以体现市场经济时代财产和行业准入资格在生活中的重要地位，而剥夺或部分剥夺财产也能体现刑罚的严厉性。在剥夺或部分剥夺财产可以体现刑罚严厉性的情况下，自由刑的运用便可以有所缩减，这是刑法谦抑性原则在轻罚方面的具体体现。

二、微观上：坚持消极责任主义原则

欧陆刑法研究中，不论持何种责任理论的学者，对责任主义原则都有一种不容置疑的恪守和坚持。因此，责任要素是量刑的重要标准。以上观点在学术界已然达成基本共识，只是由于在具体责任要素的分析和把握上会因为观点的不同而有较大差异，因此如何测定具体责任的大小，需要对责任的内涵进行更深入的研究，这也是理论界需要继续努力的方向，而责任作为连接犯罪与刑罚的重要桥梁，其重要作用和地位也在不断的研究中日益得到巩固。在目前的综合刑时代，责任理论也基本上是规范责任理论，即规范的责任要素应当包括责任能力、责任形态、违法性认识与期待可能性。[1] 当下的责任理论是借鉴了古典学派的心理责任论和新派的社会责任论的综合责任理论。至于学者们是持相对的心理责任论，或持相对心理责任论与社会责任论的综合，还是持规范责任论，笔者认为皆不妨碍我们对责任理论和责任要素的讨论，更不妨碍我们在实现刑法谦抑性原则的过程中，恪守责任主义原则。

如前所述，有学者指出，中国的法律人同时扮演着司法者和立

---

[1] 余振华著：《刑法总论》（第二版），台湾三民书局2013年版，第286页。

法者的双重角色，他们必须两只眼并用，一只眼看法律，另一只眼看社会，是双轨制。① 因此，客观而言，当下中国的法律人既要遵守教义法学所要求的规范意识和演绎思维，又要用立法者的眼光批判地看待司法实践和现状。诚然，我们也能够看到，中国法律人的立法思维和司法思维经常是混同的，在处理问题的时候很难纯粹地将二者分割开来，这与中国传统哲学思想追求的实质观有直接关系。具体到刑法的谦抑性以及司法实践中合适刑罚量配置的问题，笔者亦认为中国的刑法学需要坚持消极的责任主义，以责任作为刑罚裁量的上限对刑罚量进行合适规制。在微观的刑罚量配置中，刑罚量一定要与行为人应当承担的刑事责任成比例，且以责任作为刑罚裁量的上限进行限制处理，以此来限制刑罚的滥用，真正实现刑法谦抑性原则的要求。

历史上为了防卫社会，强调刑罚一般预防的效果，在某些场合存在刑法客观化优先责任原则后退的现象，比如英国的客观责任以及美国的违反公众卫生法的犯罪中采用的严格责任。尽管在历史上客观责任和严格责任一度在刑法中有所适用，但是从刑法的谦抑性以及刑法总体的发展而言，正如有学者所指出的，"客观责任和严格责任是对没有责任的人进行处罚，使人们产生对法律的不信任感，结果使一般人丧失守法意识，而且就其和行为人的关系来说，由于使刑罚丧失其感召力，所以，也难以期待刑罚具有防止再犯的效果"②。由此可见，刑罚的预防效果其实存在一个短期和长期的考量问题，客观责任和严格责任看似在短期内起到了一般预防的效果，但又因其缺乏责任主义的规制而损害了刑罚的可预测性和可期待性而促成效果递减。综上，为了体现刑法谦抑性原则是以罚为着

---

① 柯华庆：《法律变革的逻辑——社科法学与教义法学的较量》，载法律经济学网站，2015 年 9 月 7 日访问。

② 黎宏著：《日本刑法精义》（第二版），法律出版社 2008 年版，第 39 页。

重点，在事实上还是需要坚持责任主义原则，且着重坚持责任主义中的消极责任主义，以规定和限制刑罚裁量上限。正如美国学者胡萨克认为的，当下美国的过罪化现象特别明显，而过罪化事实上表现为一种司法的过刑化，即在司法审判过程中，被告因为司法官的自由裁量而被判处超过其应当承受的刑罚量。① 因此，从微观层面对刑罚量进行必要的控制，在司法实践中是一条可行、必行且非常理性的道路。而我国刑法的发展，也正是看到了"罚"作为刑法的核心要素具有紧扣刑罚量的合适性，从而既在宏观层面讲求与社会发展相适应，又在微观的个罪中体现对刑罚量的合理限制。

刑罚如若被滥用，必定会导致诸多社会问题，如既导致人权保障不足的问题，又会因为刑罚过度干涉民众生活而给普通百姓生活带来不便，同时也必将导致司法资源的浪费。

刑法谦抑性原则是刑法现代化的必要内涵，该理论形成于第二次世界大战之后，是刑法理论界与实务界共同努力的结果。该理论希望通过刑法对国家公权力进行必要限制，在国家打击犯罪的同时努力实现保障公民权利的目的。《刑法修正案（九）》公布后，部分学者曾从刑法谦抑性原则角度对其进行质疑，认为犯罪圈的一再扩大有违刑法谦抑性原则。基于此，笔者认为从我国现有的刑事立法和刑事司法状况出发，对刑法谦抑性原则应当有一个符合我国国情的适当解读，以解除学术研究和司法实践中存在的某些困惑，为我国刑法学的发展作出相应的贡献。

从《刑法修正案（九）》来看，我国刑法学发展出现了明显的方向性转变，即在进一步严密刑事法网的同时，需要在刑罚的惩罚程度上作出进一步调整，在刑事惩罚的程度上有所减轻，以体现刑法谦抑性原则的内在要求。从我国现有实际出发，为了进一步严密刑事法网，犯罪圈的扩大是历史发展的必然结果。从轻微罪在整个

---

① ［美］道格拉斯·胡萨克著：《过罪化及刑法的限制》，姜敏译，中国法制出版社 2015 年版，第 45—46 页。

刑法中的比例以及轻微罪刑事案件在整个刑事案件中不断攀升的比例可以看出，基于刑法谦抑性原则在轻刑化方面的要求，在扩大犯罪圈的同时，刑罚的处罚程度也会呈现普遍的减轻。进一步严密刑事法网，是我国刑法发展的内在要求，也是法定犯时代对刑事立法提出的新挑战。如何降低惩罚程度，这既需要刑事立法的进一步努力，更需要刑事司法在程序和制度设置上进行规制和落实。进一步严密刑事法网，这是由我国刑事法的现状所决定的。而刑法结构的调整以及在事实上落实刑法谦抑性原则，则需要我国刑事法在刑罚处罚的程度上继续朝着轻缓化的方向发展，从而形成"严而不厉"的刑法结构。

三、21 世纪的中国：司法中心时代的到来

长期以来，人类社会与法律的关系密不可分。尽管西方文明在20 世纪有了迅猛的发展，但 20 世纪对中国刑法学来说，却是多灾多难、死生交替的一百年。早在 20 世纪中叶，西方法学便出现了"司法转向"，将法律正义从立法领域扩充到了司法领域。在大陆法系国家，这一转向开始于赫克的利益法学，他将以往在大陆法系中占强势地位的"法律的利益分析"从立法领域推向司法领域，研究司法中的利益衡量问题。为了顺应时代潮流，21 世纪的中国刑法学，也逐渐摆脱之前有无良法的立法论思维模式，向司法中心时代转变。现时代，中国刑法学的核心是刑法教义学，即在认可现行立法的基础上，用法律人的智慧和良知力求实现实质正义。而刑法教义学的思维前提是假定现行法是基本合理的，在刑法教义学思维模式下，刑法是思考的根据，即根据现行刑法，用法律人的思维及智慧实现具体的个案正义。当然，对于中国刑法来说，也的确是从 2000 年开始才真正进行刑法解释学的研究的。[①] 从某种意义上

---

① 陈兴良著：《教义刑法学》，中国人民大学出版社 2010 年版，第 7 页。

说，罪刑均衡的司法实现有赖于刑法教义学的发展和进一步推进，以及相应的制度建构。

（一）20世纪是一个实证的时代

人类与规则的关系密不可分，法律是规范人类的行为的重要规则。正如恩吉施所言，"几乎没有一个其他的文化领域比法律更近地关乎人类。所以，存在着与诗歌，与艺术，与音乐没有活生生关系也能生存和生存着的人类。但是，不存在不处在法律下而生活，一直与法律无关，不受法律调控的人"①。常言道，不以规矩，不能成方圆。用西方现代宪政理念的话语表述，法规范是人类行为的行为准则。人只有在遵守社会行为准则的基础上，才能得到社会的认可和尊重。因此，对现代生活而言，人类最重要的便是熟悉和遵守各种行为准则，并在此基础上寻求自身的发展和完善。

20世纪是一个实证的时代。整个20世纪西方文明高度发展，并对古老的中华文明造成了强有力的冲击。在这个时期，不管是在科学技术领域还是人文社会科学领域，对中国来说，都是一个不断向西方学习、不断向西方靠近的过程。与此同时，中国刑法学也不断移植西方的各种理念、文化，甚至是制度。虽然中国法律人也一直立志建立有中国特色的社会主义刑法学，并不断为之努力，但总体来看，仍以学习和借鉴居多。毕竟，西方强大的文明和先进的法治理念，对于相对落后的中国来说，的确有着很大的魔力和无法抗拒的吸引力。差距的存在，使得学习和模仿成为后来者进步的有效途径，甚至堪称捷径。尽管这种做法也常常受到质疑和批评，但是，不学习焉知他法之精彩？不学习，怎知自己之落后？不借鉴，又岂能借助后发优势迎头赶上？21世纪是一个开放的时代，各种思想、理念、文化、思维模式在撞击中相互借鉴、融合。这点，在

---

① ［德］卡尔·恩吉施著：《法律思维导论》，郑永流译，法律出版社2004年版，第2页。

政治哲学和法学领域特别明显。

20世纪，科学有了长足发展，社会也随之急剧变化、不断发展。科学及科学精神不断向各个学科渗透，包括法学。20世纪，人们赋予科学无限权威，认为科学是改变人类有关自身概念的知识上最重要的发展，于是不同科学门类之间的融合加强了，人们逐渐认识到不同学科是从不同角度讲述着同样的故事。[①] 各个学科之间也因为科学的发展，相互借鉴和吸收，以科学的精神引领不同学科的相互融合。首先是物理学和化学融合了起来；其次是物理学和天文学、宇宙学融合了起来；再次是物理学和地质学融合了起来；最近则是物理学和数学融合了起来。以同样的方式，经济学和社会学也结合了起来。生物学也更有力地以遗传学的方式与语言学、人类学和考古学结合了起来。在我们理解无生命物质如何能够结合起来创造生命这个问题上，生物学和物理学尚没有结合起来过。因此，谁都不能怀疑，20世纪的确是一个实证的时代。[②]

在欧洲，欧洲人民已经经历了两次真正意义上的思想启蒙，并正从第二次启蒙走向第三次启蒙。第一次思想启蒙源于文艺复兴及古代文化古籍的重新发现，此时，西方的古典语文学兴盛起来，并奠定了西方现代学术的基础。第二次思想启蒙源于科学技术的高度发展，从而推动了高科技及现代技术的高度文明。而第三次思想启蒙，用伽达默尔的话说，便是从极端盲目的对自动化的信仰转变为进行深刻的反思，反思科学和科技。即勇于思考，才能把人解放出来。[③] 比较中西方的思想文化及科技发展，我们着实可以看到差

---

① ［英］彼得·沃森著：《20世纪思想史》，朱进东等译，上海译文出版社2006年版，第872页。

② ［英］彼得·沃森著：《20世纪思想史》，朱进东等译，上海译文出版社2006年版，第871页。

③ ［德］伽达默尔著：《赞美理论——伽达默尔选集》，夏镇平译，上海三联书店1988年版，第95页。

距。启蒙的重要性在于思维的转换、视角的变化，更在于人类思考重心的转移。在第二次思想启蒙运动中，科技的发展使方法的地位得到了空前提高和巩固。目前中国依然处在现代化的进程中，对于科技的期望和依赖，也导致国人过度看重方法和技能，而忽略了很多价值衡量上的反思。当然，从某种意义上说，方法的重要性值得肯定。从刑法学的角度思考，方法论的转型也预示着中国刑法学未来的走向。

20世纪，我们生活在这样一个实证的时代。此时，科学正取代艺术、人文学科和宗教成为知识主要的形式，科学技术得到了空前的重视和发展。甚至到最后，演变成言必称科学的局面。比如，有人会问，"你这句话科学吗？""法学是一门科学吗？"当然，法学是不是一门科学的问题，源于亚里士多德最初对科学的界定。而针对法学是不是一门科学的问题，从16世纪到20世纪一直都在进行着激烈讨论，但目前仍然没有定论。不管结论如何，不管您心目中的法学是不是一门科学，我们观察到的是，科学对于人类生活的全方位渗透是一个事实。20世纪，一切都发生了翻天覆地的变化。而对于曾经有着古老文明的中国，此时也遭遇了从未有过的挫折。因此，20世纪中国的法学一直在努力找寻通向法律现代化之路。作为部门学科的刑法学，也是如此。用周永坤教授的话说，"20世纪初，中国的法律现代化运动的真谛在于实现中国法律精神的基本转换，即从巩固统治到保障人权"[①]。当然，整个20世纪，西方现代文明以强大的力量影响着中华文明。从清末变法，到民国时代的法律变革，这些都是中国法学向西方努力靠近的一些例证。到了20世纪90年代后期，中国立法中也逐渐出现了明显的人权导向，至此，中国法律获得了精神的再生。

---

① 周永坤著：《法理学——全球视野》（第三版），法律出版社2010年版，第二版序第2页。

(二) 中国刑法学在 20 世纪的两次死生交替

与西方科技文明高度发展的情况相比，20 世纪的中国可谓多灾多难。在这种艰难情况下，我国只能勉强完成民族独立和自强。当然，人文科学的落后自然与其基本断裂的文化发展背景息息相关。正如有人总结的那样，"20 世纪没有出现中国版的超现实主义或精神分析学，不存在印度的逻辑实证主义，也没有非洲的历史年鉴学派。你可以找一找 20 世纪的发明清单，无论它是塑料、抗生素和原子、意识流小说，还是自由体诗或者抽象表现主义，发明者几乎全都是西方人"①。

在这种大背景下，20 世纪中国法学发展境况之艰难可想而知。论及刑法学，直到 20 世纪 80 年代，我国刑法学才开始恢复重建，但当时资料极度匮乏。在这种情况下，我国著名刑法学家高铭暄教授大力倡导在刑法学研究中引入学术综述的研究方法。② 而在西方，早在 18 世纪便诞生了近代刑法学。1764 年被称为近代刑法学的元年，这一年意大利著名刑法学家贝卡里亚出版了《论犯罪与刑罚》一书，标志着近代刑法学的正式诞生。而在中国，我国的近代刑法学却是另起炉灶，重新开张。因此，陈兴良教授认为，我国近代刑法学并非中学而实乃西学。③ 而且，在整个民国时期，我国刑法学都是围绕着刑法注释展开的。

20 世纪 50 年代初期，是共和国刑法学的草创时期，这个时期的刑法学是以废除旧法观点，引入苏俄刑法学为特征的，这也使得我国刑法学苏俄化、政治化，并使民国刑法学的学术传统，如同以

① [英] 彼得·沃森著：《20 世纪思想史》，朱进东等译，上海译文出版社 2006 年版，第 882 页。

② 陈兴良著：《刑法的知识转型【学术史】》，中国人民大学出版社 2012 年版，代序第 1 页。

③ 陈兴良著：《刑法的知识转型【学术史】》，中国人民大学出版社 2012 年版，第 6 页。

民国《六法全书》为基本框架的法统一样，猝然为之中断。[1] 可以说，共和国的前 30 年，中国的刑法学经历了由生到死的劫难；而到了共和国的后 30 年，中国的刑法学开始起死回生。

正如某些学者表述的那样，20 世纪下半叶，似乎人类的目标已经确定，剩下的只是践行的问题。人们把自己的一切都交给了权力，相信权力会给芸芸众生带来幸福。法律被作为权力意志改造社会的、可有可无的工具。在前期，法律作为阶级斗争的工具，甚至阶级镇压的工具，并将法律朝这一方向推进。其结果几乎导致法律的毁灭，它的顶点就是人所共知的无产阶级"文化大革命"。在阶级意识浓厚的年代，法律是没有精神的存在物，是权力的创造物与实现权力意志的工具。经过了近 20 年的徘徊以后，中国的法律与法学迎来了精神上的新生。在 20 世纪 90 年代后期，我国签署了一系列人权国际公约，同时在立法中也出现了明显的人权导向，中国法律获得了精神的再生。[2] 中国法学开始真正关心和关注人权，在刑法中主要体现为立法对死刑的限制和减缩，对老人和未成年人权益等有了诸多立法上的关注。特别是死刑问题，新刑法修正案大量从立法上削减死刑，这对于中国的刑法学来说，的确是具有重要意义的一步。而在刑罚执行方面，我国刑事立法也采取了一些更人道、更理性、更符合人权保障的措施。

(三) 21 世纪：进入司法中心时代

每个时代都有自己的法学。每个时代都有自己独特的法律现象或法律问题，因此各个时代的法学必须针对这些现象或问题提出新的解释或解决方案。同时，每个时代都有不同的法律制度及其变种，受时代之制度推动的法学也会随制度的变化而变化，呈现出时

---

① 陈兴良著：《刑法的知识转型【学术史】》，中国人民大学出版社 2012 年版，第 8 页。

② 周永坤著：《法理学——全球视野》（第三版），法律出版社 2010 年版，第二版序第 3 页。

代之精神气质和制度气质的特殊印痕。在不同的时期，包括刑法学在内的法学自然有其不同的特点和任务。

随着法治理念的继续传播和发展，我国目前的法制状况已从之前的"无法"发展到"有法"，并在几十年的时间里真正做到了对立法的完善。社会是不断发展变化的，立法、司法也在这种变化发展的过程中适时扮演着其应有的角色。随着中国法学的发展，以及法律人的共同努力，中国正逐渐从立法中心时代转向司法中心时代。当然，真正的司法中心转向最开始源于西方。传统西方法理学主要将正义问题看作立法问题，司法只是立法的贯彻。而随着法学的基本转向，以及 21 世纪的到来，中国刑法学也随着社会的不断发展，从立法中心转向司法中心。

20 世纪末，中国刑法学也开始从精神层面更多关注犯罪人的人权。人权观在刑法中凸显出来，特别是在刑罚理念方面。虽然报应的思想根深蒂固，但是刑罚一直在朝着轻缓化及人性化的方向发展。监狱改革以及社会行刑机制的逐步建立，从实质上体现出我国刑法学不管是在刑罚理念还是在刑罚的制定和具体执行上，都有了新的突破。特别是《刑法修正案（八）》规定的社区矫正制度的真正落实，不仅意味着中国刑罚理念及刑罚执行方式已在真正意义上与国际接轨，而且，也反映出我国刑法学在立法层面已经取得了较大进步，立法技术也在一步步与国际接轨。当然，立法的完善是所有法律人努力的结果，而司法的效果如何还需要我们拭目以待。但不可否认的是，中国的刑法学在经历了 20 世纪的两次死生交替之后，已经有了全新的发展。可以看出中国在建设法治国家的道路上，迈出了艰难而又坚定的一步。

法治概念，最早源于西方。科因认为，法治国是努力限制目前不能取消的国家的支配。法治的目的在于限制国家权力，以实现更多的正义。前文我们讨论过，当今的中国已经从之前的立法中心时代逐渐发展到司法中心时代。对于法治的追求，不单单是每个法律人的梦想，也是国家法治进程中每个有良知的学者基本达成的共识。而什么是法治呢？关于法治国，科因提到："根据历史经验，没有一种国家可以排除支配的因素，法治国的必要性正植基于此。法治国是一种尝试，其企图借应尊重所有的人之正义的要求，来限制现存不能取消的国家支配，凭此使其尽可能取得同意……法治国的建构应遵循保护正义的原则。"① 法治理念虽源于西方，但基本上已为国人接受，并成为众多法律人努力追求的方向。而且随着依法治国方针的宣传和发展，法治社会也已成为目前中国从高层到民众所真正期待的社会。法治的真正目的在于限制国家权力的滥用。而国家则是人类为了实现社会管理的需要，在相当长的时间内必须存在的主体。为了更好地保护公民的基本权利，国家权力就有必要受到相应的约束和控制。而法治的存在和发展，便是为了有效地约束国家权力。而刑法的设定和适用，便是为了限制国家刑罚权的滥用，从实质上保护犯罪人和被害人的基本权利。因此，有学者明确地表述道，刑法是犯罪人的大宪章。

在陈兴良教授看来，20 世纪 80 年代到 90 年代的相当长的一个时期，我国刑法学都是一种注释刑法学。这里的注释刑法学，就是一种没有教义的刑法学。② 而众所周知，在司法中心时代，刑法学的核心是刑法教义学。刑法教义学作为一种思维方式，其核心是力求通过司法手段，通过对现行刑法的合理解释和合理适用，在具体个案中实现真正的正义。

2000 年以后，我国才开始真正进行刑法解释学的研究。刑法解释学是法学研究的主流。在某种意义上，刑法学就是刑法解释学。美籍奥地利人著名法学家凯尔森创立了纯粹法学派，他所谓的纯粹法学就是采用司法论思考方法的法学，绝对排斥在法学中形而

---

① ［德］卡尔·拉伦茨著：《法学方法论》，陈爱娥译，商务印书馆 2003 年版，第 59 页。

② 陈兴良著：《刑法的知识转型【学术史】》，中国人民大学出版社 2012 年版，第 17 页。

上的思考。① 在此，笔者要指出的是，在进入 21 世纪之后，中国的刑法学才真正进入在有些学者看来是刑法本体学的刑法解释学时代。要指出的是，刑法解释学与刑法教义学只是理解和表述上的不同，二者的思维模式和处理技巧是一样的。而"教义"一词，更多地来源于德语的翻译，在借鉴的过程中，便直接采用之。"解释"一词，则更多地体现了中国人的思维特点和语言习惯。当然，为了与国际接轨，笔者还是更愿意用"刑法教义学"这一表述。

四、司法中心时代：罪刑均衡的实现成为一个司法命题

在刑法学中，可以分为立法论与司法论（解释论）。以此为标准，可以将刑法学分为立法的刑法学与司法的刑法学，前者是广义上的刑法学，后者是狭义上的刑法学。日本大谷实教授十分形象地把刑法解释学称为临床医学，而基础刑法学则是基础医学。② 正如陈兴良教授解释的那样，刑法解释学与基础刑法学的区别，主要在于思维方法上的差异，即刑法解释学采用司法论思考方法，即根据法律的思考；而基础刑法学是采用立法论思考方法，即关于法律的思考。③ 用考夫曼的话说，教义学者不问法究竟是什么，法律认识在何种情况下、在何种范围中、以何种方式存在。④ 因此，刑法教义学也是这样，不问现行立法如何，而是直接假定现行刑法是基本合理的。当然，经过几十年的努力之后，理论界也基本判定，中国现行刑法在立法层面已经基本完善。而在此基础上需要进一步追寻的，便是刑法教义学者所努力的，即在刑法学内部用批判的精神实

① 陈兴良著：《教义刑法学》，中国人民大学出版社 2010 年版，第 7 页。
② 陈兴良著：《教义刑法学》，中国人民大学出版社 2010 年版，第 2 页。
③ 陈兴良著：《教义刑法学》，中国人民大学出版社 2010 年版，第 3 页。
④ ［德］阿图尔·考夫曼、温弗里德·哈斯默尔主编：《当代法哲学和法律理论导论》，郑永流译，法律出版社 2002 年版，第 4 页。

现个案正义。如考夫曼所言，法教义学并不意指法律教义学必然诱使无批判，但即便它是在批判，如对法律规范进行批判性审视，总是在系统内部论证，并不触及现存的体制。①

拉伦茨也认为，即使是作"法律政治式"的论述，法学仍有其应当遵守的界限，因为法学必须取向于现行法秩序的基本原则。虽然这些基本原则本身具有发展的可能性，同时会因历史的演变而受到影响，在这个涵义上，这些原则对于未来具有"开放性"。假使法学不想转变成一种或以自然法，或以历史哲学，或以社会哲学为根据的社会理论，而想维持其法学的角色，它就必须假定现行法秩序大体看来是合理的。② 法治的边界为假定现行法秩序大体是合理的，这点正符合了我们目前的刑事司法状况，即已经从之前的立法中心转为现在的司法中心。所以，学者们已经更多地将注意力转移到法的运用，以及在法适用过程中对法条的理解和把握上。

在刑法教义学看来，现行法是思考的依据而不是思考的对象。因此，刑法教义学基本上不去考虑现行立法是否合理，而是在一开始就假定，现行立法基本上是合理的。刑法教义学要解决的问题便是，在如此立法的基础上，如何正确地适用现行刑法，并希望通过对法条的解释和具体适用实现真正的个案正义。而在法律适用过程中，对法律的理解技巧和方法，以及对法条的解释，便是刑法教义学真正面临和需要解决的重要问题。刑法教义学的出现和发展，正适应了目前我国的司法状况。经过几十年的努力，我国刑法虽然几经生死，且立法技术依旧存在各种缺陷，但总体上已基本能适应解决现实中各种重大问题的需要，接下来要做的已不再是去批判刑法，而是用我们的智慧和理性，去解读和适用刑法。在刑法适用的

---

① ［德］阿图尔·考夫曼、温弗里德·哈斯默尔主编：《当代法哲学和法律理论导论》，郑永流译，法律出版社2002年版，第4页。

② ［德］卡尔·拉伦茨著：《法学方法论》，陈爱娥译，商务印书馆2003年版，第77页。

过程中，会出现各种各样的问题，而每个法律人对公平正义的追求，则成了刑法教义学发展的推动器。刑法需要一定的安定性，在承认现行立法的基础上，如何解释刑法，便成了刑法教义学的主要任务。因此，在司法中心时代，如何实现刑法的重要价值：罪刑均衡，便更多地成为一个司法命题。在司法实践中，通过对现有法条的理解和解读，建构合适的司法制度，确保司法裁量尽量符合民众和社会对正义的理解，此乃实现罪刑均衡的重要路径。

（一）刑法教义学：假定现行法秩序是基本合理的，在法治的界限内用批判的精神实现罪刑均衡

霍布斯用利维坦这个大怪物来形容国家公权力，即只要国家公权力得不到有效遏制，就会形成暴政。这点，从诸多历史事件中可以窥测。当然，权力的滋味可谓是非常之美好，特别是在中国这样一个一直崇尚权力，且到目前还在坚持官本位制度的国家，权力滥用之温床可谓一直都在。用一句时髦的话说，你用或者不用，权力都在那里，不言不语，但极具诱惑力。而对于内心自律、遵纪守法的有权者来说，出于种种原因，没有滥用权力，这可谓是好事。但是，事实上，并不是每个人面对权力都能不心动，也正如面对各种诱惑很难有人不心向往之。因此，在制度设置上，要尽量平衡和监督好权力的运用，这样，既是在合理地分配权力，从另一个角度看，也是在保护运用权力的人，以防不小心越轨而成千古恨。对国家公权力的限制和约束，便是法治之真正意义。在我们可目测的未来，民族、国家依旧存在，且笔者相信，在未来不可预知的很长很长的一段时间内，国家将依然存在。因此，为了让既存的国家制度良性发展，为了避免暴政，在现代宪政思想的框架下，设置了法治制度。其目的就在于约束国家公权力，以此保护公民的私权利。这点，在国内外已基本达成共识。

那么法治的边界到底在哪？正如上文已经论述的，法治的边界便是现行立法，且假定现行立法是基本合理的，即良善的法；而所有人，包括立法者、执法者都与普通公民一道遵守现行的立法。以

此实现良好的社会管理秩序。我们谈刑法教义学，其基本前提便是假定现行法秩序是基本合理的，在此基础上，不单单追求法的安定性和明确性。同时，也肯定法学的批判精神。正如拉伦茨所论述的，所谓的"批判理论"，其认定现行法不过是片面"支配关系"的规定，它不必费神审究个别规定、决定的正义内涵，因为消极的结论已经预设在那儿。它所关心的不仅是法的明确性及安定性，同时也力求在具体的细节上，以逐步进行的工作来实现"更多的正义"。谁如果认为可以忽略这部分的工作，事实上他就不该与法学打交道。①

正如法学家耶林所主张的为权利而斗争，在法的世界，正义也同样需要经过斗争才能真正实现。在法治的边界内，我们只是暂时假定目前的法秩序基本合理。这保证了法的明确性和安定性，有利于维护法及社会的稳定，更有利于正义的实现和实施。同时，在这个基础之上，在具体的个案操作中，用批判的精神，逐步实现现实中的具体正义，以求在总体上实现更多的正义。正如菲肯切尔所言，如何适当解决个案纠纷是所有法律人努力的焦点。②

有学者指出，法律规定本身就是立法者的一种价值判断，即以规则作为一种价值内容的物质载体。因此，司法者依照法律规则处理个案，这种规则适用本身就是价值内容的实现。③ 的确，司法者在适用法律规则的时候，法律规则的适用过程本身就是一个价值内容的实现过程。同时，在笔者看来，法适用的过程不单单是立法价值的实现过程，还是法官在解释法条时，各种价值选择的决策过

---

① ［德］卡尔·拉伦茨著：《法学方法论》，陈爱娥译，商务印书馆2003年版，第77页。

② ［德］卡尔·拉伦茨著：《法学方法论》，陈爱娥译，商务印书馆2003年版，第21页。

③ 陈兴良著：《教义刑法学》，中国人民大学出版社2010年版，第13页。

程。因此，在笔者看来，刑法教义学的核心并不在于犯罪论体系的问题，而在于决定和引导法律人价值判断的刑罚理念问题。笔者并不赞同陈兴良教授所认为的"犯罪论体系的水平往往是一个国家的刑法教义学水平的指数"① 这一说法。在笔者看来，在诸多的价值选择中，最终决定因素还是法官内心的正义观，即法官认为如何做，如何适用法律才是真正正义的。

在刑法中，真正起统摄和决定作用的乃是刑罚理论，其决定、影响并贯穿于立法、司法、执行等方方面面。当然，也有学者认为，法官的正义观需要依据法官的经验和良知。在笔者看来，这是从表象的角度进行认知的结果。实质上，某种行为是否应当受到刑罚处罚，除了依据刑法的规定外，在适用和解释刑法的时候，更多的还是受法官刑罚观念的支配。而恰当的刑罚观念的培养和养成，则会使一个法官在作出价值选择时能更多地接近实质正义。例如梁丽案，一个清洁工人，在说不清、道不明的情况下，把机场客人的一箱东西挪走了。她是否构成盗窃罪？当然，她事先并不知道箱子里面装着贵重的黄金。我们似乎也无法从结果再推测出当事人当时的心情和心态，而此行为是否应该受到刑罚的处罚？在笔者看来，在刑法规定的大前提适用于此小前提的时候，这本身就是一个价值选择的过程。依照刑法谦抑性原则，在梁丽最终把"财物"都退回给失主，且无明确证据证明其明显犯罪故意来看，对此行为不应动用刑罚，因为刑法不应当过多地干涉公民的生活。当然，如果梁丽拒不退还财物，则可能构成侵占罪。而如果有明确证据证明梁丽有明显的犯罪故意，则的确应当受到刑罚的处罚。但是，从现有资料看，首先她并不知道客人的箱子里装着什么，或者她可能判断这是客人遗失或遗忘，甚至是遗弃的行李（这些都是有可能的）。对于这样一个缺乏确凿证据证明行为人存在犯罪意图及犯罪行为的案

---

① 陈兴良著：《教义刑法学》，中国人民大学出版社 2010 年版，第 12 页。

件，法官的选择事实上是一种价值判断。由此可以看出，对刑罚理念的深谙，以及具体刑罚理念在个案中的落实，便成了刑法教义学在体现个案正义中真正起关键性作用的一环。因此，在面临诸多疑难案件时，刑罚的适用更多的似乎是在体现一种价值选择。刑法教义学的核心便在于正确的刑罚理念及正义观的培养和养成。而刑法法规范的解释水平，则体现了一种解释技巧，属于技能。技能可以通过培训和传输养成，而养成这种技能所需要的精神内心便是隐藏其后的刑罚理念。这种刑罚理念，从广义上讲，涉及一个人的人生观、价值观。因此，恰当的刑罚理念的培养及养成，将是未来中国刑法学界必须努力完成之任务。在具体选择时，真正起决定作用的还是人的价值选择，即人的价值观。这点，笔者深信不疑。

（二）刑法教义学成为司法中心时代的方法论指引

什么是方法？对方法本体的认识大体上经历了两个阶段，即18 世纪以前的古典方法论阶段和其后的现代方法论阶段。古典方法论视方法为达到目的的手段，是"一本解决问题的规则指南"。现代的方法论则视方法为发现的逻辑、论证的逻辑。正如匈牙利学者拉卡托斯所认为的，它只是一套（甚至可能是不紧凑的、根本谈不上可机械照搬的）评价各种现成的清楚表达理论的规则。在笔者看来，刑法教义学是一种刑法学方法论，正如罗克辛教授所说的，刑法信条学（刑法教义学）是研究刑法领域中各种法律规定和各种学术观点的解释、体系化和进一步发展的学科。[①] 刑法教义学解决的真正问题是思维的问题，即在肯定现行立法的基础上，为了实现更多的正义，如何解释和适用现行刑法。法不是万能的，但如果没有解释，法更不会自己说话。法规范是人定的规范，刑法要解决的各种问题，在立法时所设想的，或许与现实中遇到的种种问

---

① ［德］克劳斯·罗克辛著：《德国刑法学 总论（第 1 卷）·犯罪原理的基础构造》，王世洲译，法律出版社 2005 年版，第 117 页。

题有着各种偏差，甚至情况多变。为了在现行立法的基础上尽量地使法能为正义之目标所用，刑法解释技艺的重要性便凸显出来。因此，刑法教义学是一种方法论，它是解决诸多问题的一种方法，且是目前中国司法急需的一种思维方法。

法律逻辑和方法论是对不易看清的、实质正义的法律认识程序的反思。它追求的目标为发现（在人的认识允许的限度内的）"真理"，作出妥善说明理由的判断。① 而拉伦茨笔下的法学是指，某个特定的、以在历史中逐渐形成的法秩序为基础及界限，借以探求法律问题之答案的学问。② 法律的抽象性和一般性决定了法律规范在陈述事实的时候采用了很多较为模糊的表述，如"恶意""重大事由""显失公平""必要费用""情节严重"等，"当法律不以确定一定数量的方式来划定界限时……法律就欠缺精确的界限而留有中间地带，于此间作此种或彼种裁判均无不可"③。因此，作为一种方法论，刑法教义学的核心任务在于通过法律人的智慧，把这些看起来不那么精确的界限解释清楚。特别是在具体个案中，如何在现行刑法的框架内，对法条作出怎样合适的解释才能更接近社会所追求的实质正义？而随着社会的发展，正义的内容和要求又会随之发生变化。在这个变化过程中，刑法教义学的任务便是，随着这种变化着的正义之内涵，在实定法的范围内，实现实质正义。

随着刑法教义学在中国的兴起，也逐渐有学者认可了刑法教义学的地位和重要性。比如，有学者开门见山地提出，"刑法解释是沟通纸面上的刑法与社会实践的重要桥梁，从这一意义上而言，刑

---

① ［德］卡尔·恩吉施著：《法律思维导论》，郑永流译，法律出版社2004年版，德文第七版作者序第1页。

② ［德］卡尔·拉伦茨著：《法学方法论》，陈爱娥译，商务印书馆2003年版，第1页。

③ ［德］卡尔·拉伦茨著：《法学方法论》，陈爱娥译，商务印书馆2003年版，第175页。

法解释学是刑法学的本体"①。而在解释的过程中，影响法官做决定的因素又是复杂而综合的。比如，有学者指出，如果从法律判决形成的经验考察，实际影响到判决的还有许多因素。因此，从大前提和小前提推导出来的结论往往不是唯一的，这是一个常识性的判断。尽管以凯尔森为代表的纯粹法学派，希望通过努力实现一个规范和一个事实的结合能推导出绝对唯一的结论，但从实践意义上看，这似乎是不可能的。对于规范的理解和把握，尽管有法律的明文规定，但并不见得规范与特定的事实一结合，每个人的理解就都能一致。语言具有模糊性，而在小前提的认定上，特别是对证据材料的把握与分析中，法官的判断很多时候也是差异颇大。因此，正如有学者在讨论影响判决的诸多因素时提到的，"实际影响到判决的还有许多因素，如在司法社会学视野中，法官的出身、法官的个性、法官的年龄、法官的社会态度、法官受社会环境的影响（同僚、社会）、当事人如雇员的特点（主动性、见识、与法院打交道的经验）、审判方式（职权性的与自由的、口头的）、判决过程中的组织形式，对判决形成起着作用。还有信息、权力、民情与舆论等因素与判决结果关联在一起"。②

　　以上我们大概了解了影响法官判决的诸多因素，即在法官选择的过程中，各种因素都在影响着法官的判断。而刑法教义学接下来的主要任务，便在于详细分析和把握这些可能影响到法官选择的因素，并对其进行归类、比较研究，从而找出一定的规律，以引导和规范刑法教义学的发展。同时，虽然我们指出了影响法官判决的诸多因素，但这也并没有否定刑法教义学在司法实践中的地位和可操作性。刑法教义学作为一种方法论，其价值是不言而喻的。刑法教

---

① 徐光华著：《刑法文化解释研究》，中国政法大学出版社 2012 年版，序言第 1 页。

② 郑永流著：《法是一种实践智慧：法哲学和法律方法论文选》，法律出版社 2010 年版，第 248 页。

义学最大的价值在于肯定和保护刑法的安定性，不轻易去批判法条，正如某些学者坦言的那样，"法规范不是被嘲笑的对象"。这是一种踏实而务实的思维方式，也是目前我国的司法实践急需的态度和方法论。目前中国的刑事立法，虽然总体上看立法技术有待提高，但其具体的内容和体现的精神，基本上符合自然法中关于正义的要求，也基本符合目前中国的国情。因此，目前中国刑法学真正的核心问题已经不在于批判立法，而在于在坚守刑法的稳定性的同时，通过刑法的解释和适用，真正落实法的精神，以求实现刑法所追求的实质正义。在笔者看来，刑法教义学正是我们刑法学界真正需要明确且贯彻执行的一种方法论。

第二节　实践理性：进一步推进
量刑规范化改革

最高人民法院量刑规范化改革进程，从 2010 年 10 月 1 日试行《人民法院量刑指导意见（试行）》开始，2014 年 1 月 1 日起实施的《量刑指导意见》，对前者作出重要修改和调整。最高人民法院立足于司法实际确立了"以定性分析为基础，结合定量分析"的量刑方法，优化了常见量刑情节的适用方法，并对常见犯罪的量刑起点幅度、增加刑罚量的根据作出了相应调整。① 尽管最高人民法院的量刑规范化改革在实践中已经摸索了几年，也收到了很好的成效，但是在笔者看来，由于对各国刑罚理论研究的匮乏和不足，导致刑罚改革的进程变得孤单而又冒险。以至于我们的改革变成了真正意义上的试错式改革，不断地改革，不断地实践，在实践中找寻方向。如此的改革，自然是一种有担当且勇敢的行为，但理论研究的滞后和不足，又加剧了理论与实践的差距和隔阂。

---

① 南英主编：《量刑规范化实务手册》，法律出版社 2014 年版，前言。

一、量刑规范化改革在实践中继续推进

"刑罚的功效在于，从另一方面与对具有同一性的社会规范的对抗相对抗。刑罚确证了社会的同一性，也就是说，犯罪既不能被视为一种进化的开始，也不能被归结为一种认识上就能消除的结果，而是应被视为一种有缺陷的交往，并且，这种缺陷要作为其罪责归于行为人，换句话说，社会坚持这些规范，而且拒绝自己被重新理解。根据这种认识，刑罚不只是一种维持社会同一性的工具，而已经是这种维持本身。"[①] 对刑罚的理解，不同的学者可能会有不同的认识。在对刑法规范和刑罚进行基本理解的基础上，实现某种意义上的罪刑均衡，是每个刑法学者孜孜以求的事。在罪刑均衡的问题上，不同的理论有不同的衡量标准。例如，源于前期古典学派的法益保护原则，该原则主要是要求刑罚的量应当与犯罪所侵害的法益或对法益的危害性达到量上的均衡，而其他因素则无须考虑。随着近代学派的发展，基于后期古典学派的社会伦理原则则认为，刑罚的量应当与行为对社会伦理秩序造成的破坏程度达到量上的均衡。[②] 两种不同的理论，在现实中都有支持者，而主张不同理论的学者或司法者在运用刑罚时，思考问题的角度会有差异。在具体的刑罚运用和刑罚量的分配上，不同的理论主张会带来不一样的刑罚后果。整体而言，不管是持何种观点的学者，基本上都认同罪刑法定原则，因而在大多数情况下，在罪与非罪的基本判断上，结论也会趋于一致。那么，在罪刑法定的框架下，如何实现罚当其罪？如何高效合理地配置司法资源？基于罪刑均衡是刑法正义的一个重要指标，在刑法的适用过程中，必须正确把握罪刑均衡原则。

在量刑改革方面，美国是走在最前列的。美国的量刑模式，采

---

① ［德］格吕恩特·雅科布斯著：《行为 责任 刑法——机能性描述》，冯军译，中国政法大学出版社1997年版，第103页。

② 余振华著：《刑法总论》（第二版），台湾三民书局2013年版，第13页。

用数值化的量刑准则。这种制度的选择与美国社会的哲学基础，以及社科法学的发展有直接关联。不同国家和地区的法学有着不同的特点。由于不同国家对于社会变革的态度不同，所以，尽管都是判例法国家，英国法律人的教义法学思维比美国法律人要强。[①] 由此也可以看出，不同的社会情状直接导致了各国在刑事司法改革方面所作的选择。从社会学的角度分析，美国在量刑改革方面所作的努力和选择，与其发达的社会学发展水平有直接关系。而从刑事法的角度分析，作为最早实施量刑准则制度的国家，美国之所以选择数值化的量刑准则，有学者认为这是 20 世纪 70 年代在美国盛行的不定期刑思想的产物。[②] 可见，各国在量刑方面的选择与该国的具体国情和司法制度有紧密的关联。

正如美国卡多佐大法官所言，如果你只是某个专业领域的匆匆过客，你也许会觉得在关于终极概念的理论中没有什么实用的东西。然而，当你面对更高深的问题时，你就会发现，研究终极问题绝非没有价值，相比之下，反倒是其他的研究显得一文不值。[③] 因此，在行为之初，似乎行为就是行为本身，理论或上升到哲学层面的论述似乎意义不大。故，正如许多人所言，有没有理论的指引，我们都这样做，而且做得很好，很成功，理论似乎毫无用处。但是，当改革走向纵深，理论的解释和指引便显得意义重大。毕竟，更高深的问题，并非一眼就能看穿，也不是无须理论指引便能迎刃而解的。具体而言，正如法律的起源、成长、功能和目的，这些概念还是显得过于抽象和笼统，与现实脱节，高高在上，难以引起法

① P. S. 阿蒂亚、R. S. 萨默斯著：《英美法中的形式与实质——法律推理、法律理论和法律制度的比较研究》，金敏、陈林林、王笑红译，中国政法大学出版社 2005 年版，导言。

② 郭豫珍著：《量刑与刑量：量刑辅助制度的全观微视》，台湾元照出版有限公司 2013 年版，第 4 页。

③ ［美］本杰明·N. 卡多佐著：《法律的成长》，李红勃、李璐怡译，北京大学出版社 2014 年版，第 36 页。

律领域的游客们的兴趣。但是，事实并非如此。正是这些一般而抽象的概念，指引着法律思维，左右着法官头脑，并在疑难案件中平衡各种因素，决定最终结果。① 从以上论述，也能看出理论研究对于司法实践的重要意义，特别是面对疑难问题时，理论上的论证和深入到法哲学层面的法理学剖析，显得弥足珍贵。

如美国杰特纳法官所言，对刑罚理念和目的的理解直接影响着量刑指南的制定。② 即便是在综合刑时代，基于对不同刑罚理论的偏爱，在制定量刑指南时，不同的制定者会选择自己认为更优的理论作为实践的理论指引。因此，在实践中，会有不同风格的量刑指南出现。根据我国的国情，我国的量刑指南主要是为了使我国不同地区之间在量刑上既有差异，又不会出现"荒唐"的差异。故，量刑指南的特点在于指导和规范，并不带有任何政治色彩。但是，在美国，有的量刑指南便具有较强的政治性，这与美国渗透到各个角落的政治性和较高的政治民主参与度有直接关系。因此，在制定量刑指南时，制定者选择何种理论作为量刑指南的指引，对量刑体系的发展有着基础甚至决定性的意义。量刑指南系统选择何种刑罚理论作为指引，直接决定了该系统的价值判断和发展方向。然而，由于我国对刑罚理论研究的欠缺，在改革的过程中，改革者选择何种理论作为实践的引导，更像是一种偶然的巧合，或是模糊的选择。如是，理论研究的滞后和缺失，导致改革成为一种试错式改革，理论被实践拉着走。如此现状，在给理论界带来压力的同时，也进一步拉大了理论与实践的距离。故，理论研究需要加快步伐，以满足量刑改革实践的需求。

笔者亦到作为量刑规范化改革最早试点的厦门市思明区法院进

---

① ［美］本杰明・N.卡多佐著：《法律的成长》，李红勃、李璐怡译，北京大学出版社 2014 年版，第 37—38 页。

② 南希・杰特纳：《美国量刑指南委员会概述》，载胡云腾主编：《中美量刑改革国际研讨会文集》，中国法制出版社 2009 年版，第 41 页。

行调研，法官们对目前量刑规范化改革出现的问题，直抒胸臆。在调研过程中，笔者发现，对于量刑采用数字计量化的方式，在实践中存在机械量刑的潜在问题。故，在量刑的过程中，应当注重法官的素质及自由裁量权对裁量公正作出的贡献。在目前的量刑建议中，亦存在一些规定不科学的地方。亦即，在司法裁量中，法官的重要性并不会因量刑的计量化操作而降低。相反，在改革还在继续的阶段，法官应当发挥更重要的作用。比如，《量刑指导意见》规定，对于退赃、退赔的，综合考虑犯罪性质，退赃、退赔行为对损害结果所能弥补的程度，退赃、退赔的数额及主动程度等情况，可以减少基准刑的30%以下。事实上，对于抢劫、抢夺这类暴力型犯罪，其侵害的法益既包括财产性法益，也包括被害人的人身权益。就退赃而言，抢劫50元的退赃与抢劫50万元的退赃，该退赃行为对于量刑的意义差异较大。故，在量刑的过程中，尽管是同样的量刑情节，但在不同的案件中，同样的行为也许对量刑的意义迥异。但是，如果机械地按照量刑规范的比例进行简单加减，得出的结果不但不具有说服力，对刑法正义的实现也是弊大于利。

随着量刑规范化改革在实践中的进一步探索，司法也作出了进一步的调整和具体应对。在规范15种常见犯罪量刑的基础上，最高人民法院又出台《关于扩大量刑规范化罪名和刑种试点的通知》，将危险驾驶罪、非法吸收公众存款罪、集资诈骗罪、信用卡诈骗罪、合同诈骗罪、非法持有毒品罪、容留他人吸毒罪和引诱、容留、介绍卖淫罪等8种罪名纳入规范范围，刑罚的适用从有期徒刑、拘役扩大到罚金、缓刑，并指定天津、辽宁、福建、海南、湖北、广西、云南、陕西等地8个高级人民法院作为试点法院，在辖区内指定有关中级、基层人民法院开展试点，在此基础上提出量刑指导意见。同时，指定量刑规范化工作基础比较扎实的广东省广州市白云区人民法院就 8 种罪名的罚金刑进行试点，并提出指导意见。① 最高人民法院将在总结试点经验的基础上，制定全国量刑指导意见。扩大量刑规范范围以后，适用量刑规范化的罪名达到 23 种，案件数量占全国基层人民法院刑事案件的 90% 左右。据了解，量刑规范化工作正式开展以来，量刑更加公正均衡、公开透明、廉洁高效，规范量刑已成为刑事法官的一种自觉和常态，规范量刑的思维已经延伸到其他案件和刑种。量刑规范化工作正在积极稳妥推进，取得明显成效，受到社会各界好评。最高人民法院院长周强在向第十二届全国人大三次、四次会议所作的工作报告中充分肯定了量刑规范化工作的成效。

据介绍，量刑规范化工作主要从以下几个方面开展：

一是有效对接司法责任制改革。随着司法责任制和审判权力运行机制改革的推进落实，主审法官和合议庭的办案主体地位更加凸显，院长、庭长不再审批和签发裁判文书。由于多数罪名的法定刑幅度过于宽泛，不同法官把握的量刑尺度不同，相互之间又缺乏沟通，所以难免出现量刑不均衡的问题。《量刑指导意见》对法官的量刑思维和量刑方法进行规范，明确常见量刑情节的调节幅度，细化 15 种常见犯罪的量刑起点幅度，为法官量刑提供了基本遵循，在保证刑罚个别化的同时，可有效规范法官的自由裁量权，实现量刑公正和均衡。一些已经试行司法责任制改革的法院反映，对于最高人民法院规范的 15 种犯罪案件的量刑，总体是均衡的，当事人也比较满意，上诉较少。

二是有效对接以审判为中心的诉讼制度改革。繁简分流、认罪协商是刑事诉讼制度改革的重要内容。基层人民法院 80% 左右的认罪案件将实行简易审或速裁程序，法庭审理主要是量刑程序，量刑是控辩协商的重要内容和法庭抗辩的重点。《量刑指导意见》为

① 陈学勇：《最高人民法院扩大量刑规范化罪名和刑种试点》，载《人民法院报》2016 年 5 月 26 日。

诉讼各方提供了明确的量刑指南，使协商和抗辩有的放矢，容易达成一致。《量刑指导意见》明确了常见犯罪的量刑尺度以及量刑情节的调节幅度，被告人及其辩护律师一般对刑罚结果能做到心中有数，促使被告人积极赔偿、认罪认罚，争取从宽处理。同时，也倒逼侦查、检察机关更加重视量刑事实的调查、审查工作，加快对轻刑案件的侦查、起诉工作，防止超期羁押。

三是有效推动量刑公开。量刑规范化要求公开量刑全过程。《量刑指导意见》和各高级人民法院的实施细则在网上公开，当事人可以对照案情，查找相应法院的具体规定，做好辩护准备，并在庭前预估所判的刑罚，从而方便群众诉讼。量刑的法庭调查、法庭辩论和宣判全程公开，量刑证据展示在法庭，量刑争议解决在法庭，法官居中裁判，控辩双方心中有数，从而有效防止暗箱操作。同时，裁判文书依法上网公开，广泛接受社会的监督和评判，对规范量刑、均衡量刑、公正量刑也起到了推动作用。

四是有效促进司法廉洁。量刑规范化的核心是通过细化各种情节的量刑幅度，明确法官自由裁量的边界，防止出现"宽无边、严无度"，既保证量刑的均衡和公正，又有效预防关系案、人情案、金钱案的发生。同时，《量刑指导意见》公开执行，量刑过程公开、透明，不但满足公众的知情权和监督权，而且便于内部监督制约。各地法院已将《量刑指导意见》作为案件质量评查和司法监督的重要依据，如江苏、广东等地法院将量刑规范化工作纳入审判管理系统，实行网上办案，全程动态监督，促进了司法公正、廉洁。

二、在刑法教义学范围内实现罪刑均衡：提升对规范的解读能力

刑法学是一门充满实践理性的学科，其魅力主要不在于坐而论道、建构价值，而在于如何通过规范把价值作用于事实，作出外有约束力、内有说服力的判断，这种技艺就是要使预设的价值、规范

在事实的运动场上跑起来，让它们在舞动中获得新生或延续生命。无技艺，自由的价值、诚信的原则便总是养在深闺，纵有千种风情，更与何人说，与事实永远银汉相隔。所以，恩吉施才要我们法律人的"目光在大前提与生活事实之间顾盼"①。

　　在此，笔者要指出刑法教义学中提到的解释论的思维方式，与德国法哲学中阐述的诠释是两个不同的概念。客观地说，目前中国的诠释学发展缓慢，与德国已发展成熟的诠释学不可同日而语。在德国，诠释学已经从方法论发展到了本体论阶段。而在中国，诠释似乎跟解释是同一个意思，即相当于方法论上的规范解释。正如郑永流教授所指出的那样，诠释在本性上不能被当作方法来处理，它是本体论的。为了表述方便，这里将诠释一并归入方法之中。诠释指明判断是一个在事实规范之间循环往复、相互照应、不断向上的过程：判断者不可能从虚无而是从前理解开始评价事实，前理解是解释者对事实的先见，解释者的先见在面上是个人的，但实际上还受着个人所属的社会团体如政党、宗教织，以及社会主导文化的影响。②

　　因此，在中国刑法学界，不管是讨论诠释问题，还是讨论解释问题，更多的是在方法论层面上的运用和思考，即解释作为一种方法，在司法实践中运用时，尽量地恰当理解法条在现实中的真意，以贯彻刑法的精神，并通过司法实践的运作，从微观处实现刑法的个案正义。而真正的正义，也是在这种逐个积累的个案正义中得到贯彻和实现的。当然，从法哲学的层面看，中国的诠释学与德国的诠释学仍然有着相当大的差距。就司法实践来看，尽管中国仍然处在艰难的起步阶段，但这种方法论的贯彻和转换，着实给中国的刑

---

　　①　[德] 卡尔·恩吉施著：《法律思维导论》，郑永流译，法律出版社2004年版，第285页。

　　②　郑永流著：《法是一种实践智慧：法哲学和法律方法论文选》，法律出版社2010年版，第276页。

事司法实践带来了一片生机。特别是在理论界，已经从之前言必称立法建议的学风，转向了更为实际、更为有效的对现行法规范的解读上。这不单单维护了现行刑法的稳定性和安定性，从更深的意义上看，这也是国人更加务实之态度的学术体现。进而，这种思维方式在司法实务中也收到了很好的实际效果。比如，之前只要在对规范理解不统一，或者面临疑难案件时，总会有一种惯常思维，即等待新的立法或者最高人民法院的司法解释。而这种被动的等待，正是法律人对于解释法条之被动性的具体体现。坚持刑法教义学的思路，即只要在现行法秩序的框架内，用符合逻辑和客观实际的解释方法，对大前提和小前提作合理解释，且在司法实务中法官习惯这样的解释思维，笔者看来，在不久的将来，中国司法实务的真正良性运行将如期而至。比如，我们在理论上肯定分歧的存在，但只要总体上符合正义之原则，论证合理且充分，法适用符合现行法规范，即恪守罪刑法定原则，我们就应当认可法官的裁量。法治的进程是一个漫长且在国人看来十分曲折的过程。法律人的良知和成熟的法律思维需要走在司法实践的前沿，用科学的方法论指引司法实践，这样才能在21世纪的中国创造出刑法学发展的新局面。有一句话如此表述：让规范舞动起来；而用刑法学学者的话转述则为：让刑法规范舞动起来。

西方学者认为中国有推理而无法律推理，这一点与前文笔者讨论的20世纪中国法学的发展史有关。在中国刑法学的起步阶段，最开始用的都是立法论的思维模式。只要有疑难案件或难以定夺的情况，法官总是习惯性地等待新规定的出台，而不是主动地用法律推理解决具体个案问题。因此，法律推理在中国的缺失，对于包括中国刑法学在内的中国法学来说，是一个硬伤。而且，纵观中国的裁判文书，对于判决的论证过程可谓参差不齐。法律推理的严密性、充分性、完整性也有待提高。中国的裁判文书更多的时候，只是对大前提、小前提进行简单的罗列，真正说理和相互论证的过程不但缺乏严谨的逻辑性，甚至很多时候只言片语的含糊其辞更显示了中国法学界对于法律推理问题的忽视和不在行。还好，进入21世纪，中国的法治建设在曲折中迂回前进。对于法治的信仰和追求也是几代法律人的梦想。正如有学者所指出的，也只有在法治状态里，法律方法才如鱼得水。①

法治是现代文明的产物，法治理念在中国落地、生根发芽，以至开花结果，都深深地烙下了现代文明的印记。曾经也有不少学者深思过这样一个问题，中国的土壤到底在多大程度上适合法治的生长？当然，笔者对此也一直在深思。同样，作为一个刑法学研究者，我们期望中国刑法学到底要实现怎样的价值？而在实现刑法精神的同时，又有多少保留了中国的特色，以及在多大程度上考虑到了国人惯常的思维模式及文化养成？不管怎样，法治是一种潮流，且是一种不可回避的世界潮流。在这种潮流下，不进则退，中国只有顺应之，而不能逆流寻宝。

法律究竟是什么？人类为何选择法律？法律应该如何适用于人类生活以达到其管理社会生活的目的？有学者认为，总体而言，法治是社会治理的最佳方案。② 如果说法治是社会治理的最佳方案，那么对于中国刑法而言，刑法教义学则是实现法治的最佳选择。比如，刑法把嫖宿幼女（包括强迫、引诱幼女卖淫）的行为从强奸罪及其共犯中分离出来，另设罪名，并且规定了较轻的法定刑，这一立法本身是否具有合理性？陈兴良教授认为，这实际上是一个立法论的问题，对此当然是可以展开讨论的。③

在笔者看来，对法治的认可和孜孜追求，更深层次上体现为一

---

① 郑永流著：《法是一种实践智慧：法哲学和法律方法论文选》，法律出版社2010年版，第287页。

② 徐光华著：《刑法文化解释研究》，中国政法大学出版社2012年版，第1页。

③ 陈兴良著：《教义刑法学》，中国人民大学出版社2010年版，第5页。

种深入血液的法律思维，即对法治的信仰和守护，最基本的体现则为西方人惯常的却为国人所缺失的规则意识。规则，乃人定之。人定规则的目的在于规范人之行为，从而形成一定的社会交往秩序。从事实上看，制定规则并不难（当然也需要一定的技巧和水准），真正难的是遵守规则；更难的则是要求立法者自己也遵守自己制定的规则，从而使执法者、守法者、民众都来遵守已经制定的规则。如果规则不被遵守，就形同虚设。潜规则的盛行，也将导致规则被废弃而成为一纸空文，社会秩序也将陷入混乱和无常中。法治，乃国人之梦想，也是几代法律人努力之方向，体现在刑法学中，则是从之前的立法论思维逐渐转向司法论思维，用刑法教义学的方法论指导司法实践，并在实践的过程中，逐渐培养和养成西方人所诟病而中国正缺失的法律推理。思维的养成需要一定的过程，而方法的运用和推广将真正推动中国法治的进程。

第三节　以审判为中心的司法制度改革

2016 年 7 月 20 日，为贯彻落实中共中央《关于全面推进依法治国若干重大问题的决定》的有关要求，推进以审判为中心的刑事诉讼制度改革，依据宪法和法律规定，结合司法工作实际，最高人民法院、最高人民检察院、公安部、国家安全部、司法部联合印发《关于推进以审判为中心的刑事诉讼制度改革的意见》。该意见强调，未经人民法院依法判决，对任何人都不得确定有罪；严格按照法律规定的证据裁判要求，没有证据不得认定犯罪事实；建立健全符合裁判要求、适应各类案件特点的证据收集指引；侦查机关应当全面、客观、及时收集与案件有关的证据；完善讯问制度，防止刑讯逼供，不得强迫任何人证实自己有罪；在案件侦查终结前，犯罪嫌疑人提出无罪或者罪轻的辩解，辩护律师提出犯罪嫌疑人无罪或者依法不应追究刑事责任的意见，侦查机关应当依法予以核实；完善补充侦查制度；进一步完善公诉机制，被告人有罪的举证责任，由人民检察院承担；完善庭前会议程序，对适用普通程序审理的案件，健全庭前证据展示制度，听取出庭证人名单、非法证据排除等方面的意见；规范法庭调查程序，确保诉讼证据出示在法庭、案件事实查明在法庭；完善对证人、鉴定人的法庭质证规则；完善法庭辩论规则，确保控辩意见发表在法庭；健全当事人、辩护人和其他诉讼参与人的权利保障制度；辩护人或者其他任何人，不得帮助犯罪嫌疑人、被告人隐匿、毁灭、伪造证据或者串供，不得威胁、引诱证人作伪证以及进行其他干扰司法机关诉讼活动的行为；建立法律援助值班律师制度，法律援助机构在看守所、人民法院派驻值班律师，为犯罪嫌疑人、被告人提供法律帮助；推进案件繁简分流，优化司法资源配置，等等。

司法制度的精细化和严格化规定，既是对程序正义的恪守，也是在刑事一体化思想的引导下，通过严格的程序实现实体法的目标和价值追求。其中，作为刑法重要价值的罪刑均衡，便是通过不断严格的程序和适合的司法制度得以实现的。因此，在以审判为中心的司法制度改革过程中，罪刑均衡的实现，更大程度上成为一个司法命题。在罪刑均衡实现的过程中，司法审判和司法裁量则成为关键环节。

一、进一步规范地方司法文件

从研究的情况看，我国的司法裁量在很大程度上受到刑事政策的影响，具体体现在司法的行政化以及各个地方不断涌现的地方司法文件。基于我国的国情和特殊司法状况，这些地方司法文件在应对突发性的地方问题与立法滞后的紧张关系时，发挥了较大的作用。毕竟，法学是一门实践理性学科，司法裁量的意义主要在于解决问题。立法的模糊性和滞后性与层出不穷的现实状况常常出现各种紧张关系，但统一的司法解释或立法调整又需要一个相当长的过程。此时，各地可根据自己的具体情况，有针对性地对现有法律及其适用作出相应的解释。这些解释性文件常常以会议纪要、地方司法文件等形式出现，在具体司法裁量中，这些文件发挥了直接且重要的作用。因此，对地方司法文件进行有效的规范和引导，成为司法实践应当努力完成的工作。

我国近几年的量刑规范化改革亦是出于对司法裁量进行必要规范的目的而进行的试探性改革，取得了很大成效，基层法院的法官都非常肯定改革取得的成效。规范的目的在于更好地实现罪刑均衡，在量刑规范化改革努力规范法官自由裁量权的同时，作为法官自由裁量重要依据的地方司法文件亦应当是接下来司法改革所要关注的重点。刑事政策权力的扩张成为我国司法的一个重要特点，特别是在当前特殊的社会情况和司法环境下。因此，进一步约束和规范刑事政策在司法实践中的权力扩张，具有重大的实践意义。笔者认为，约束和规范的一个非常好的切入点，便是对当下近乎泛滥的地方司法文件进行有效管理和统一指引。

二、刑法现代化："严而不厉"刑法结构的形成

德国教授希尔根多夫指出，中国是一个有着特殊历史、文化和政治体制的大国，其体制与西方体制有着本质的区别。因此，认为中国可以直接地继受西方尤其是德国的法律体系，这种观点从一开始就是错误的。① 因此，要寻找适合中国国情的法律制度，得从中国具体的实际出发，比如中国特有的国情和司法制度，在此基础上找寻适合的法律制度。当然，学习和借鉴也是必要的，对德国法律的学习也会给中国的法学理论和法学实践带来巨大的收获。中国有其独特的文化传统和司法制度，一味地照搬他国的理论和制度，在现实中必然会遇到瓶颈。唯有基于现实的考虑，从中国现有社会状况和制度出发，发展适合中国国情的刑法理论和刑罚体系，才能从根本上解决问题。

---

① ［德］埃里克·希尔根多夫著：《德国刑法学：从传统到现代》，江溯等译，北京大学出版社2015年版，作者序第1页。

现代化是一个内涵很宽泛的概念，从政治、经济、文化、社会学等领域，都可以看到对现代化的描述和相关理论研究。现代化理论是西方资产阶级社会思潮的产物，是西方工业化革命之后，随着社会经济的发展，文化界和理论界相应出现的对现代化和现代性的系统研究的产物。"由于现代化是一个包罗宏富、多层次、多阶段的历史过程，很难一言以蔽之，因此从不同的角度研究现代化，自然形成不同的流派。从历史的角度来看，广义而言，现代化作为一个世界性的历史过程，是指人类社会从工业革命以来所经历的一场重大变革，这一变革是以工业化为推动力，导致传统的农业社会向现代工业社会的全球性的大转变过程，它使工业主义渗透到经济、政治、文化、思想等各个领域，引起了深刻的变化；狭义而言，现代化又不是一个自然的社会演变过程，它是落后国家采取高效率的途径（其中包括可利用的传统因素），通过有计划地经济技术改造和学习世界先进技术，带动广泛的社会改革，以迅速赶上先进工业国和适应现代世界环境的发展过程。"① 尽管"现代化"是一个内涵丰富、意蕴深远的词，但刑法现代化却是一个不那么难理解的概念。与社会现代化相对应的，刑法是在社会现代化发展之后，以刑罚理念以及刑罚结构的调整为特点而出现的，刑法适应现代社会需求的发展过程，被称为刑法现代化。概括而言，刑法现代化主要具有以下四个特征：刑法结构从"厉而不严"向"严而不厉"转变，注重刑罚的教育矫治功能，摒弃不人道的刑罚，刑罚结构的科学化。

刑法现代化的本质是刑法结构现代化，具体体现为刑罚结构的科学化。刑法结构由犯罪侧结构和刑罚侧结构组成。其组合的形式，理论上有四种，但事实上只有两种，即严而不厉（刑事法网严密，刑罚不苛厉）和厉而不严（刑罚苛厉，刑事法网不严密）。

---

① 罗荣渠著：《现代化新论——世界与中国的现代化进程》，商务印书馆2004年版，第17页。

罪刑关系不是简单的因果关系，而是复杂的矛盾关系，既相互依存又相互排斥。罪是机体，刑是神经。刑法结构包括犯罪侧结构与刑罚侧结构，刑法作为国家治理体系的组成部分，国家对两侧结构的影响力度和影响方式差异巨大。国家对刑罚侧结构有直接影响，力度强而明显，而对犯罪侧结构仅有间接影响且力度不大。最明显的当属死刑政策，这就是为什么死刑从 19 世纪至今由多到少、由有到无直接反映文明程度的提升，因而成为世界刑法改革发展重要内容的缘由。犯罪从种类到方式方法也在不断变动，但犯罪变动与文明程度没有内在关联，犯罪发展史不是刑法（改革）史。申言之，各种具体犯罪的最重要刑种（刑档上限）决定该罪的刑罚量。因此，总体上有无死刑、死刑多少，决定着刑罚总量。司法实践表明，刑档上限决定刑罚中线，刑罚中线通常成为法官在具体裁量过程中参照的内心秤量。这是一种司法经验，是实践理性。

刑事政策是控制犯罪、调整刑罚量的方式方法之一，最明显的当属死刑政策。这就是为何刑法史，既是刑法发展的历史记载，实质上也是刑罚结构调整和变化的历史，是一部记载着刑罚发展、变化、革新的史书。刑法发展史，以刑罚结构的不断调整，以刑罚适用种类、多寡、占主角的刑罚方式，以及刑罚在社会问题处理中的角色和功能定位等，展现不同的社会状态下国家、社会、民众对刑罚的依赖度、心理期待和情感诉求。惩罚就是公共当局根据独立主体的某些行为对人施加的处罚。当行为主体因为作为或不作为而构成犯罪时，当局就会对其进行惩罚。惩罚是为了使人们的意志更好地服从于权威。[①] 纵观刑罚发展的历程，总体上体现了随着社会文明程度不断演进，刑罚需求发生的变化。随着社会的发展，犯罪也在不断变化和发展，新型犯罪是现代社会科技和社会交往模式发展变化之后产生的犯罪类型。总体而言，犯罪是有害行为，不管是犯

---

① ［英］霍布斯著：《利维坦》，张妍、赵闻道译，湖南文艺出版社 2011 年版，第 182 页。

罪的类型样态还是方式方法，都是有害人类健康活动的行为。研究犯罪的目的是为了应对犯罪问题，从方法上找寻解决犯罪问题的途径。因此，犯罪演变史绝非刑法史，刑罚演变史则集中体现为刑法发展的方向脉络。

刑法现代化表现为刑法结构中犯罪与刑罚量化组合的调整和变化，通过不同时期之不同刑事政策对刑事立法和刑事司法的指引，刑法结构在不同的社会发展阶段呈现出阶段性的特点。国家治理体系、治理能力现代化是刑法现代化的应有之义。刑法现代化体现为刑法结构的调整以及刑法立法模式的转变。事物（系统）的性质取决于事物的结构，结构影响功能。因此，刑法学的发展和变化，其核心体现为对刑法结构的调整，不管是宏观还是具象的观察，都能看到随着刑法现代化的发展，刑法结构呈现出有特点的调整和变化。

刑法结构分为形式结构与实质结构。形式结构是指刑法总则与分则的组合，实质结构是指法定犯罪圈与法定刑罚量的组合（即二者的配置状况）。法定犯罪圈即刑事法网严密程度，法定刑罚量即刑罚苛厉程度。古往今来，法网"严"密程度与刑罚苛"厉"程度的搭配组合大概存在四种模式。严与厉是相对的，但不是没有度的。当二者出现结构性冲突时，刑法危机也将随之发生。刑法的实质结构是刑法功能的客观根据，刑法结构是刑事政策的集中反映，刑法结构是刑法改革的基础主题。[1] 从刑法理论看，刑法越发展，越能超越简单的报应，突破以恶治恶的恶性循环，找寻社会治理的良方。刑罚并不是越多越好，尽管有罪必罚是普通民众都能持有的朴素正义观，但如何处罚却成为刑法学界和实务界需要思索和改进之处。刑罚的表现形式正随着社会的发展呈现规律性的变化，而在不同的国家又体现出不同的特点。以各国社会情状为背景，刑

---

① 储槐植：《严而不厉：为刑法修订设计政策思想》，载《北京大学学报（哲学社会科学版）》1989 年第 6 期。

罚的发展呈现出某些国际性的共性和地区性的个性。这种共性具体体现为：随着监禁刑取代肉刑和生命刑成为刑罚结构的主要支撑，开放型的刑罚方式正日益增多。在不久的将来，开放型的刑罚方式很可能会取代监禁刑成为刑罚结构中主要的刑罚方式。目前，我国刑罚结构的调整主要表现为：非监禁刑的司法适用正日益增多，轻微犯罪在立法中比例上升，法定犯不断增加。在我国，管制、缓刑、假释等刑罚适用社区矫正方式对犯罪人进行教育改造。基于目前我国社区的特点和独特的发展阶段，我国的非监禁刑适用呈现出具有中国特色的样态。特别是管制刑的适用和发展，更是体现了我国刑罚结构的一大特殊性。

综上，我国刑法正在从以前基于重刑思想而长期存在的"厉而不严"的刑法结构，朝着"严而不厉"的刑法结构转变。事实证明，"厉而不严"的刑法结构，其缺陷很多，在运行过程中也给刑事司法和社会带来了诸多负面效应，且违背了刑法发展的规律。"厉而不严"的刑法结构的特点为：法网疏漏，是非模糊（腐蚀守法精神，污染法治环境），刑罚偏重（过犹不及），资源浪费（呈现经济学上的边际效应），等等。"厉而不严"的刑法结构主要出现在重刑主义和报应思想严重的国度，其对国家的负面影响比较大。随着社会的发展，"厉而不严"的刑法结构处在不断变化和调整中，并逐渐被"严而不厉"的刑法结构取代。因此，我国刑法的发展路径是，改变"厉而不严"的刑法结构，朝着"严而不厉"的刑法结构发展。图7-1总结了厉而不严的刑法结构的主要弊端，从图7-1可以看出，"厉而不严"的刑法结构是抵牾刑法历史演进潮流的，最终会被"严而不厉"的刑法结构所替代。

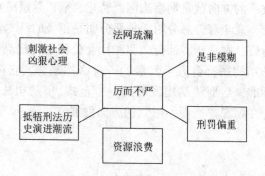

图 7 – 1　"厉而不严"刑法结构的弊端示意图

"严而不厉"的刑法结构是我国刑法现代化发展的目标和方向，也是目前我国刑罚改革奋斗的目标。"严而不厉"的刑法结构，符合社会发展规律，法网严密，善恶分明，道德底线刚性化。如图 7 – 2 所示，"严而不厉"的刑法结构，其特点为：刑罚轻缓，人道文明，强化社会正义，促成公众养成守法习惯（培养规则意识），善恶分明，适应社会发展规律。故，"严而不厉"的刑法结构是我国刑法现代化的一个重要特点。"严而不厉"的刑法结构体现的刑罚轻缓化，在我国的表现是：立法上，严密刑事法网，入罪门槛降低，犯罪圈扩大，但刑罚惩罚的严厉程度也总体降低；司法裁量上，轻微刑事案件增多，5 年以下有期徒刑、缓刑、管制、拘役、单处附加刑的判决比例逐年上升。开放型刑罚运用渐多，总体上体现了我国刑罚轻缓化，刑事法网进一步严密等重要特点。严密法网的主要价值在于使罪犯难逃法网，利于控制犯罪。严密法网主要取决于犯罪态势和刑事政策的变动。刑事实体法的严密是指立法技术的严密以及刑法思想由结果主义向行为主义转变，刑事程序法上被害人保护得到重视以及保安处分的设置。① 两百多年来，世界

---

①　赵秉志主编：《中国资深刑法学家》，法律出版社 2015 年版，第 83 页。

各国刑法改革的方向就是刑事法网严密化、刑罚总量减轻。因为刑事法网严密，意味着善恶分明，善恶分明是正义的基本要求。如果刑法过于苛厉，则意味着社会文明和社会公德有待提高。"严而不厉"的刑法结构是符合人类发展的一种必然趋势，它符合现代社会的发展标准，是刑法结构发展的一个范式。① 从司法实践来看，我国刑法正在朝着"严而不厉"的方向发展。

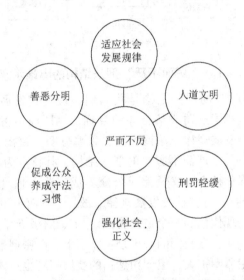

图7-2　"严而不厉"刑法结构的特点示意图

三、刑罚轻缓化：案件繁简分流，优化司法资源配置

在诸多死刑罪名被废除之前，司法实践可能已经在刑事政策的指引下，较少或基本不适用死刑。因此，通过立法取消某些罪名的死刑，尽管在实质上并不会太多影响司法对该类罪名适用死刑的情

---

① 储槐植：《走向刑法的现代化》，载《井冈山大学学报（社会科学版）》2014年第4期。

况，但依然具有相当的理论和实践价值。刑罚结构的调整，首先体现为立法上刑罚的配置，进而体现为司法裁量中刑罚量的选择。刑事立法是立法权对刑罚配置的第一次分配，司法是在现有立法下对刑罚量的理性选择，两者是不同层面、不同性质的问题。

党的十八届三中全会决定"逐步减少适用死刑罪名"，是从"完善人权司法制度，国家尊重和保障人权"的宪法高度提出的。进而，观察立法对司法的昭示效应：各种具体犯罪的最重刑种，如刑档上限决定该罪的刑罚严厉层次，亦决定该罪立法意义上的刑罚量。因此，总体上有无死刑、死刑多少，决定了刑罚结构中对生命刑的依赖程度，更体现了刑罚总量在坐标轴上的位置。

在我国刑罚结构中，最有特点的刑种为管制刑，从实践适用情况看，目前管制刑适用率非常低。尽管管制刑在我国历史上发挥了很大作用，并以中国特有的刑罚方式存在了几十年，但目前来看，对管制刑的改革势在必行。图7-3是2009—2014年我国管制刑适用的人数及所占比例情况，总体上管制刑适用比例基本保持在1%以上2%以下，且呈现逐渐下降的趋势。

尽管《刑法修正案（八）》《刑法修正案（九）》增加了罪名，扩大了犯罪圈，但总体目标是不加重刑罚，继而形成"严而不厉"的刑法治理模式。具体体现为：消减了22个死刑罪名，立法上减少最终刑种，司法相应地降低刑罚总量；刑事程序改革对刑事实体的减负效应；使用高科技提高破案率，从而提高刑罚的威慑效应。近年来的司法实践表明，刑罚总量（严苛的刑罚，以徒刑来计）呈现出总体下降的趋势。

图 7 – 3　　2009—2014 年全国判处管制刑情况分析图

从时间的纵坐标来看，我国刑罚结构在朝着更加轻缓的方向调整。生命刑的依赖度逐渐降低，自由刑中各刑种适用的比例也在不断调整，非监禁刑的适用有上升趋势。近几年来，全国法院的审判执行情况表明，宣告刑为重刑（5 年以上有期徒刑至死刑）的，占刑罚总量的比例逐年下降；轻刑（5 年以下有期徒刑、缓刑、拘役、管制）所占刑罚总量的比例逐年上升。可以看出，在我国刑罚适用过程中，刑罚量呈现出具有历史特点的规律性变化。特别是在刑法现代化席卷全球、刑罚改革浪潮一浪高过一浪的 21 世纪，我国对刑罚结构的调整，既体现为立法层面的调整，又体现为司法裁量中对某些轻刑刑种（非监禁刑）的趋向性选择，以及对某些重刑刑种（生命刑）的回避性选择。这种选择，既是实践理性的体现，更是刑罚结构调整中具有规律性和客观性的历史选择。

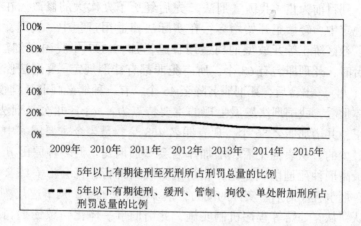

图 7 - 4　2009—2015 年全国刑事生效判决情况分析图

从实证情况看，2009—2015 年，被判处 5 年以下有期徒刑、缓刑、管制、拘役、单处附加刑的人数在司法实践中逐年增加，且所占比例也逐年增加，从 2009 年的 81.85% 增加到 2015 年的 89.09%。因为我国判决基数较大，比例的上升能直接反映出我国轻型犯罪在实际犯罪中的数量大幅度增加。可见，刑罚的轻缓化趋势明显。

图 7 - 5　2009—2015 年全国判处 5 年以下有期徒刑、缓刑、管制、拘役、单处附加刑情况分析图

到目前为止，我国《刑法》先后经历了九次大的修改。在立法规定中，轻微犯开始增多；在实际法律适用过程中，缓刑、假释、社区矫正等开放型刑罚适用日趋增加。1997 年我国《刑法》出台时，死刑罪名有 68 个，所有犯罪都有徒刑规定。《刑法修正案（九）》出台后，死刑罪名降至 46 个，有三种罪最高刑是拘役。总体上看，我国刑法发展呈现的主要特点为：（1）九次《刑法》修正，共增加罪名 56 个，现有罪名 468 个，是当今主要国家中罪名最少的。从表面上看，增加罪名会增加刑罚，但多种原因（比如最高刑种死刑削减，宽严相济刑事政策推行，社会治安综合治理，刑事程序对刑事实体的助力，诸多降低逮捕率、刑事速裁、认罪认罚从宽处罚等程序机制实施，此谓刑事一体化）致使刑罚总量在下降（参见 2009 年（启动修八）至 2015 年最高人民法院公报），刑罚逐渐轻缓，弘扬了人道文明精神。（2）增加罪名，严密刑事法网。治小罪、防大害，在客观上产生社会效益。例如，2016 年春运 40 天，共查处各类交通违法 4629 万起，其中查处酒驾 3.1 万起、醉驾 4279 起，由此导致的事故死亡人数下降 40%。[①] 总体看，《刑法修正案（九）》新增加的罪名以轻罪居多，而在轻罪的适用过程中，又以适用缓刑为多数。调研显示，诸多法院在处理醉酒驾驶时，缓刑适用率达到了 80%。由此可以看出，在刑罚适用过程中，开放型刑罚在逐渐增多，这种发展趋势也正好与国际刑罚发展趋势趋同。

从我国 2015 年刑事判决的情况看，刑罚轻缓化处理的特点尤为明显。从图 7-6 可以看出，2015 年我国刑事判决情况为：生效判决总人数有 1214675 人；判处 5 年以上有期徒刑至死刑的人数有 115464 人；判处 5 年以下有期徒刑的人数有 541913 人；判处管制、缓刑、拘役的人数有 556259 人；宣告无罪的人数有 1039 人。在上述轻刑犯中呈现出一个重要特点：管制、缓刑、拘役的开放型

———

① 《春运 40 天事故死亡降二成》，载《法制日报》2016 年 3 月 6 日。

刑罚处置人数（556259 人）正在超过被判处 5 年以下有期徒刑而被监禁的人数（541913 人，假定被判处 5 年以下有期徒刑的人数，都没有出现假释的情况）。而如果考虑刑罚执行过程中的减刑、假释等问题，则现实中我国开放型刑罚的刑罚量已经逐渐上升到一个非常大的比例。一般而言，开放型刑罚的适用随着轻刑犯的增加而增加。现代刑法认为，只有少数重刑犯有必要对其采取监禁刑；而对轻刑犯，为了使其在服刑完毕后能更好地适应和回归社会，采用半开放式或开放式的刑罚处遇更符合人道、经济等现代刑罚理念的要求。

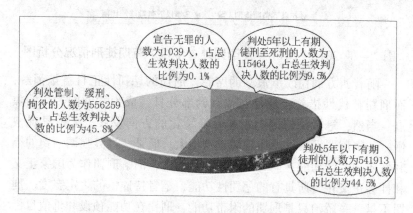

图 7 - 6　2015 年全国刑事判决情况分析图

　　近年来，在我国刑事判决中，缓刑等非监禁刑适用比例逐年上升。这种状况的出现，既与刑罚理念的轻刑化有直接关系，也与我国文化中报应思想的减弱以及教育刑理念的传播和深入影响有直接关系。从图 7 - 7 可以看出，随着人数和总体比例的逐年上升，轻刑化在我国司法实践中已成为一个不言自明的事实。这既是我国刑法继续朝着"严而不厉"方向前行的写照，也是我国刑法现代化进程中轻刑犯增多、非监禁刑适用增多的真实写照。

图7-7 2011—2014年全国判处3年以下有期徒刑情况分析图

　　随着西方刑罚改革浪潮的席卷，刑罚的惩罚性正日益被消解，而刑罚替代性措施中矫治和福利的部分日益成为学者们关注的焦点。当然，笔者深信刑罚正朝着轻缓化的方向发展，无论早晚快慢，各国刑罚发展的总体趋势差别不大。但是，过分强调刑罚的福利性质和矫治功能，而忽视刑罚的惩罚性，消解刑罚作为国家正义和社会正义化身所具有的惩罚性功能，笔者持谨慎的否定态度。刑罚不是善，矫治只是刑罚的附带功能，刑罚在功能预设和价值目标选择上本来就是有限而谦抑的。刑罚绝非万能，更不是现代国家失业者、暴力狂、犯罪分子找寻社会温暖和救济的福利措施。就其本质而言，刑罚依旧是刑罚，其天然的痛苦性和剥夺性并不因犯罪人的身份地位而有所改变，更不会因为现代社会文明程度的递增而发生质的变化。尽管在现代社会，刑罚的表现形式变得更为温和，甚至在某些场合被披上了"救赎者"的红色礼服，但刑罚的本质依然不会改变。刑罚所具有的痛苦、羞辱、负面评价以及惩罚的强制性、剥夺性等特点，是刑罚的本质内涵，不会因刑罚表现形式的变化而变化。

　　随着我国刑法的现代化，刑罚轻缓化已成为一个客观事实。而劳教制度的废止、轻微刑事案件的增多等现实问题，使得实践中微罪判决比例逐年上升。从上文的统计数据亦可以看出，近年来全国被判处 3 年以下有期徒刑、缓刑、管制、单处附加刑刑罚的人数比例逐年上升。为了与此变化相适应，相应的司法配套措施也应运而生，比如轻微犯罪快速处理机制的建立和完善，对案件进行繁简分流，优化司法资源配置，等等。对一些相对简单的轻微犯罪，在诉讼程序和裁判速度方面，需提升效率，以适应现实的需求。毕竟，对于司法实践中人少案多的现状，需要有客观的司法应对机制。同时，又要在理性范围内实现刑法所追求的罪刑均衡。

第四节　罪刑均衡的实现：继续 践行刑事一体化

我国刑法、刑法修正案、刑事诉讼法和从统一量刑标准、规范法官的自由裁量权、实现量刑公正目的出发而制定的《关于规范量刑程序若干问题的意见（试行）》，以及为实施量刑指导意见而印发的通知，最高人民法院、最高人民检察院、公安部、国家安全部、司法部印发的规范量刑的通知和《关于加强协调配合积极推进量刑规范化改革的通知》等文件确立的量刑规则，显示了我国系从实体、程序和技术几个层面来保障量刑公正的。[①] 可以看出，罪刑均衡问题，既是实体法的问题，又是程序法的问题。如何解决罪刑均衡问题，需要运用实体与程序相结合的方法，加以系统研究和把握。罪刑均衡是刑法正义的具体体现，而实现罪刑均衡，既需要理论与实践的结合，更需要实体法与程序法的通力配合。如此，方能实现真正意义上的量刑公正。

---

① 李荣著：《公正量刑保障机制研究》，中央民族大学出版社 2013 年版，第 212 页。

当前，惩罚正义在我国民众心中有着根深蒂固的影响。尽管刑罚现代化改革在我国已经运行了几十年，但是民众对于正义的解读很难摆脱因果报应的诠释，而预防刑理论的宣传和启蒙仍然有待加强。就刑罚理念而言，既要紧随国际文化发展的潮流，又不能离开本国的实际。因此，就我国而言，首当其冲的是研究出一套适合本国国情的刑罚理论。然后，在本国刑罚理论的指引下，引导和规范刑事司法，并在司法裁量的过程中，贯通这种刑罚理论。如此，理论与实践的量刑互动方能形成，并在彼此作用的基础上相互促进，形成真正适合我国司法状况的刑罚理论，同时促进真正适合我国国情的司法体制的形成。近些年进行的量刑规范化改革，其初衷和目标就是为了实现量刑的公正和均衡。① 这场改革主要从以下几个方面进行：一是统一量刑的方法和步骤。改变传统"估算"式的量刑方法，将量刑步骤分为三步，第一步确定量刑起点，第二步确定基准刑，第三步确定宣告刑，从而使量刑过程一目了然。二是统一部分常见量刑情节的适用标准。将量化引入量刑机制，将法定量刑情节进行量化，将酌定量刑情节进行固化，如将 14 种常见量刑情节的调节幅度予以明确，同时规定一些个罪量刑情节的调节幅度，统一量刑情节的适用标准。三是统一规范 15 种常见犯罪不同法定刑的量刑起点幅度，对宽泛的法定刑幅度进行合理细分，保证量刑的基础不会偏离大的方向。四是明确各种犯罪增加刑罚量的根据。试行情况充分证明，这些改革措施使得量刑更加公正和均衡，改革达到了预期目的，② 也即通过以上对量刑程序的规范和细化，使得量刑更加公正，基本上做到了量刑的均衡。

在目前的司法改革中，既有学者建议从实体上规范刑罚的裁量

---

① 南英主编：《量刑规范化实务手册》，法律出版社 2014 年版，第 7 页。
② 南英主编：《量刑规范化实务手册》，法律出版社 2014 年版，第 7 页。

过程，又有学者建议从程序上进行调整以实现罪刑均衡。① 纵观世界各国的刑事法学研究，刑法学与刑事诉讼法学研究紧密结合的国家占大多数，很多刑法学研究者既是实体法学者，同时亦研究程序法问题，将二者结合在一起研究是刑事法研究的一个特点。比如，刑法学研究中常用的犯罪构成概念，其最早便是在为了解决刑事诉讼法中如何定罪问题时出现的。因此，犯罪论理论的出现，是基于刑事诉讼实践中定罪和量刑的需要。具体到实践，中国的刑事法学研究，将实体法与程序法明显地割裂开来，从而出现研究不深入、不全面的问题。对于罪刑均衡的问题，笔者认为，既要从刑法理论上进行研究，又要从程序法上进行考究。实体法与程序法结合起来研究，融会贯通，方能真正从根本上解决罪刑均衡问题。

刑罚不是理论的发明，而是在表现一种社会实践。② 客观而言，我国的刑罚体系是一个相对比较粗糙的粗放型刑罚体系。体现在司法上，个罪的罪与罚之间的关系缺乏相应的论证；体现在立法上，个罪与个罪之间的刑罚比例分配亦有失衡之处。同时，就具体个罪而言，诸多罪名设置存在不合理之嫌，且量刑幅度过于粗放，甚至比较随意。我国的立法现状自然有其存在的历史和客观原因，理论研究的滞后以及前进的艰难，是刑法学界有目共睹的事实。学者们曾用"突围"这样的词语，描述刑法学发展历程的艰辛。具体到我国的刑罚理论和实践，不单刑罚体系是粗放型的，对刑罚理论的研究也非常欠缺。就刑罚理论而言，既没有形成立足于中国自己文化特点的刑罚哲学体系，更没有成熟而精细的刑罚理论阐述。整个刑罚理论的研究相对都比较粗放。故，在司法实践中问题重重、障碍重重，方方面面都需要努力。

---

① 陈瑞华著：《量刑程序中的理论问题》，北京大学出版社 2011 年版，第 103 页。

② ［德］米夏埃尔·帕夫利克著：《人格体 主体 公民：刑罚的合法性研究》，谭淦译，中国人民大学出版社 2011 年版，第 6 页。

比较各国的庭审模式，美国和英国在庭审程序方面采用定罪程序与量刑程序相分离的模式。就美国和英国法律来说，定罪和量刑是两个不同的问题，因此定罪程序和量刑程序应当区分开，行为人被确定有罪之后再启动量刑程序。在量刑程序中，公诉人保持中立，同时定罪程序和量刑程序中所采用的证据规则都会不一样。这种定罪程序与量刑程序相分离的模式，加大了对量刑的考查和重视。控辩双方可以就量刑问题充分发表意见，也有利于法官获取更多的量刑资料，有助于量刑公正。[①] 在我国，定罪程序与量刑程序是浑然一体的，并不存在定罪程序与量刑程序的明确区分。而且，法官定罪与量刑的概念，似乎只是在理论层面有具体区分。我国、德国和日本都采用这种定罪程序与量刑程序一体化模式。从欧陆法系的刑法学重定罪轻量刑的研究倾向也能看出，定罪问题很多时候包括了量刑问题，而成为刑法学研究的核心。一体化模式下的刑法理论认为，定罪与量刑是一个问题的两个方面，不能随意将其分开。这种思维习惯，导致量刑问题被淹没于定罪问题的研究中，很难真正浮出水面。在这种一体化模式下，定罪与量刑是裹挟在一起的司法过程。外人很难准确地知道法官对一个行为的评判到底是定罪在前，还是量刑在前，抑或二者同时进行。对某些存在证据瑕疵，或者可能因为证据上的问题，会让嫌疑人归于无罪的案件，法官是否在量刑上有从轻或减轻的考虑？基于这种定罪与量刑一体化模式，也有学者提出相对独立的量刑模式，即通过律师的充分参与，维护被告人的合法权益，以实现实质意义的罪刑均衡。[②] 笔者认为，在我国刑事司法缺乏足够的透明度和规范的情况下，在立法和制度性变革一时难以推进的时候，首先从程序上进行推进，的确

---

① 李荣著：《公正量刑保障机制研究》，中央民族大学出版社 2013 年版，第 235 页。

② 陈瑞华著：《量刑程序中的理论问题》，北京大学出版社 2011 年版，第 49—55 页。

是一条快捷且能立竿见影的方式。然而，目前我国律师在刑事辩护中发挥的作用太过有限。事实上，通过律师的参与，推动量刑程序的透明化和公开化，以推进罪刑均衡的实现，亦是一条可行的道路。

当然，问题的根本解决还在于实现实体法立法上的罪刑相对均衡，以及在司法裁量中对法官自由裁量权的制度性规范和指引。而对法官自由裁量权的规范，需要行政、司法、监督等各个领域的通力合作。目前来看，在罪刑法定原则的要求下，要实现罪刑均衡，则更多依赖于法官的专业素养和自我约束，需要法官适当运用自由裁量权，根据个案的具体情况找寻到对应的合适刑罚，以实现刑法的基本正义。如果能从程序上规范法官的自由裁量权，在制度设计上使律师能更多地参与量刑的讨论和辩论，对实现罪刑均衡亦有积极意义。

21世纪的中国刑法学，已经逐渐摆脱之前有无"良法"的立法论思维模式，转向了司法中心时代。现时代，中国刑法学的核心是刑法教义学，即在认可现行刑事立法的基础上，用法律人的智慧和良知力求实现实质正义。通过论证，对于中国刑法来说，笔者相信刑法教义学是实现法治的最佳途径。目前的中国，虽然立法技术还有待提高，但立法已基本完善。当前，最应该做的是尽量用各种技巧解释刑法，而不是言必称立法建议，完善立法。法律是有限且抽象的表述，现实世界纷繁复杂，以抽象而有限的法规范应对无限之复杂世界之种种事件，着实需要法律人的睿智和胆识。法官在进行解释的时候，是一种立足于现行法律及客观事实的价值判断和价值选择。而刑法教义学的核心在于刑罚理念的把握和养成，即我们常说的法律人的良知。行为是否应当受到刑法的制裁以及在何种程度上受到刑罚的处罚，很大程度上成为法官基于现行法规范的一种价值选择，即良心定夺。决定这种良心之选择和判断的，正是源于根植于其内心的刑罚理念。一个人是坚持报应的思想，还是主张对犯罪人进行教育改造，并从思想上原谅和宽容犯罪人，不同的倾向决定了价值选择时不同的方向，而导致其可能会选择不一样的解释路径和方法。比如，坚持绝对报应刑的人，基本上会是一个重刑主义者；而坚持教育刑的人，会更多地考虑刑罚的效果和真正目的，从特殊预防的角度考虑之后，更倾向于选择刑法的谦抑性，而偏向无罪或不处罚的方向解释。

当如何实现罪刑均衡的问题日益成为一个司法命题，通过包括司法制度、刑事诉讼法在内的刑事一体化践行，不断规范和引导司法实践，提炼适合中国国情的司法经验，以又快又好的形式实现刑法所追求的罪刑均衡，便成为中国司法的现实选择。近几个月来出台的几个重要文件，包括最高人民法院、最高人民检察院《关于办理贪污贿赂刑事案件适用法律若干问题的解释》，最高人民法院《关于加强和规范人民法院国家司法救助工作的意见》，最高人民法院、最高人民检察院、公安部、国家安全部、司法部《关于推进以审判为中心的刑事诉讼制度改革的意见》等，都是在司法实践中非常重要的指导性文件。在践行刑事一体化的过程中，探索和努力已然成为司法的常态。而真正实现罪刑均衡，找寻一条符合中国国情和司法制度的司法路径，依然是任重而道远。当然，笔者亦希望本书的写作能给中国的司法带来些许正能量，在推动司法改革和践行刑事一体化的道路上，且行且珍惜。同时，也祝福中国的司法改革，能带给中国法治一个温暖而明媚的春天。

主要参考文献

一、中文著作

1. 林山田著:《刑罚学》,台湾商务印书馆 1983 年版。

2. 中央文献研究室编:《建国以来毛泽东文稿》(第 1 册),中央文献出版社 1987 年版。

3. 中央文献研究室编:《建国以来毛泽东文稿》(第 2 册),中央文献出版社 1988 年版。

4. 马克昌主编:《刑罚通论》,武汉大学出版社 1991 年版。

5. 樊凤林主编:《刑罚通论》,中国政法大学出版社 1994 年版。

6. 肖扬主编:《中国刑事政策和策略问题》,法律出版社 1996 年版。

7. 邱兴隆著:《刑罚理性评论——刑罚的正当性反思》,中国政法大学出版社 1999 年版。

8. 何秉松主编:《刑法教科书(上卷)》,中国法制出版社 2000 年修订版。

9. 翟中东著:《刑罚个别化研究》,中国人民公安大学出版社 2001 年版。

10. 张明楷著:《刑法的基本立场》,中国法制出版社 2002 年版。

11. 北京大学法学院编：《刑事法治的理念构建》，法律出版社2002年版。

12. 杨师群著：《东周秦汉社会转型研究》，上海古籍出版社2003年版。

13. 张明楷著：《刑法学》（第二版），法律出版社2003年版。

14. 冯象著：《政法笔记》，江苏人民出版社2004年版。

15. 张丽卿著：《司法精神医学：刑事法学与精神医学之整合》（第二版），台湾元照出版有限公司2004年版。

16. 罗荣渠著：《现代化新论：世界与中国的现代化进程》，商务印书馆2004年版。

17. 白建军著：《罪刑均衡实证研究》，法律出版社2004年版。

18. 刘祖云主编：《社会转型解读》，武汉大学出版社2005年版。

19. 刘远著：《刑事政策哲学解读》，中国人民公安大学出版社2005年版。

20. 田科等编著：《法的价值与悖论》，群众出版社2006年版。

21. 卓泽渊著：《法的价值论》（第二版），法律出版社2006年版。

22. 张文显著：《二十世纪西方法哲学思潮研究》，法律出版社2006年版。

23. 赖早兴著：《刑法平等论》，法律出版社2006年版。

24. 黄荣坚著：《基础刑法学（上）》，台湾元照出版有限公司2006年修订版。

25. 邓正来著：《中国法学向何处去——建构"中国法律理想图景"时代的论纲》，商务印书馆2006年版。

26. 郑戈著：《法律与现代人的命运：马克斯·韦伯法律思想研究导论》，法律出版社2006年版。

27. 梁根林主编：《刑法方法论》，北京大学出版社2006年版。

28. 汪明亮著：《审判中的智慧：多维视野中的定罪量刑问

题》，法律出版社 2006 年版。

29. 熊永明、胡祥福著：《刑法谦抑性研究》，群众出版社 2007 年版。

30. 储槐植著：《刑事一体化论要》，北京大学出版社 2007 年版。

31. 吕清著：《审判外刑事案件处理方式研究》，中国检察出版社 2007 年版。

32. 周少华著：《刑法理性与规范技术——刑法功能的发生机理》，中国法制出版社 2007 年版。

33. 王皇玉著：《刑罚与社会规训：台湾刑事制裁新旧思维的冲突与转变》，台湾元照出版有限公司 2008 年版。

34. 臧冬斌著：《量刑的合理性与量刑方法的科学性》，中国人民公安大学出版社 2008 年版。

35. 张明著：《量刑基准的适用》，法律出版社 2008 年版。

36. 马克昌主编：《近代西方刑法学说史》，中国人民公安大学出版社 2008 年版。

37. 张心向著：《在规范与事实之间——社会学视域下的刑法运作实践研究》，法律出版社 2008 年版。

38. 黎宏著：《日本刑法精义》（第二版），法律出版社 2008 年版。

39. 沈海平著：《寻求有效率的惩罚——对犯罪刑罚问题的经济分析》，中国人民公安大学出版社 2009 年版。

40. 胡云腾主编：《中美量刑改革国际研讨会文集》，中国法制出版社 2009 年版。

41. 雷小政著：《法律生长与实证研究》，北京大学出版社 2009 年版。

42. 林东茂著：《一个知识论上的刑法学思考》（增订三版），中国人民大学出版社 2009 年版。

43. 翟中东著：《刑罚问题的社会学思考：方法及运用》，法律出版社 2010 年版。

　　44. 张小虎著：《刑罚论的比较与建构》，群众出版社 2010 年版。

　　45. 舒国滢著：《法哲学：立场与方法》，北京大学出版社 2010 年版。

　　46. 周永坤著：《法理学——全球视野》（第三版），法律出版社 2010 年版。

　　47. 杨炼著：《立法过程中的利益衡量研究》，法律出版社 2010 年版。

　　48. 陈兴良著：《教义刑法学》，中国人民大学出版社 2010 年版。

　　49. 郑永流著：《法是一种实践智慧：法哲学和法律方法论文选》，法律出版社 2010 年版。

　　50. 吴宗宪主编：《中国刑罚改革论（上册)》，北京师范大学出版社 2011 年版。

　　51. 卢建平著：《刑事政策与刑法变革》，中国人民公安大学出版社 2011 年版。

　　52. 任大川著：《道德困境与超越——精神、秩序及私欲》，江西人民出版社 2011 年版。

　　53. 李瑞生著：《中国刑罚改革的权力与人文基础研究》，中国人民公安大学出版社 2011 年版。

　　54. 熊选国主编：《量刑规范化办案指南》，法律出版社 2011 年版。

　　55. 汪明亮著：《社会资本与刑事政策》，北京大学出版社 2011 年版。

　　56. 张明楷著：《刑法学》（第四版），法律出版社 2011 年版。

　　57. 陈瑞华著：《量刑程序中的理论问题》，北京大学出版社 2011 年版。

　　58. 汪世荣等著：《新中国司法制度的基石》，商务印书馆

2011 年版。

59. 徐光华著：《刑法文化解释研究》，北京：中国政法大学出版社 2012 年版。

60. 陈兴良著：《刑法的知识转型【学术史】》，中国人民大学出版社，2012 年版。

61. 张苏著：《量刑根据与责任主义》，中国政法大学出版社 2012 年版。

62. 张晶著：《风险刑法：以预防机能为视角的展开》，中国法制出版社 2012 年版。

63. 赵志华著：《论刑罚轻缓化的实现途径》，人民法院出版社 2012 年版。

64. 袁江华著：《马克思主义刑罚思想中国化论纲》，知识产权出版社 2012 年版。

65. 屈学武主编：《刑法改革的进路》，中国政法大学出版社 2012 年版。

66. 雷磊著：《规范理论与法律论证》，中国政法大学出版社 2012 年版。

67. 赵秉志主编：《刑罚体系结构的改革与完善》，北京师范大学出版社 2012 年版。

68. 余振华著：《刑法总论》（第二版），台湾三民书局 2013 年版。

69. 周振杰著：《日本刑法思想史研究》，中国法制出版社 2013 年版。

70. 王立峰著：《惩罚的哲理》（第二版），清华大学出版社 2013 年版。

71. 周光权著：《刑法客观主义与方法论》，法律出版社 2013 年版。

72. 季卫东著：《大变局下的中国法治》，北京大学出版社 2013 年版。

73. 梁上上著：《利益衡量论》，法律出版社 2013 年版。

74. 杨春然著：《刑法的边界研究》，中国人民公安大学出版社 2013 年版。

75. 杨兴培著：《反思与批评：中国刑法的理论与实践》，北京大学出版社 2013 年版。

76. 武建敏著：《马克思法哲学的当代阐释》，中国检察出版社 2013 年版。

77. 房清侠著：《刑罚变革探索》，法律出版社 2013 年版。

78. 李荣著：《公正量刑保障机制研究》，中央民族大学出版社 2013 年版。

79. 郭豫珍著：《量刑与刑量：量刑辅助制度的全观微视》，台湾元照出版有限公司 2013 年版。

80. 刘志伟、周国良编：《刑法规范总整理》（第七版），法律出版社 2014 年版。

81. 南英主编：《量刑规范化实务手册》，法律出版社 2014 年版。

82. 白建军著：《法律实证研究方法》（第 2 版），北京大学出版社 2014 年版。

83. 龙腾云著：《刑罚进化研究》，法律出版社 2014 年版。

84. 李林、莫纪宏等著：《中国法律制度》，中国社会科学出版社 2014 年版。

85. 王利宾著：《刑罚的经济分析》，法律出版社 2014 年版。

86. 楼伯坤著：《犯罪行为学基本问题研究》，法律出版社 2014 年版。

87. 陈京春著：《刑事和解制度研究：以刑事实体法为视角》，法律出版社 2014 年版。

88. 周光权著：《刑法学的向度——行为无价值论的深层追问》（第二版），法律出版社 2014 年版。

89. 储槐植：《严而不厉：为刑法修订设计政策思想》，载《北京大学学报》（哲学社会科学版），1989 年第 6 期。

90. 俞可平：《马克思的市民社会理论及其历史地位》，载《中国社会科学》1993 年第 4 期。

91. 苏力：《关于市场经济和法律文化的一点思考——兼评"市场经济就是法律经济"》，载《北京大学学报（哲学社会科学版)》1993 年第 4 期。

92. 张明楷：《论刑法的谦抑性》，载《法商研究（中国政法学院学报)》1995 年第 4 期。

93. 邱兴隆：《折衷刑的理性反思》，载《法学评论》1999 年第 3 期。

94. 张明楷：《新刑法与并合主义》，载《中国社会科学》2000 年第 1 期。

95. 储槐植：《议论刑法现代化》，载《中外法学》2000 年第 5 期。

96. 杨建顺：《宪政与法治行政的课题》，载《人大法律评论》2001 年第 1 期。

97. 曲新久：《论刑罚的惩罚性》，载《山东审判（山东法官培训学院学报)》2004 年第 1 期。

98. 吴景芳：《刑罚与量刑》，载《法律适用》2004 年第 2 期。

99. 白建军：《裸刑均值的意义》，载《法学研究》2010 年第 6 期。

100. 张天虹：《量刑公正及判断标准》，载《法学杂志》2011 年第 2 期。

101. 储槐植：《死刑司法控制：完整解读刑法第四十八条》，载《中外法学》2012 年第 5 期。

102. 周光权：《价值判断与中国刑法学知识转型》，载《中国社会科学》2013 年第 4 期。

103. 上海市嘉定区人民检察院课题组：《劳动教养废止的挑战及应对研究》，载《法制与社会》2013 年第 36 期。

104. 张明楷：《简评近年来的刑事司法解释》，载《清华法学》2014 年第 1 期。

105. 储槐植：《走向刑法现代化》，载《井冈山大学学报（社会科学版）》2014 年第 3 期。

106. 胡云腾、周加海、周海洋：《〈关于办理盗窃刑事案件适用法律若干问题的解释〉的理解与适用》，载《人民司法（应用)》2014 年第 15 期。

107. 黄宗智：《道德与法律：中国的过去和现在》，载《开放时代》2015 年第 1 期。

108. 刘仁文：《后劳教时代的法治再出发》，载《国家检察官学院学报》2015 年第 2 期。

109. 赵秉志、商浩文：《论劳动教养制度的废止与刑法调整》，载《法律科学（西北政法大学学报)》2015 年第 3 期。

二、译　著

1. 中央编译局编：《马克思恩格斯全集》（第四卷），人民出版社 1958 年版。

2. ［德］黑格尔著：《法哲学原理》，范扬、张企泰译，商务印书馆 1961 年版。

3. 中央编译局编：《列宁全集》（第 34 卷），人民出版社 1985 年版。

4. 中央编译局编：《列宁全集》（第 37 卷），人民出版社 1986 年版。

5. 中央编译局编：《列宁全集》（第 52 卷），人民出版社 1988 年版。

6. ［德］伽达默尔著：《赞美理论——伽达默尔选集》，夏镇平译，上海三联书店 1988 年版。

7. ［英］H. C. A. 哈特著：《惩罚与责任》，王勇、张志铭译，华夏出版社 1989 年版。

8. 中央编译局编：《列宁全集》（第 60 卷），人民出版社 1990 年版。

9. ［意］贝卡里亚著：《论犯罪与刑罚》，黄风译，中国大百科全书出版社 1993 年版。

10. ［日］木村龟二主编：《刑法学词典》，顾肖荣等译，上海翻译出版公司 1993 年版。

11. ［日］棚濑孝雄著：《纠纷的解决与审判制度》，王亚新译，中国政法大学出版社 1994 年版。

12. ［美］德沃金·R 著：《法律帝国》，李常青译，中国大百科全书出版社 1996 年版。

13. ［德］格吕恩特·雅科布斯著：《行为责任刑法——机能性描述》，冯军译，中国政法大学出版社 1997 年版。

14. ［法］卡斯东·斯特法尼等著：《法国刑法总论精义》，罗结珍译，中国政法大学出版社 1998 年版。

15. ［美］E. 博登海默著：《法理学：法律哲学与法律方法》，邓正来译，中国政法大学出版社 1999 年版。

16. ［意］切萨雷·龙勃罗梭著：《犯罪人论》，黄风译，中国法制出版社 2000 年版。

17. ［法］米海依尔·戴尔玛斯－马蒂著：《刑事政策的重要体系》，卢建平译，法律出版社 2000 年版。

18. ［德］阿图尔·考夫曼、温弗里德·哈斯默尔主编：《当代法哲学和法律理论导论》，郑永流译，法律出版社 2001 年版。

19. ［日］中冈成文著：《哈贝马斯：交往行为》，王屏译，河北教育出版社 2001 年版。

20. ［斯洛文尼亚］卜思天·M. 儒攀基奇著：《刑法——刑罚理念批判》，何慧新等译，中国政法大学出版社 2002 年版。

21. ［美］理查德·A. 波斯纳著：《法律理论的前沿》，武欣、凌斌译，中国政法大学出版社 2002 年版。

22. ［日］大谷实著：《刑法总论》，黎宏译，法律出版社 2003

年版。

23. [德] 伯恩·魏德士著：《法理学》，丁小春、吴越译，法律出版社 2003 年版。

24. [美] 约翰·列维斯·齐林著：《犯罪学及刑罚学》，查良鉴译，中国政法大学出版社 2003 年版。

25. [德] 卡尔·拉伦茨著：《法学方法论》，陈爱娥译，商务印书馆 2003 年版。

26. [德] 卡尔·恩吉施著：《法律思维导论》，郑永流译，法律出版社 2004 年版。

27. [德] 克劳斯·罗克辛著：《德国刑法学 总论（第 1 卷）·犯罪原理的基础构造》，王世洲译，法律出版社 2005 年版。

28. [意] 莫诺·卡佩莱蒂：《比较法视野中的司法程序》，徐昕、王奕译，清华大学出版社 2005 年版。

29. [美] 马丁·夏皮罗著：《法院：比较法上和政治学上的分析》，张生、李彤译，中国政法大学出版社 2005 年版。

30. [美] 戴维·葛兰著：《惩罚与现代社会》，刘宗为、黄煜文译，台湾商周出版社 2005 年版。

31. [英] 彼得·沃森著：《20 世纪思想史》，朱进东等译，上海译文出版社 2006 年版。

32. [美] 小奥利弗·温德尔·霍姆斯著：《普通法》，冉昊、姚中秋译，中国政法大学出版社 2006 年版。

33. [英] T. R. S. 艾伦著：《法律、自由与正义——英国宪政的法律基础》，成协中、江菁译，法律出版社 2006 年版。

34. [德] 冈特·施特拉腾韦特、洛塔尔·库仑著：《刑法总论 I——犯罪论》，杨萌译，法律出版社 2006 年版。

35. [美] 鲁格罗·亚狄瑟著：《法律的逻辑——法官写给法律人的逻辑指引》，唐欣伟译，法律出版社 2007 年版。

36. [德] 萨维尼、格林著：《萨维尼法学方法论讲义与格林笔记》，杨代雄译，法律出版社 2008 年版。

37. 《列宁专题文集（论无产阶级政党)》，人民出版社2009年版。

38. ［美］保罗 H. 罗宾逊著：《刑法的分配原则——谁应受罚，如何量刑?》，沙丽金译，中国人民公安大学出版社2009年版。

39. ［美］爱德华·希尔斯著：《论传统》，傅铿、吕乐译，上海世纪出版集团2009年版。

40. ［德］安塞尔姆·里特尔·冯·费尔巴哈著：《德国刑法教科书》（第十四版），徐久生译，中国方正出版社2010年版。

41. ［美］罗斯科·庞德著：《通过法律的社会控制》，沈宗灵译，商务印书馆2010年版。

42. ［德］米夏埃尔·帕夫利克著：《人格体主体公民：刑罚的合法性研究》，谭淦译，中国人民大学出版社2011年版。

43. ［德］阿图尔·考夫曼著：《法律哲学》（第二版），刘幸义等译，法律出版社2011年版。

44. ［日］高桥则夫著：《规范论和刑法解释论》，戴波、李世阳译，中国人民大学出版社2011年版。

45. ［德］乌尔里希·齐白著：《全球风险社会与信息社会中的刑法：二十一世纪刑法模式的转换》，周遵友等译，中国法制出版社2011年版。

46. ［英］霍布斯著：《利维坦》，张妍、赵闻道译，湖南文艺出版社2011年。

47. ［德］克劳斯·罗克辛著：《刑事政策与刑法体系》（第二版），蔡桂生译，中国人民大学出版社2011年版。

48. ［日］宗冈嗣郎著：《犯罪论与法哲学》，陈劲阳、吴丽君译，华中科技大学出版社2012年版。

49. ［德］阿图尔·考夫曼、温弗里德·哈斯默尔主编：《当代法哲学和法律理论导论》，郑永流译，法律出版社2013年版。

50. ［美］本杰明·N. 卡多佐著：《法律的成长》，李红勃、李璐怡译，北京大学出版社2014年版。

51. ［美］莱斯利·A. 豪著：《哈贝马斯》，陈志刚译，中华书局 2014 年版。

52. ［日］伊东研祐著：《法益概念史研究》，秦一禾译，中国人民大学出版社 2014 年版。

53. ［德］埃里克·希尔根多夫著：《德国刑法学：从传统到现代》，江溯等译，北京大学出版社 2015 年版。

54. ［美］道格拉斯·胡萨克著：《过罪化及刑法的限制》，姜敏译，中国法制出版社 2015 年版。

三、外文资料

1. Plato, *The Republic*.

2. See James Fitzjames Stephen, Liberty, Equality, Fratemity, London: Smith and Elder, 1873.

3. H. L. A. Hart, *The Concept of law*, Clarendon Press, 1961.

4. See H. L. A. Hart, *Punishment and Responsibility*: Essays in the Philosophy of Law, 1978.

5. Peter Alldridge, *Relocating Criminal Law*, Dartmouth Publishing Company Limited 2000.

6. Alejandro Chentman, *The Philosophical Foundations of Extraterritorial Punishment*, Oxford University Press, 2010.

7. Russell G. Murphy, *Voices of the Death Penalty Debate: ACitizen's Guide To Capital Punishment*, Vandeplas Publishing, 2010.

8. Dario Melossi Maximo Sozzo, Ricliard Sparks, *Travels of the Criminal Question: CulturaJ Embeddedness and Diffusion*, Oxford and Portland Oregon Publishing, 2011.

9. Larry May, *Global Justice And Due Process*, Cambridge University Press, 2011.

10. Mark Umbreit, Marilyn Peterson Armour, *Restorative Justice Dialogue*, Springer Publishing Company, 2011.

11. Michael Tonry, *Why Punish? How Much?*, Oxford University Press, 2011.

12. William G. Doerner, Steven P. Lab, *Victimology Sixth Edition*, 2012.

13. See Jean Hampton, *The Moral Education Theory of Punishment*, Philosophy &Public Affairs Vol. 13, No. 3 Summer, 1984.

14. See Richard A. Posner, An Economic Theory of the Criminal Law, Columbia Law Review, Vol. 85, No. 6, Oct, 1985.

15. In Bernard E. Harcourt, Joel Feinberg on Crime and Punishment : Exploring the Relationship Between the Moral Limits of the Criminal Law and the Expressive Function of Punishment. Buffalo Criminal Law Review, Vol. 5, 2001.

附　录

最高人民法院　最高人民检察院
关于办理贪污贿赂刑事案件
适用法律若干问题的解释

(2016 年 3 月 28 日最高人民法院审判委员会第 1680 次会议、
2016 年 3 月 25 日最高人民检察院第十二届检察委员会第 50 次
会议通过　2016 年 4 月 18 日中华人民共和国最高人民法院、
最高人民检察院公告公布　自 2016 年 4 月 18 日起施行
法释〔2016〕9 号)

为依法惩治贪污贿赂犯罪活动，根据刑法有关规定，现就办理贪污贿赂刑事案件适用法律的若干问题解释如下：

第一条　贪污或者受贿数额在三万元以上不满二十万元的，应当认定为刑法第三百八十三条第一款规定的"数额较大"，依法判处三年以下有期徒刑或者拘役，并处罚金。

贪污数额在一万元以上不满三万元，具有下列情形之一的，应当认定为刑法第三百八十三条第一款规定的"其他较重情节"，依法判处三年以下有期徒刑或者拘役，并处罚金：

（一）贪污救灾、抢险、防汛、优抚、扶贫、移民、救济、防疫、社会捐助等特定款物的；

（二）曾因贪污、受贿、挪用公款受过党纪、行政处分的；

（三）曾因故意犯罪受过刑事追究的；

（四）赃款赃物用于非法活动的；

（五）拒不交待赃款赃物去向或者拒不配合追缴工作，致使无法追缴的；

（六）造成恶劣影响或者其他严重后果的。

受贿数额在一万元以上不满三万元，具有前款第二项至第六项规定的情形之一，或者具有下列情形之一的，应当认定为刑法第三百八十三条第一款规定的"其他较重情节"，依法判处三年以下有期徒刑或者拘役，并处罚金：

（一）多次索贿的；

（二）为他人谋取不正当利益，致使公共财产、国家和人民利益遭受损失的；

（三）为他人谋取职务提拔、调整的。

第二条　贪污或者受贿数额在二十万元以上不满三百万元的，应当认定为刑法第三百八十三条第一款规定的"数额巨大"，依法判处三年以上十年以下有期徒刑，并处罚金或者没收财产。

贪污数额在十万元以上不满二十万元，具有本解释第一条第二款规定的情形之一的，应当认定为刑法第三百八十三条第一款规定的"其他严重情节"，依法判处三年以上十年以下有期徒刑，并处罚金或者没收财产。

受贿数额在十万元以上不满二十万元，具有本解释第一条第三款规定的情形之一的，应当认定为刑法第三百八十三条第一款规定的"其他严重情节"，依法判处三年以上十年以下有期徒刑，并处罚金或者没收财产。

第三条　贪污或者受贿数额在三百万元以上的，应当认定为刑法第三百八十三条第一款规定的"数额特别巨大"，依法判处十年以上有期徒刑、无期徒刑或者死刑，并处罚金或者没收财产。

贪污数额在一百五十万元以上不满三百万元，具有本解释第一条第二款规定的情形之一的，应当认定为刑法第三百八十三条第一款规定的"其他特别严重情节"，依法判处十年以上有期徒刑、无期徒刑或者死刑，并处罚金或者没收财产。

受贿数额在一百五十万元以上不满三百万元，具有本解释第一条第三款规定的情形之一的，应当认定为刑法第三百八十三条第一款规定的"其他特别严重情节"，依法判处十年以上有期徒刑、无期徒刑或者死刑，并处罚金或者没收财产。

第四条 贪污、受贿数额特别巨大，犯罪情节特别严重、社会影响特别恶劣、给国家和人民利益造成特别重大损失的，可以判处死刑。

符合前款规定的情形，但具有自首、立功，如实供述自己罪行、真诚悔罪、积极退赃，或者避免、减少损害结果的发生等情节，不是必须立即执行的，可以判处死刑缓期二年执行。

符合第一款规定情形的，根据犯罪情节等情况可以判处死刑缓期二年执行，同时裁判决定在其死刑缓期执行二年期满依法减为无期徒刑后，终身监禁，不得减刑、假释。

第五条 挪用公款归个人使用，进行非法活动，数额在三万元以上的，应当依照刑法第三百八十四条的规定以挪用公款罪追究刑事责任；数额在三百万元以上的，应当认定为刑法第三百八十四条第一款规定的"数额巨大"。具有下列情形之一的，应当认定为刑法第三百八十四条第一款规定的"情节严重"：

（一）挪用公款数额在一百万元以上的；

（二）挪用救灾、抢险、防汛、优抚、扶贫、移民、救济特定款物，数额在五十万元以上不满一百万元的；

（三）挪用公款不退还，数额在五十万元以上不满一百万元的；

（四）其他严重的情节。

第六条 挪用公款归个人使用，进行营利活动或者超过三个月未还，数额在五万元以上的，应当认定为刑法第三百八十四条第一款规定的"数额较大"；数额在五百万元以上的，应当认定为刑法第三百八十四条第一款规定的"数额巨大"。具有下列情形之一的，应当认定为刑法第三百八十四条第一款规定的"情节严重"：

（一）挪用公款数额在二百万元以上的；

（二）挪用救灾、抢险、防汛、优抚、扶贫、移民、救济特定款物，数额在一百万元以上不满二百万元的；

（三）挪用公款不退还，数额在一百万元以上不满二百万元的；

（四）其他严重的情节。

第七条　为谋取不正当利益，向国家工作人员行贿，数额在三万元以上的，应当依照刑法第三百九十条的规定以行贿罪追究刑事责任。

行贿数额在一万元以上不满三万元，具有下列情形之一的，应当依照刑法第三百九十条的规定以行贿罪追究刑事责任：

（一）向三人以上行贿的；

（二）将违法所得用于行贿的；

（三）通过行贿谋取职务提拔、调整的；

（四）向负有食品、药品、安全生产、环境保护等监督管理职责的国家工作人员行贿，实施非法活动的；

（五）向司法工作人员行贿，影响司法公正的；

（六）造成经济损失数额在五十万元以上不满一百万元的。

第八条　犯行贿罪，具有下列情形之一的，应当认定为刑法第三百九十条第一款规定的"情节严重"：

（一）行贿数额在一百万元以上不满五百万元的；

（二）行贿数额在五十万元以上不满一百万元，并具有本解释第七条第二款第一项至第五项规定的情形之一的；

（三）其他严重的情节。

为谋取不正当利益，向国家工作人员行贿，造成经济损失数额在一百万元以上不满五百万元的，应当认定为刑法第三百九十条第一款规定的"使国家利益遭受重大损失"。

第九条　犯行贿罪，具有下列情形之一的，应当认定为刑法第三百九十条第一款规定的"情节特别严重"：

（一）行贿数额在五百万元以上的；

（二）行贿数额在二百五十万元以上不满五百万元，并具有本解释第七条第二款第一项至第五项规定的情形之一的；

（三）其他特别严重的情节。

为谋取不正当利益，向国家工作人员行贿，造成经济损失数额在五百万元以上的，应当认定为刑法第三百九十条第一款规定的"使国家利益遭受特别重大损失"。

第十条 刑法第三百八十八条之一规定的利用影响力受贿罪的定罪量刑适用标准，参照本解释关于受贿罪的规定执行。

刑法第三百九十条之一规定的对有影响力的人行贿罪的定罪量刑适用标准，参照本解释关于行贿罪的规定执行。

单位对有影响力的人行贿数额在二十万元以上的，应当依照刑法第三百九十条之一的规定以对有影响力的人行贿罪追究刑事责任。

第十一条 刑法第一百六十三条规定的非国家工作人员受贿罪、第二百七十一条规定的职务侵占罪中的"数额较大""数额巨大"的数额起点，按照本解释关于受贿罪、贪污罪相对应的数额标准规定的二倍、五倍执行。

刑法第二百七十二条规定的挪用资金罪中的"数额较大""数额巨大"以及"进行非法活动"情形的数额起点，按照本解释关于挪用公款罪"数额较大""情节严重"以及"进行非法活动"的数额标准规定的二倍执行。

刑法第一百六十四条第一款规定的对非国家工作人员行贿罪中的"数额较大""数额巨大"的数额起点，按照本解释第七条、第八条第一款关于行贿罪的数额标准规定的二倍执行。

第十二条 贿赂犯罪中的"财物"，包括货币、物品和财产性利益。财产性利益包括可以折算为货币的物质利益如房屋装修、债务免除等，以及需要支付货币的其他利益如会员服务、旅游等。后者的犯罪数额，以实际支付或者应当支付的数额计算。

第十三条 具有下列情形之一的，应当认定为"为他人谋取利益"，构成犯罪的，应当依照刑法关于受贿犯罪的规定定罪处罚：

（一）实际或者承诺为他人谋取利益的；

（二）明知他人有具体请托事项的；

（三）履职时未被请托，但事后基于该履职事由收受他人财物的。

国家工作人员索取、收受具有上下级关系的下属或者具有行政管理关系的被管理人员的财物价值三万元以上，可能影响职权行使的，视为承诺为他人谋取利益。

第十四条　根据行贿犯罪的事实、情节，可能被判处三年有期徒刑以下刑罚的，可以认定为刑法第三百九十条第二款规定的"犯罪较轻"。

根据犯罪的事实、情节，已经或者可能被判处十年有期徒刑以上刑罚的，或者案件在本省、自治区、直辖市或者全国范围内有较大影响的，可以认定为刑法第三百九十条第二款规定的"重大案件"。

具有下列情形之一的，可以认定为刑法第三百九十条第二款规定的"对侦破重大案件起关键作用"：

（一）主动交待办案机关未掌握的重大案件线索的；

（二）主动交待的犯罪线索不属于重大案件的线索，但该线索对于重大案件侦破有重要作用的；

（三）主动交待行贿事实，对于重大案件的证据收集有重要作用的；

（四）主动交待行贿事实，对于重大案件的追逃、追赃有重要作用的。

第十五条　对多次受贿未经处理的，累计计算受贿数额。

国家工作人员利用职务上的便利为请托人谋取利益前后多次收受请托人财物，受请托之前收受的财物数额在一万元以上的，应当一并计入受贿数额。

第十六条　国家工作人员出于贪污、受贿的故意，非法占有公共财物、收受他人财物之后，将赃款赃物用于单位公务支出或者社会捐赠的，不影响贪污罪、受贿罪的认定，但量刑时可以酌情考虑。

特定关系人索取、收受他人财物，国家工作人员知道后未退还或者上交的，应当认定国家工作人员具有受贿故意。

第十七条 国家工作人员利用职务上的便利，收受他人财物，为他人谋取利益，同时构成受贿罪和刑法分则第三章第三节、第九章规定的渎职犯罪的，除刑法另有规定外，以受贿罪和渎职犯罪数罪并罚。

第十八条 贪污贿赂犯罪分子违法所得的一切财物，应当依照刑法第六十四条的规定予以追缴或者责令退赔，对被害人的合法财产应当及时返还。对尚未追缴到案或者尚未足额退赔的违法所得，应当继续追缴或者责令退赔。

第十九条 对贪污罪、受贿罪判处三年以下有期徒刑或者拘役的，应当并处十万元以上五十万元以下的罚金；判处三年以上十年以下有期徒刑的，应当并处二十万元以上犯罪数额二倍以下的罚金或者没收财产；判处十年以上有期徒刑或者无期徒刑的，应当并处五十万元以上犯罪数额二倍以下的罚金或者没收财产。

对刑法规定并处罚金的其他贪污贿赂犯罪，应当在十万元以上犯罪数额二倍以下判处罚金。

第二十条 本解释自 2016 年 4 月 18 日起施行。最高人民法院、最高人民检察院此前发布的司法解释与本解释不一致的，以本解释为准。

最高人民法院关于加强和规范人民法院国家司法救助工作的意见

（2016 年 7 月 1 日 法发〔2016〕16 号）

为加强和规范审判、执行中困难群众的国家司法救助工作，维护当事人合法权益，促进社会和谐稳定，根据中共中央政法委员会、财政部、最高人民法院、最高人民检察院、公安部、司法部《关于建立完善国家司法救助制度的意见（试行）》，结合人民法院工作实际，提出如下意见。

第一条 人民法院在审判、执行工作中，对权利受到侵害无法获得有效赔偿的当事人，符合本意见规定情形的，可以采取一次性辅助救济措施，以解决其生活面临的急迫困难。

第二条 国家司法救助工作应当遵循公正、公开、及时原则，严格把握救助标准和条件。

对同一案件的同一救助申请人只进行一次性国家司法救助。对于能够通过诉讼获得赔偿、补偿的，一般应当通过诉讼途径解决。

人民法院对符合救助条件的救助申请人，无论其户籍所在地是否属于受案人民法院辖区范围，均由案件管辖法院负责救助。在管辖地有重大影响且救助金额较大的国家司法救助案件，上下级人民法院可以进行联动救助。

第三条 当事人因生活面临急迫困难提出国家司法救助申请，符合下列情形之一的，应当予以救助：

（一）刑事案件被害人受到犯罪侵害，造成重伤或者严重残疾，因加害人死亡或者没有赔偿能力，无法通过诉讼获得赔偿，陷入生活困难的；

（二）刑事案件被害人受到犯罪侵害危及生命，急需救治，无力承担医疗救治费用的；

（三）刑事案件被害人受到犯罪侵害而死亡，因加害人死亡或者没有赔偿能力，依靠被害人收入为主要生活来源的近亲属无法通过诉讼获得赔偿，陷入生活困难的；

（四）刑事案件被害人受到犯罪侵害，致使其财产遭受重大损失，因加害人死亡或者没有赔偿能力，无法通过诉讼获得赔偿，陷入生活困难的；

（五）举报人、证人、鉴定人因举报、作证、鉴定受到打击报复，致使其人身受到伤害或财产受到重大损失，无法通过诉讼获得赔偿，陷入生活困难的；

（六）追索赡养费、扶养费、抚育费等，因被执行人没有履行能力，申请执行人陷入生活困难的；

（七）因道路交通事故等民事侵权行为造成人身伤害，无法通过诉讼获得赔偿，受害人陷入生活困难的；

（八）人民法院根据实际情况，认为需要救助的其他人员。

涉诉信访人，其诉求具有一定合理性，但通过法律途径难以解决，且生活困难，愿意接受国家司法救助后息诉息访的，可以参照本意见予以救助。

第四条 救助申请人具有以下情形之一的，一般不予救助：

（一）对案件发生有重大过错的；

（二）无正当理由，拒绝配合查明案件事实的；

（三）故意作虚伪陈述或者伪造证据，妨害诉讼的；

（四）在审判、执行中主动放弃民事赔偿请求或者拒绝侵权责任人及其近亲属赔偿的；

（五）生活困难非案件原因所导致的；

（六）已经通过社会救助措施，得到合理补偿、救助的；

（七）法人、其他组织提出的救助申请；

（八）不应给予救助的其他情形。

第五条 国家司法救助以支付救助金为主要方式，并与思想疏导相结合，与法律援助、诉讼救济相配套，与其他社会救助相衔接。

第六条 救助金以案件管辖法院所在省、自治区、直辖市上一年度职工月平均工资为基准确定，一般不超过三十六个月的月平均工资总额。

损失特别重大、生活特别困难，需适当突破救助限额的，应当严格审核控制，救助金额不得超过人民法院依法应当判决给付或者虽已判决但未执行到位的标的数额。

第七条 救助金具体数额，应当综合以下因素确定：

（一）救助申请人实际遭受的损失；

（二）救助申请人本人有无过错以及过错程度；

（三）救助申请人及其家庭的经济状况；

（四）救助申请人维持其住所地基本生活水平所必需的最低支出；

（五）赔偿义务人实际赔偿情况。

第八条 人民法院审判、执行部门认为案件当事人符合救助条件的，应当告知其有权提出国家司法救助申请。当事人提出申请的，审判、执行部门应当将相关材料及时移送立案部门。

当事人直接向人民法院立案部门提出国家司法救助申请，经审查确认符合救助申请条件的，应当予以立案。

第九条 国家司法救助申请应当以书面形式提出；救助申请人书面申请确有困难的，可以口头提出，人民法院应当制作笔录。

救助申请人提出国家司法救助申请，一般应当提交以下材料：

（一）救助申请书，救助申请书应当载明申请救助的数额及理由；

（二）救助申请人的身份证明；

（三）实际损失的证明；

（四）救助申请人及其家庭成员生活困难的证明；

（五）是否获得其他赔偿、救助等相关证明；

（六）其他能够证明救助申请人需要救助的材料。

救助申请人确实不能提供完整材料的，应当说明理由。

第十条 救助申请人生活困难证明，主要是指救助申请人户籍所在地或者经常居住地村（居）民委员会或者所在单位出具的有关救助申请人的家庭人口、劳动能力、就业状况、家庭收入等情况的证明。

第十一条 人民法院成立由立案、刑事审判、民事审判、行政审判、审判监督、执行、国家赔偿及财务等部门组成的司法救助委员会，负责人民法院国家司法救助工作。司法救助委员会下设办公室，由人民法院赔偿委员会办公室行使其职能。

人民法院赔偿委员会办公室作为司法救助委员会的日常工作部门，负责牵头、协调和处理国家司法救助日常事务，执行司法救助委员会决议及办理国家司法救助案件。

基层人民法院由负责国家赔偿工作的职能机构承担司法救助委员会办公室工作职责。

第十二条 救助决定应当自立案之日起十个工作日内作出。案情复杂的救助案件，经院领导批准，可以适当延长。

办理救助案件应当制作国家司法救助决定书，加盖人民法院印章。国家司法救助决定书应当及时送达。

不符合救助条件或者具有不予救助情形的，应当将不予救助的决定及时告知救助申请人，并做好解释说明工作。

第十三条 决定救助的，应当在七个工作日内按照相关财务规定办理手续。在收到财政部门拨付的救助金后，应当在二个工作日内通知救助申请人领取救助金。

对具有急需医疗救治等特殊情况的救助申请人，可以依据救助标准，先行垫付救助金，救助后及时补办审批手续。

第十四条 救助金一般应当一次性发放。情况特殊的，可以分批发放。

发放救助金时，应当向救助申请人释明救助金的性质、准予救助的理由、骗取救助金的法律后果，同时制作笔录并由救助申请人签字。必要时，可以邀请救助申请人户籍所在地或者经常居住地村（居）民委员会或者所在单位的工作人员到场见证救助金发放过程。

人民法院可以根据救助申请人的具体情况，委托民政部门、乡镇人民政府或者街道办事处、村（居）民委员会、救助申请人所在单位等组织发放救助金。

第十五条　各级人民法院应当积极协调财政部门将国家司法救助资金列入预算，并会同财政部门建立国家司法救助资金动态调整机制。

对公民、法人和其他组织捐助的国家司法救助资金，人民法院应当严格、规范使用，及时公布救助的具体对象，并告知捐助人救助情况，确保救助资金使用的透明度和公正性。

第十六条　人民法院司法救助委员会应当在年度终了一个月内就本院上一年度司法救助情况提交书面报告，接受纪检、监察、审计部门和上级人民法院的监督，确保专款专用。

第十七条　人民法院应当加强国家司法救助工作信息化建设，将国家司法救助案件纳入审判管理信息系统，及时录入案件信息，实现四级法院信息共享，并积极探索建立与社会保障机构、其他相关救助机构的救助信息共享机制。

上级法院应当对下级法院的国家司法救助工作予以指导和监督，防止救助失衡和重复救助。

第十八条　人民法院工作人员有下列行为之一的，应当予以批评教育；构成违纪的，应当根据相关规定予以纪律处分；构成犯罪的，应当依法追究刑事责任：

（一）滥用职权，对明显不符合条件的救助申请人决定给予救助的；

（二）虚报、克扣救助申请人救助金的；

（三）贪污、挪用救助资金的；

（四）对符合救助条件的救助申请人不及时办理救助手续，造成严重后果的；

（五）违反本意见的其他行为。

第十九条 救助申请人所在单位或者基层组织等相关单位出具虚假证明，使不符合救助条件的救助申请人获得救助的，人民法院应当建议相关单位或者其上级主管机关依法依纪对相关责任人予以处理。

第二十条 救助申请人获得救助后，人民法院从被执行人处执行到赔偿款或者其他应当给付的执行款的，应当将已发放的救助金从执行款中扣除。

救助申请人通过提供虚假材料等手段骗取救助金的，人民法院应当予以追回；构成犯罪的，应当依法追究刑事责任。

涉诉信访救助申请人领取救助金后，违背息诉息访承诺的，人民法院应当将救助金予以追回。

第二十一条 对未纳入国家司法救助范围或者获得国家司法救助后仍面临生活困难的救助申请人，符合社会救助条件的，人民法院通过国家司法救助与社会救助衔接机制，协调有关部门将其纳入社会救助范围。

最高人民法院　最高人民检察院　公安部国家安全部　司法部关于推进以审判为中心的刑事诉讼制度改革的意见

（2016 年 7 月 20 日　法发〔2016〕18 号）

为贯彻落实《中共中央关于全面推进依法治国若干重大问题

的决定》的有关要求，推进以审判为中心的刑事诉讼制度改革，依据宪法法律规定，结合司法工作实际，制定本意见。

一、未经人民法院依法判决，对任何人都不得确定有罪。人民法院、人民检察院和公安机关办理刑事案件，应当分工负责，互相配合，互相制约，保证准确、及时地查明犯罪事实，正确应用法律，惩罚犯罪分子，保障无罪的人不受刑事追究。

二、严格按照法律规定的证据裁判要求，没有证据不得认定犯罪事实。侦查机关侦查终结，人民检察院提起公诉，人民法院作出有罪判决，都应当做到犯罪事实清楚，证据确实、充分。

侦查机关、人民检察院应当按照裁判的要求和标准收集、固定、审查、运用证据，人民法院应当按照法定程序认定证据，依法作出裁判。

人民法院作出有罪判决，对于证明犯罪构成要件的事实，应当综合全案证据排除合理怀疑，对于量刑证据存疑的，应当作出有利于被告人的认定。

三、建立健全符合裁判要求、适应各类案件特点的证据收集指引。探索建立命案等重大案件检查、搜查、辨认、指认等过程录音录像制度。完善技术侦查证据的移送、审查、法庭调查和使用规则以及庭外核实程序。统一司法鉴定标准和程序。完善见证人制度。

四、侦查机关应当全面、客观、及时收集与案件有关的证据。

侦查机关应当依法收集证据。对采取刑讯逼供、暴力、威胁等非法方法收集的言词证据，应当依法予以排除。侦查机关收集物证、书证不符合法定程序，可能严重影响司法公正，不能补正或者作出合理解释的，应当依法予以排除。

对物证、书证等实物证据，一般应当提取原物、原件，确保证据的真实性。需要鉴定的，应当及时送检。证据之间有矛盾的，应当及时查证。所有证据应当妥善保管，随案移送。

五、完善讯问制度，防止刑讯逼供，不得强迫任何人证实自己有罪。严格按照有关规定要求，在规范的讯问场所讯问犯罪嫌疑人。严格依照法律规定对讯问过程全程同步录音录像，逐步实行对所有案件的讯问过程全程同步录音录像。

探索建立重大案件侦查终结前对讯问合法性进行核查制度。对公安机关、国家安全机关和人民检察院侦查的重大案件，由人民检察院驻看守所检察人员询问犯罪嫌疑人，核查是否存在刑讯逼供、非法取证情形，并同步录音录像。经核查，确有刑讯逼供、非法取证情形的，侦查机关应当及时排除非法证据，不得作为提请批准逮捕、移送审查起诉的根据。

六、在案件侦查终结前，犯罪嫌疑人提出无罪或者罪轻的辩解，辩护律师提出犯罪嫌疑人无罪或者依法不应追究刑事责任的意见，侦查机关应当依法予以核实。

七、完善补充侦查制度。进一步明确退回补充侦查的条件，建立人民检察院退回补充侦查引导和说理机制，明确补充侦查方向、标准和要求。规范补充侦查行为，对于确实无法查明的事项，公安机关、国家安全机关应当书面向人民检察院说明理由。对于二次退回补充侦查后，仍然证据不足、不符合起诉条件的，依法作出不起诉决定。

八、进一步完善公诉机制，被告人有罪的举证责任，由人民检察院承担。对被告人不认罪的，人民检察院应当强化庭前准备和当庭讯问、举证、质证。

九、完善不起诉制度，对未达到法定证明标准的案件，人民检察院应当依法作出不起诉决定，防止事实不清、证据不足的案件进入审判程序。完善撤回起诉制度，规范撤回起诉的条件和程序。

十、完善庭前会议程序，对适用普通程序审理的案件，健全庭前证据展示制度，听取出庭证人名单、非法证据排除等方面的意见。

十一、规范法庭调查程序，确保诉讼证据出示在法庭、案件事实查明在法庭。证明被告人有罪或者无罪、罪轻或者罪重的证据，都应当在法庭上出示，依法保障控辩双方的质证权利。对定罪量刑的证据，控辩双方存在争议的，应当单独质证；对庭前会议中控辩双方没有异议的证据，可以简化举证、质证。

十二、完善对证人、鉴定人的法庭质证规则。落实证人、鉴定人、侦查人员出庭作证制度，提高出庭作证率。公诉人、当事人或者辩护人、诉讼代理人对证人证言有异议，人民法院认为该证人证言对案件定罪量刑有重大影响的，证人应当出庭作证。

健全证人保护工作机制，对因作证面临人身安全等危险的人员依法采取保护措施。建立证人、鉴定人等作证补助专项经费划拨机制。完善强制证人到庭制度。

十三、完善法庭辩论规则，确保控辩意见发表在法庭。法庭辩论应当围绕定罪、量刑分别进行，对被告人认罪的案件，主要围绕量刑进行。法庭应当充分听取控辩双方意见，依法保障被告人及其辩护人的辩论辩护权。

十四、完善当庭宣判制度，确保裁判结果形成在法庭。适用速裁程序审理的案件，除附带民事诉讼的案件以外，一律当庭宣判；适用简易程序审理的案件一般应当当庭宣判；适用普通程序审理的案件逐步提高当庭宣判率。规范定期宣判制度。

十五、严格依法裁判。人民法院经审理，对案件事实清楚，证据确实、充分，依据法律认定被告人有罪的，应当作出有罪判决。依据法律规定认定被告人无罪的，应当作出无罪判决。证据不足，不能认定被告人有罪的，应当按照疑罪从无原则，依法作出无罪判决。

十六、完善人民检察院对侦查活动和刑事审判活动的监督机制。建立健全对强制措施的监督机制。加强人民检察院对逮捕后羁押必要性的审查，规范非羁押性强制措施的适用。进一步规范和加强人民检察院对人民法院确有错误的刑事判决和裁定的抗诉工作，保证刑事抗诉的及时性、准确性和全面性。

十七、健全当事人、辩护人和其他诉讼参与人的权利保障制度。

依法保障当事人和其他诉讼参与人的知情权、陈述权、辩论辩护权、申请权、申诉权。犯罪嫌疑人、被告人有权获得辩护，人民法院、人民检察院、公安机关、国家安全机关有义务保证犯罪嫌疑人、被告人获得辩护。

依法保障辩护人会见、阅卷、收集证据和发问、质证、辩论辩护等权利，完善便利辩护人参与诉讼的工作机制。

十八、辩护人或者其他任何人，不得帮助犯罪嫌疑人、被告人隐匿、毁灭、伪造证据或者串供，不得威胁、引诱证人作伪证以及进行其他干扰司法机关诉讼活动的行为。对于实施上述行为的，应当依法追究法律责任。

十九、当事人、诉讼参与人和旁听人员在庭审活动中应当服从审判长或独任审判员的指挥，遵守法庭纪律。对扰乱法庭秩序、危及法庭安全等违法行为，应当依法处理；构成犯罪的，依法追究刑事责任。

二十、建立法律援助值班律师制度，法律援助机构在看守所、人民法院派驻值班律师，为犯罪嫌疑人、被告人提供法律帮助。

完善法律援助制度，健全依申请法律援助工作机制和办案机关通知辩护工作机制。对未履行通知或者指派辩护职责的办案人员，严格实行责任追究。

二十一、推进案件繁简分流，优化司法资源配置。完善刑事案件速裁程序和认罪认罚从宽制度，对案件事实清楚、证据充分的轻微刑事案件，或者犯罪嫌疑人、被告人自愿认罪认罚的，可以适用速裁程序、简易程序或者普通程序简化审理。

致　谢

　　无数次想象，在写致谢时，要提到哪些名字，是否只用笼统的称谓一笔带过。常常在写作的间隙，或与朋友们闲聊之时，想到或提到这个问题。转眼间，博士研究生毕业到福州大学法学院工作已近一年。一年来，收获颇丰，成长迅速。在成长过程中，领略一路风景，静看人世繁华。但当初的学术梦想依旧坚定，依旧在执著与坚持中继续努力，继续追寻。感叹岁月无情，珍惜人间真情。在学术之路上，手握幸福，含笑追梦，不抱怨，不计较，默默努力，一路追寻。左手是沉甸甸的收获，右手是攀爬前行的努力，心底是对法治和梦想的笃定和坚守。生活总是这样，一边收获喜悦，一边挥洒汗水，一边欣喜地期待，一边不得不面对岁月如梭般的流逝。

　　到福大工作已近一年，回望来时路，感慨万千，心底生出无限感激。感谢福建人民的友善和悦纳，感谢母校中国政法大学的多年培养和塑造，感谢家人的支持和理解，感谢恩师们的精心培养和耐心教导。多年的学术努力，让我信心满满，也让我好运连连、捷报频传。感念于一路走来多方贵人相助，又羞愧于不经意的错漏会让大家失望，于是反省和自我检讨无时不在。距离第一本专著出版已三年有余，庆幸的是，在各方支持和鼓励之下，终于于2016年7月如愿成为储槐植教授指导的博士后研究人员。

　　在此书出版之际，感谢时光让一切变得美好。时光涤净了灵魂，见证真情，也考验着人性的真伪善恶。艰难时候的一个眼神，一句鼓励的话语，一个简单的拥抱，一个浅浅的微笑，都让我充满力量、倍受鼓舞。时光冲淡了记忆，留下了真情；岁月雕琢着人性，让质朴熠熠生辉。

感谢生命中有过的欢笑和泪水，感谢亲人、爱人、恩师、恩人以及朋友们的诸多鼓励和帮助。诚然，没有众人的帮助，我不会顺利地走到现在，亦不会于此时此地云淡风轻地描述20多年的漫漫求学之路，更不会在回望来路时依然笑容甜美、无怨无悔。

感激之情埋于心底，时刻铭记。由于实在是怕挂一漏万，故在此不具体提及人名，以后的岁月，我会以实际行动当面致谢。尽管有着激情和冲动想要把此刻的心情用文字详细记录于此，让岁月见证真诚和感动，但最终还是选择了克制和默然。希望亲友们能够理解我一直以来的内敛和含蓄，亦希望时光可以再一次见证我的赤诚和敬意。有些人在我的生命中出现，为我的成长付出极大努力，但他们无私无求，只是希望这个世界不要埋没了他们认可和看好的"千里马"。这些人，是我继续努力奋斗的重要力量源泉，我一生铭记，一生感激。有些情感，因为无私而变得伟大；有些付出，因为真诚而变得感人。在不断成长的过程中，我一边收获着感动，一边体验着真情可贵。感激岁月带给我如此丰富的人生体验，感谢所有爱我的人们让我的学术梦想变得更为美好。

潜心于学术，常常有意无意而有所忽略，错漏在所难免。真诚地感谢身边人对我的包容和理解，感谢身边人对我的关爱和宽容，感谢家人和亲友对我一直以来的鼓励和认可，感谢爱我的人一路以来的关照和默默付出。路漫漫其修远兮，未来有着可以预见的美好，亦需要可以想象的持续付出。最后，谢谢自己，感谢深藏于内心深处那个淡定、从容、默然的自己。谢谢自己这么多年来，内心深处在任何时候都未曾放弃学术梦想。岁月可老，唯梦想不可弃。

未来的时日还很长，学术之路依旧充满各种未知，但我始终愿意用瑰丽的梦幻视角去看待。不管未来如何，于学术，曾经的付出从未后悔，当下的努力从不停歇，未来的继续绝不中断。带着期待和梦想省视自己的学术之路，心境跌宕起伏，但一切终归都有了不一样的开始和继续。感激生命中有过的所有折腾、欢笑、泪水、疼痛、委屈和成长，感激岁月更迭带给内心或喜悦或忧伤的震颤，感激南方温润的气候与温和热情的人们。这片土地如此可爱，我被深深吸引。

窗外蛙声阵阵，福州的夜静美可人。不用回望是怎样的心境让我踏上福州这片福地，亦不用多想未来的日子要为学术付出怎样的艰辛。听着熟悉的键盘声，心底充满了喜悦和满足。在福州的日子里，幸福和满足相伴，尽管忙碌，但深感祥和、惬意。心心念念，都是感激；满心满眼，都是喜悦。来福州之前，不懂福州在哪里；来福州以后，从未想过下一站要飘去哪里。微风徐徐，静享安详，心安处，即为家。感谢福州，感谢福大，未来仍然值得期待，而温暖却缘于发自内心的感动和至诚的付出。愿此生之努力，能无愧于众人之厚望，能回报恩师恩人亲友。祝好，加油！

愿岁月静美，学术生香，空谷幽兰，书香绕梁。